Walter Lüscher

ER LEBT! Markus erlebt Jesus

Walter Lüscher

ER LEBT! Markus erlebt Jesus

Predigten zum Evangelium Markus

Fromm Verlag

Impressum/Imprint (nur für Deutschland/ only for Germany)
Bibliografische Information der Deutschen Nationalbibliothek: Die Deutsche Nationalbibliothek verzeichnet diese Publikation in der Deutschen Nationalbibliografie; detaillierte bibliografische Daten sind im Internet über http://dnb.d-nb.de abrufbar.

Contact:
International Book Market Service Ltd., 17 Rue Meldrum, Beau Bassin, 1713-01 Mauritius
Website: www.bookmarketservice.com
Email: info@bookmarketservice.com

Gedruckt in: USA, UK, Deutschland. Dieses Buch wurde nicht in Mauritius produziert.

Imprint (only for USA, GB)
Bibliographic information published by the Deutsche Nationalbibliothek: The Deutsche Nationalbibliothek lists this publication in the Deutsche Nationalbibliografie; detailed bibliographic data are available in the Internet at http://dnb.d-nb.de.

Contact:
International Book Market Service Ltd., 17 Rue Meldrum, Beau Bassin, 1713-01 Mauritius
Website: www.bookmarketservice.com
Email: info@bookmarketservice.com

Printed in: U.S.A., U.K., Germany. This book was not produced in Mauritius.

ISBN: 978-3-8416-0263-3

Inhaltsverzeichnis

Vorwort

Ich habe mich immer als Bibellehrer gesehen. Nichts macht mir mehr Freude, als Jesus und sein Reich zu erklären und auszulegen, so dass es verständlich daherkommt, der Funke zündet und der Groschen fällt. Eine Herausforderung! Wie schön, wenn ich beim Predigen die Gemeinde ansehe und merke, dass sie mitgeht, wie dort einer zustimmend nickt, hier ein Auge verstehend aufleuchtet. Und wenn man erst miterlebt, wie Reich Gottes wird, wenn einer bezeugt, Gewissheit der Erlösung bekommen zu haben, dass ein Vertrauensschritt zu Jesus gewagt wurde. Das geht für Urlaub! So wird Gemeinde aufgebaut.
Mehr als 40 Jahre hat es gedauert, bis nun ein Teil dieses lieben Dienstes als Buch erscheint. In den Missionarsjahren fehlte die Zeit und Möglichkeit dazu. Ich sah zudem die Notwendigkeit nicht ein, vollständige Manuskripte zu schreiben. Kein Wunder, galt es doch, wöchentlich regelmässig zwei Predigten vorzubereiten! Besonders in den 5 Jahren im Missionarsferienheim übte ich mich, Bücher der Bibel fortlaufend auszulegen. Aus Gründen der Disziplin erlaubte ich mir nicht, etwelche „trockene" Textabschnitte zu übergehen. Und fand Gefallen daran: Oft wurden gerade diese zu den ergiebigsten!
Ein wichtiger Schritt zum Schreiben wurde mein Eintritt als Laienprediger im Dienst der Reformierten Landeskirche Aargau. Für „Schmalspurtheologen" wie mich, ohne Universitätsdiplom und ohne Ordinierung zum Pfarrer, war dies der vorgeschriebene Weg auf die Kanzel, mit einer einjährigen Probezeit. Während dieser mussten die Predigten einem Mentor schriftlich vorgelegt werden. Dies zwang mich, erstmals wortwörtliche Manuskripte zu schreiben. Dabei blieb es, weil ich bald Rückmeldungen bekam, dass sie vervielfältigt gern gelesen wurden und erstaunlich in die Tiefe wirkten, oft mehr noch als im Gottesdienst.
Die Markuspredigten entstanden in meinen letzten 8 Jahren als Diakonischer Mitarbeiter der Kirche Brittnau. Sie sind deshalb mit dem Leben, den Leiden und Freuden dieser Gemeinde eng verwoben. Ich bin der Kirchenpflege mit dem Mitarbeiterteam bis heute dankbar, dass sie mir mehr Freiraum zum Predigtdienst gewährt haben, als es sonst bei einem Diakon üblich ist. Viele Anregungen und Segen habe ich mitbekommen von meinen zwei begnadeten Predigervorbildern Pfarrer Walter Lüthi und Pfarrer Wilhelm Busch.

In der Passionszeit 2012

Walter Lüscher, Heiligenschwendi

Strassenbau für Gottes Reich

1. Predigt

Dies ist der Anfang des Evangeliums von Jesus Christus, dem Sohn Gottes. Wie geschrieben steht im Propheten Jesaja: „Siehe, ich sende meinen Boten vor dir her, der deinen Weg bereiten soll." „Es ist eine Stimme eines Predigers in der Wüste: Bereitet den Weg des Herrn, macht seine Steige eben!".
Johannes der Täufer war in der Wüste und predigte die Taufe der Busse zur Vergebung der Sünden. Und es ging zu ihm hinaus das ganze jüdische Land und alle Leute von Jerusalem und liessen sich von ihm taufen im Jordan und bekannten ihre Sünden. Johannes aber trug ein Gewand aus Kamelhaaren und einen ledernen Gürtel um seine Lenden und ass Heuschrecken und wilden Honig und predigte und sprach: Es kommt einer nach mir, der ist stärker als ich; und ich bin nicht wert, dass ich mich vor ihm bücke und die Riemen seiner Schuhe löse. Ich taufe euch mit Wasser; aber er wird euch mit dem heiligen Geist taufen.
Markus 1, 1-8

Der Anfang

Markus beginnt seinen Bericht über Jesus mit einem Senkrechtstart. Der erste Satz ist eine Überschrift: Stichworte, die das ganze Programm umfassen, das Gott für die Menschheit in Gang gesetzt hat. „Dies ist der Anfang des Evangeliums". Gute Nachricht, frohe Nachricht! Es ist die Botschaft von Jesus Christus. Der Doppelname sagt alles aus:
„Jesus" heisst übersetzt „Gott hilft", oder „Gott rettet".
„Christus" bedeutet „der Gesalbte, der von Gott Eingesetzte und Bevollmächtigte".
Das Jesus-Christus-Geschehen beginnt den Lauf durch die Welt. Es wird gleich deutlich: Hier handelt es sich nicht um ein Buch oder eine Lehre, die nun als Neuigkeit publiziert werden soll. Es geht um eine Person. Ihre Einzigartigkeit und Würde ist gekennzeichnet im Zusatz „der Sohn Gottes". Der göttliche, königliche Retter kommt! Er ist nicht aufzuhalten. Seine Herrschaft bricht mit Macht durch. Ein einmaliges Grossereignis. Ihm soll der Weg bereitet werden, von Gott her zu uns in die Welt.
Als Präsident Clinton das WEF Davos mit seinem Besuch beehrte, brauchte das umfangreiche, aufwändige Vorbereitungen. Und wenn das Reich Gottes einzieht mit seinem König? Verständlich, dass ihm der Weg ebenso gebahnt und bereitet werden muss. „Täler müssen aufgefüllt, Berge abgetragen werden, Ungleiches eben und Höckeriges gerade gemacht werden, denn die Herrlichkeit Gottes wird erscheinen!"[1]

Wie wird gearbeitet?

Am besten von zwei Seiten.

<u>1. Von Gott her</u>

Er hatte schon lange mit der Planung und Vorbereitung begonnen, sich ein Volk und den Ort zum Brückenkopf seines Reiches ausgewählt. Er hatte den Zeitpunkt des Erscheinens sorgfältig vorbereitet und ihn über Hunderte von Jahren durch besondere Sendboten angekündigt. Jesus konnte seinen Dienst nahtlos an ihre Worte und Voraussagen anknüpfen. Der letzte und

[1] Jesaja 40,3ff

zugleich grösste dieser Propheten war der Täufer Johannes. Ihm wurde die schönste Aufgabe von allen übertragen: Er durfte den Messias vorstellen und einführen. So war er Herold - Wegbereiter für Jesus.

2. Von den Menschen her

Ebenso wie Gott den Weg für den Messias von oben her vortrieb, erging der Ruf am andern Ende an die Menschen: „Bereitet dem Herrn den Weg!" Wir sind aufgefordert, Strassen zu bauen ihm entgegen. Das ist der Anfang des Evangeliums. „In der Wüste bereitet den Weg!" Wozu? Damit die menschenleere, verlassene Einöde belebt wird. Wo Strassen gebaut werden, beginnt es zu leben. Das Römerreich blühte wegen seinen Strassen. Die meisten dieser Wege wurden fürs Militär gebaut. Sie sicherten Ausdehnung und Ordnung, begünstigten aber auch Handel und Verkehr. Die Schweiz profitierte davon ganz erheblich: Früher als 300 nach Christus kamen die ersten Jesusjünger über dieses Verkehrsnetz zu uns: Der römische Hauptmann Mauritius über den Grossen St. Bernhard ins Wallis, und Felix und Regula von dort wohl über den Julier nach Zürich. Wir wissen davon, weil alle drei den Märtyrertod starben. Strassenbau begünstigt den Einbruch und Vormarsch des Reiches Gottes eindeutig.

Dem Johannes geht es um Herzensstrassen. Unser Leben, unser innerstes Wesen soll für den Einfluss und den Segen Gottes zugänglich werden. Das ist, genauso wie richtiger Strassenvortrieb, kein Schleck.

Strassenbau ist aufwändig

Es muss verhandelt, geplant und beraten werden. Die Kosten werden exakt überschlagen, sonst gibt es böse Überraschungen. Dann rücken die Geometer mit ihren Messgeräten und Pflöcken an. Profile werden erstellt. Nun geht es ans Roden. Bäume müssen gefällt werden. Der Trax schält den Humus weg. Enorme Erdbewegungen sind nötig. Baumstrünke müssen ausgegraben, Felsen gesprengt und Findlinge weggeräumt werden. Lastwagen bringen neues Material, das gewalzt und gefestigt wird für das Strassenbett.

Wie bauen wir?

Oberflächlichkeit ist fehl am Platz. Die Bäume absägen genügt nicht. Die Wurzeln müssen raus. Je tiefer gegraben wird, desto besser. Strassenbau gehört zur Sparte des Tiefbaus. Für die Herzensstrassen wird zur Busse, zur Umkehr aufgerufen. Das ist aufwändig und kostspielig, das ist unbequem. Aber die göttliche Absicht dahinter ist klar. Soll eine brauchbare, dauerhafte Strasse entstehen, muss zuvor radikal geräumt werden.

Für Johannes den Täufer war das Schwerstarbeit. Sie kostete ihn zuletzt den Kopf. Und doch war es eine wunderbare, erfüllende Aufgabe. Er bekam später von seinem König Jesus das höchste Lob, das je einem Propheten gegeben wurde[1].

Die Strassenbauer

Wir sind als Kirche der Brückenkopf Gottes in der Welt. Wie Johannes sind wir berufen, Strassen für Gott und zu den Mitmenschen zu bauen, bis der hinterste Winkel der Erde erschlossen ist.

Es hilft, den Täufer zu beobachten und ihm bei seiner Bauarbeit abzugucken..

[1] Lukas 7, 28

1. Johannes kam aus der Begegnung mit Gott

Bevor er zu reden begann, liess er Gott zu sich sprechen. Er hatte lange die Einsamkeit gesucht, um sich dort vorbereiten zu lassen (das gleiche Muster finden wir bei Jesus, bei Paulus und vielen andern Gottesmännern). Er lernt in der Wüste auf die Stimme des Heiligen Geistes hören und gehorchen. Erst dann kommt die Sendung: „Da geschah der Befehl des Herrn zu ihm in der Wüste“[1]. Wir müssen bereit sein, dass wir in die Wüste geschickt werden, um für den Dienst zubereitet zu werden. Das ist kein einfacher Weg! Er kann hart und schwer sein, durch Alleinsein, Unverstanden sein und Entsagung führen.

2. Johannes war demütig.

Die Zeit allein mit Gott führt ihn in tiefe Demut. Er nennt sich selbst nur „Stimme eines Rufers“. Alles bei ihm weist auf Jesus. „Er muss wachsen, ich abnehmen“[2]. Er kann zurücktreten, er macht Jesus gross.

Strassenbau war früher Sklavensache, niedrige Arbeit. Grob gesagt: Es war Dreckarbeit (Das Wort Diakonie bedeutet wörtlich übersetzt „durch den Staub gehen“). Genauso sah später Paulus seine Arbeit als Sklavenarbeit an: „Denn obwohl ich frei bin von jedermann, habe ich doch mich selbst jedermann zum Sklaven gemacht, damit ich möglichst viele gewinne“[3]. Das bringt mich zur nächsten Charakteristik für Strassenbauer.

3. Der einfache Lebensstil

Wozu in aller Welt berichtet Markus von Nebensachen wie dem Mantel aus Kamelhaar, und dem für uns eher exotischen Speisezettel des Täufers? Sie sind eben nicht nebensächlich! Johannes beschränkt die persönlichen Bedürfnisse auf das Allernötigste. Der Mantel ist zugleich die Decke zum Schlafen, Heuschrecken und Wildhonig das, was die Wüste an Nahrung bietet. Er lebt denkbar einfach, sozusagen von der Hand in den Mund.

Alles predigt an ihm: Die Lebensart, der Wohnort, die Kleidung. Was die übrigen Menschen wesentlich ansehen und wichtig halten, rückt bei ihm in den Hintergrund. Das macht seine Worte glaubwürdig und fordert die Hörer heraus: Wie könnte er die Reichen zum Teilen mit den Armen bewegen, wenn er selbst in Samt und Seide dahergekommen wäre? Wie könnte er seine Zuhörer von sich weg zu Jesus führen, wenn er sich selbst als den grossen Prediger hätte feiern lassen?

Sicher, man kann übertreiben mit dem einfachen Lebensstil - wer abgerissen, sozusagen auf den Hund gekommen daher geht, macht keine Reklame für unsere Sache. Doch einfacher Lebensstil und zerlumpte Erscheinung sind lange nicht dasselbe. Ich glaube auch, dass der Einfluss des Evangeliums Menschen aus der Armut herausholt. Schliesslich gehören die wenigsten aktiven Christen (bei uns im Westen) der untersten Vermögensklasse an. Und in der Dritten Welt verbessert sich die Lage der wirklich Armen mit dem Übertritt zum Christentum in den meisten Fällen dramatisch.

Aber der Wohlstand wird vielen - bei uns und in den Entwicklungsländern - ein Hindernis für den Glauben. Wie können wir Sorglosigkeit einüben und Abhängigkeit von Gott erleben, wenn wir materiell bereits rundum abgesichert sind? Wir machen es dem himmlischen Vater schwer, für uns zu sorgen oder gar Wunder für uns zu tun! Und wie glaubhaft wirkt unsere

---

[1] Lukas 3, 2

[2] Johannes 3, 30

[3] 1. Korinther 9, 22

Nächstenliebe, wenn wir uns in Luxus und Überfluss räkeln, während ein Drittel der Menschheit nicht einmal genug zu essen hat?
Wie oft wird - gerade uns gut entlohnten Mitarbeitern der Landeskirche - der Vorwurf gemacht, wir verdienten zu viel. Bei gewissen Fernsehpredigern in den USA machen die einfliessenden Millionen und der aufwändige Lebensstil ihre Botschaft fragwürdig. Ich denke, nicht die Höhe des Salärs ist der springende Punkt: Es kommt darauf an, wie wir damit umgehen, wie wir unsere Mittel einsetzen. Ich sehe in unserer Gemeinde bemerkenswerte Ansätze!
Es fällt auf: Wo immer die christliche Botschaft glaubwürdig gelebt wird, zeichnen sich die die Bahnbrecher, seien es Verkündiger oder schlichte Jünger, durch bescheidenen Lebensstil aus. Jesus hat es vorgelebt: Er besass kein Haus, nicht einmal ein Bett. Er forderte seine Jünger heraus, mit Gottes direkter Fürsorge zu rechnen. „Als ich euch ausgesandt habe ohne Geldbeutel, ohne Tasche und ohne Schuhe, habt ihr da je Mangel gehabt? Sie sprachen: Niemals[1]“. Die Apostel nahmen ebenso leichtes Gepäck auf ihre Missionsreisen mit, ebenso die christlichen Pioniere der Neuzeit. Man denke an Mutter Teresa in den Slums von Kalkutta!

Luxus und Überfütterung machen träge und schwerfällig für die Führung des Heiligen Geistes. So schläfrig wie seinerzeit den Gockel der Glarner beim Grenzstreit um den Urnerboden. Die Parteien kamen überein, dass je ein Läufer beim ersten Hahnenschrei von jeder Seite des Klausenpasses los rannte. Wo die beiden aufeinanderstiessen, sollte die Grenze sein. Die schlauen Urner liessen ihren Hahn fasten, während die Glarner ihn den Kropf voll fressen liessen. Leicht zu raten: Das Urner Federvieh begann vor Hunger schon bald nach Mitternacht zu krähen, während der Glarner Vielfrass den Morgen verschlief. Nach der Sage verloren die Glarner deswegen viel Land. Aufwändiger Lebensstil beschwert unnötig und schränkt die Beweglichkeit für Gott ein. Ausserdem dämpft er die Wirkung der Botschaft, die wir weitergeben. Der Täufer fordert uns heraus: Wagen wir, ohne Absicherung Gott zu vertrauen? Bin ich wirklich bereit, für den Vortrieb der Sache Gottes Opfer zu bringen? Ich stelle diese Frage zuerst mir!
An der Frage des Lebensstils entscheidet sich der Weg manches Menschen, den Jesus in seine Nachfolge ruft: Zum Beispiel den reichen jungen Mann: „Verkaufe, was du hast, gib dein Geld den Armen, und folge mir nach![2]“ Dazu sind wir alle herausgefordert.

Strassenbau für Gottes Reich

Er geschieht durch Busse, durch Umkehr. Gott hat die Absicht, alle Hindernisse auszuräumen, damit eine gute Strasse gebaut werden kann. Herr, du darfst an mir baggern und graben! Jesus nahm die Busspredigt des Johannes auf. Paulus ebenfalls. Und in 5 der 7 Gemeinden der Offenbarung wird zur Busse aufgerufen. Busse heisst Rückkehr zu Gott. Am verlorenen Sohn[3] erklärt Jesus wunderbar einfach, was sie beinhaltet.

1. Einsehen, dass die Rückkehr zu Gott nötig und sinnvoll ist. „Ich will zurückgehen“.
2. Wahr werden, die Schuld eingestehen, nicht herab spielen oder gar verdrängen.
3. Sich selbst richten. Wer sich selbst verurteilt, entgeht dem Gericht. Der verlorene Sohn gab seinen Bankrott zu: Ich habe meine Zeit, meinen Besitz, mein Leben vergeudet und

[1] Lukas 22, 35
[2] Markus 10, 21
[3] Lukas 15

verschwendet; ich habe gesündigt. Ich bin am Ende. Ich verdiene nichts als Zorn. Wer das tut, wird Gottes Güte empfangen.

4. Sich aufmachen: Der Entschluss nach Hause zu gehen, die Schuld zu bekennen und zu bitten: Sei mir Sünder gnädig! Schritte wagen: Johannes gab Gelegenheit zur Taufe. Ein Coming-out vor Zeugen macht die innere Umkehr verbindlich, macht die Versöhnung wirksam und schafft eine klare Trennung von der alten Lebensweise.

Wenn die Strassen fertig sind

Strassen sind Verkehrswege. Was für Wege werden durch die Botschaft von Gott geöffnet? Von den Vätern zu den Kindern[1], von Partner zu Partner, von mir zum Arbeitskollegen, zum Nachbarn, zum Mitmenschen, von Gemeinden zu Gemeinden. Es geschieht Versöhnung, Gemeinschaft wird verwirklicht. Das Strassennetz wird gebaut bis unter die Völker. Und was wird darauf transportiert? Das Reich Gottes. Es breitet sich aus, wenn wir den Weg bereiten. Jesus kommt. Der Heilige Geist beginnt sein Werk mit der ganzen Fülle seiner Gaben: Liebe, Friede, Freude, Geduld, Freundlichkeit, Güte, Glaube, Friedfertigkeit. Das ist „der Anfang des Evangeliums" zur Herrschaft des Reiches Gottes, dem zukünftigen Friedensreich, in dem Ungerechtigkeit, Leid, Tränen, Schmerz, und nicht einmal der Tod mehr ein Thema sind.
Wagen wir es? Der Aufwand lohnt sich!
„Lass uns den Weg der Gerechtigkeit gehen, dein Reich komme, Herr, dein Reich komme![2]"

[1] Maleachi 3, 24
[2] Lied 862, Reformiertes Gesangbuch

Feuer und Flamme

2. Predigt (zu Pfingsten)

Dies ist der Anfang des Evangeliums von Jesus Christus, dem Sohn Gottes. Wie geschrieben steht im Propheten Jesaja: „Siehe, ich sende meinen Boten vor dir her, der deinen Weg bereiten soll." „Es ist eine Stimme eines Predigers in der Wüste: Bereitet den Weg des Herrn, macht seine Steige eben!"
Johannes der Täufer war in der Wüste und predigte die Taufe der Busse zur Vergebung der Sünden. Und es ging zu ihm hinaus das ganze jüdische Land und alle Leute von Jerusalem und liessen sich von ihm taufen im Jordan und bekannten ihre Sünden. Johannes aber trug ein Gewand aus Kamelhaaren und einen ledernen Gürtel um seine Lenden und ass Heuschrecken und wilden Honig und predigte und sprach: Es kommt einer nach mir, der ist stärker als ich; und ich bin nicht wert, dass ich mich vor ihm bücke und die Riemen seiner Schuhe löse. Ich taufe euch mit Wasser; aber er wird euch mit dem heiligen Geist und Feuer[1] taufen.
Markus 1, 1-8

Johannes der Täufer kündigt Pfingsten an.
Johannes war schon vor der Geburt zum Vorläufer und Herold des Messias bestimmt. Er begann zu predigen, kurz bevor Jesus an die Öffentlichkeit trat. „Bahnt dem Herrn einen Weg, macht euch für ihn bereit!" war seine Botschaft. „Kehrt um, tut Busse, und lasst euch als sichtbares Zeichen für eure Umkehr taufen!" Es heisst, dass viele zu Johannes kamen, bei ihm ihre Sünden bekannten und sich taufen liessen.
Und dann sprach er die aufregenden Worte: „Nach mir kommt einer, der grösser ist als ich. Ich taufe mit Wasser, aber er wird mit dem heiligen Geist und mit Feuer taufen!"

Geist und Feuer
Mit Recht hat man diese Worte seit je her auf Pfingsten gedeutet. Was drei Jahre nach dem Erscheinen des Täufers, zehn Tage nach der Himmelfahrt von Jesus in Jerusalem geschah[2], ist die Erfüllung des Johanneswortes.
Zungen wie von Feuer kamen auf die versammelten Jünger herab. Gleichzeitig wurde der Heilige Geist auf sie herabgeschüttet. Man kann sagen, sie wurden be-geistert! Grosse Freude und Kraft erfüllte sie. Der Heilige Geist befähigte sie, vor der aus vielen Nationen versammelten Menge Gott in ihren Sprachen zu loben. Er machte ihre Worte und die Predigt des Petrus glaubwürdig, so dass sie einschlugen und viele persönlich angesprochen wurden. 3000 nahmen Jesus als Erlöser an und liessen sich taufen!
Von da an breitete sich das Evangelium wie ein Feuerbrand zuerst durch Jerusalem und die umliegende Gegend bis hinab in die grosse Hafenstadt Antiochien aus. Von dort aus sprang das Feuer über entlang der ganzen Mittelmeerküste und steckte in kaum 50 Jahren das ganze römische Reich in Brand! Herrlich, so eine Bewegung!

---

[1] Aus dem Bericht in Lukas 3, 7ff hinzugefügt
[2] Vergl. Apostelgeschichte 2

Zwei Taufen

Wie gesagt, die Taufe des Johannes mit dem, was ihr vorausging an innerer Haltung, hat einen Zusammenhang mit Pfingsten. Dort liessen sich die Neubekehrten auch taufen. Doch die Taufe, die Jesus eingesetzt hatte, führt weiter als die des Johannes. Sie ist die Erfüllung und das Ziel dessen, was der Täufer angefangen hatte. Man kann also von 2 Taufen reden. Ich möchte den Sinn beider erklären.

Die Johannestaufe

Das völlige Untertauchen im Jordan bedeutete, dass der Mensch seine ganze Daseinsweise, besonders auch seine bisherige Art, Gott zu dienen, als erledigt ansah. Umkehr bedeutet Rückkehr zu Gott, zur ursprünglichen Gottesnähe. Voraussetzung zu dieser Rückkehr war die radikale Abkehr von der herrschenden gottfernen Frömmigkeit. Der Ruf zur Busse war ein Gericht über die damals verbreiteten kirchlich-öffentlichen Zustände. Diese waren so heillos heuchlerisch geworden, dass, wer wirklich zu Gott kommen wollte, sich von ihnen abwenden musste! Es ging Johannes aber nicht um Kirchenaustritte: Was er und auch Jesus forderte, war die Absage an die damals herrschende Grundauffassung.

Man berief sich nämlich für seine Frömmigkeit auf folgendes: Wir haben den frommen Abraham zum Vater. Wir haben die 10 Gebote, wir haben die Bibel. Wir haben unsere schönen Kirchen, feierliche Gottesdienste und Zeremonien, wir haben das Kirchenjahr mit seinen Festen. Wir sind stolz auf unsere religiöse Geschichte und unsere Traditionen. Wir bilden uns etwas ein auf unser reich entwickeltes Gemeindeprogramm: Sollte uns das alles nicht nahe zu Gott bringen? Sollte er da nicht mit uns zufrieden sein? Dieser Auffassung stellte Johannes ein hartes Nein entgegen. Es ist dies ein Leistungsdenken: Ich tue recht, damit verdiene ich das Wohlgefallen des Schöpfers. Das steht im Gegensatz zur Gesamtlehre der Bibel.

Nein, nicht so! Es gilt das wiederzuerlangen, was einst war im Paradies, die persönliche Nähe des Schöpfers. Deshalb muss die Einstellung einen Rechtsumkehrt - Schwenker machen. Kommt es nicht dazu, dann werdet ihr bei allem Eifer nicht dem Zorn Gottes entrinnen. So deutlich und scharf redete Johannes. Was er sagte, trifft bei unserm abendländischen, herkömmlichen Christentum nicht weniger ins Schwarze als damals. Wer sich von Johannes taufen liess, bekannte sich dazu, dass er das Alte in den Tod gab und ein göttlich Neues kommen musste. Das Wasser bedeutet den Untergang des bisherigen religiösen Daseins. Es bedeutet dabei nicht das Begräbnis dessen, was bisher schlecht, sondern dessen, was als das Beste bekannt war.

Der Täufer vollzog diese Taufe, aber die Entscheidung dazu traf der Täufling selbst. Sie war sein Entschluss, seine Vorbereitung auf den Messias, der mit einer besseren Taufe kommen würde.

Die Taufe von Jesus

Sie enthält auch das Element der Umkehr. Das wird aus der Pfingstpredigt des Petrus deutlich: „Tut Busse, und lasst euch taufen auf den Namen von Jesus Christus“[1]. Es ist auch ein Sterben, aber nun folgt ihm die Auferstehung durch die Kraft des Heiligen Geistes zu einem

[1] Apostelgeschichte 2, 38

neuen Leben in der Hingabe zu Gott. Gottes Geist ist ein schöpferischer, belebender Geist, er wirkt neues Leben. Das Alte ist vergangen, Neues ist geworden![1] Das kann menschliche Kraft nicht fertig bringen. Wer hat nicht schon versucht, sich zu ändern, und doch will es nicht gelingen. Deshalb sind wir, wenn es um Urteil oder Begnadigung, um Gotteskindschaft oder –feindschaft geht, ganz auf das Tun des Heiligen Geistes, des Stellvertreters und Verherrlichers von Jesus, angewiesen. Er dringt ins Innere, anders als das Wasser des Jordans oder der Taufe, und reinigt von innen heraus. Feuer ist ein Bild der Heiligung und der Hingabe. Es verzehrt das, was nicht vor Gott bestehen kann, und bringt das reine Gold und Silber hervor. Ich lasse mich von Jesus verändern, um ganz für ihn da zu sein.

Was an Pfingsten geschah

Es wurde hier wieder mit Wasser getauft, und wieder war das Entschluss und Tat jedes Einzelnen. Doch nun wirkte der Heilige Geist dazu. Ganz einfach gesagt: Das Bekenntnis der Sinnesänderung, ausgedrückt im Herabsteigen ins Wasser, das ganz Sache des Täuflings war, sein Schritt in die Mitgliedschaft der christlichen Gemeinde, wird bestätigt von Jesus durch die Gabe des Heiligen Geistes. „Tut Busse, lasst euch taufen auf den Namen Jesus zur Vergebung der Sünden, dann werdet ihr die Gabe des Heiligen Geistes empfangen![2]“ Es ist wie bei einem Geschenk: Ich muss es wollen, und meine Hände freimachen, um es in Empfang nehmen zu können.

Pfingsten heute

Die Taufe (sie ist in der Bibel immer Folge und Bestätigung der Bekehrung) hat also zwei Seiten. Das was ich tue, und das, was Jesus dazu tut. Das zweite ist ungleich grösser. Nun fragen Sie: „Aber bei meiner Taufe ist doch gar nichts passiert? Damals wusste ich überhaupt noch nichts vom Geist und dem Feuer, die damit zusammenhängen! Und doch, nur zu gern möchte ich auch diese Kraft, diesen Sturmwind, diese Begeisterung und unbändige Freude spüren. Ich sehne mich, davon erfüllt zu werden!“

Aus der Bibel wird ganz deutlich, dass die Erfüllung mit dem Heiligen Geist wohl mit der Bekehrung und Taufe im Zusammenhang steht, aber nicht unbedingt mit ihr zusammenfällt[3]. Ich kann das der Zeit halber nicht näher ausführen. Wichtiger scheint mir, einige Schritte zu nennen, wie es dazu kommen kann.

1. Erste Voraussetzung ist die Abwendung von allem Werk- und Leistungsdenken. Der Heilige Geist ist Geschenk. Niemand kann ihn verdienen, kaufen oder auf andere Weise in den Griff bekommen. Er ist Gnadengabe Gottes.

2. Jesus ist der Vermittler des Heiligen Geistes. Wer ihn annimmt, wer an ihn glaubt und ihn bekennt als persönlichen Herrn und Erlöser, der hat Anrecht auf den Heiligen Geist.

[1] Vergl. 2. Korinther 5,17
[2] Apostelgeschichte 2, 38
[3] z.B. Apostelgeschichte 8, 16-17, Apostelgeschichte 19, 1-5

3. Der Wunsch und das Sehnen nach der Erfüllung mit Gottes Kraft gehört auch dazu. Der Heilige Geist wird denen gegeben, die darum bitten[1].

4. Der Heilige Geist wird meist dort gegeben, wo Christen gemeinsam vor Gott treten und darum beten.

5. Es geschah im Neuen Testament vor allem dort, wo die Apostel, oder andere zum Dienst eingesetzte Mitarbeiter den andern segnend die Hände auflegten. Handauflegung ist Übertragung von geistlicher Macht und göttlicher Kraft (Das Feuer weiterreichen!).

Die Lehre vom Heiligen Geist ist in unseren reformierten Kirchen und Gemeinschaften lange vernachlässigt, übergangen oder vergessen geblieben. Warum wohl? Vielleicht, weil man meinte, der Glaube sei allein Kopfsache, er dürfe keinesfalls in Gefühle überborden oder gar ausser Kontrolle geraten.
Wir haben dadurch viel verpasst. Das sollte uns beflügeln, diese überlieferte Haltung aufzugeben, und uns ausstrecken nach dem, was Jesus für uns bereithält. Warum nicht nach dem Gottesdienst zurück bleiben und miteinander und füreinander darum beten? Jesus ist bei uns, um uns zu erhören und zu beschenken!

Komm, Heiliger Geist

Komm, Heiliger Geist,
und entzünde unsere Herzen in Liebe zu dir.
Komm, du Geist der Kraft,
und bewege unsere Seelen,
dass sie hungern und dürsten nach dir
Erfülle mit deiner Gegenwart die Kirche,
dass dein Friede nicht von ihr weiche.
Segne in ihr jede Verkündigung deines Wortes,
jeden Dienst der Liebe,
jedes Amt der Leitung.
Schenke uns für die Erneuerung deiner Kirche
Weisheit, Zucht und Frieden.
Du Tröster in aller Not,
erbarme dich über uns;
Wende deinen Segen nicht von uns ab;
und tue mehr, als wir zu bitten vermögen.
Gerhard Tersteegen 1697-1769

[1] Lukas 11, 13

Ein Coming-out: Jesus lässt sich taufen

3. Predigt

Und es begab sich zu der Zeit, dass Jesus aus Nazareth in Galiläa kam und liess sich taufen von Johannes im Jordan. Und alsbald, als er aus dem Wasser stieg, sah er, dass sich der Himmel auftat und der Geist wie eine Taube herabkam auf ihn. Und da geschah eine Stimme vom Himmel: Du bist mein lieber Sohn, an dir habe ich Wohlgefallen.
Und alsbald trieb ihn der Geist in die Wüste; und er war in der Wüste vierzig Tage und wurde versucht von dem Satan und war bei den wilden Tieren, und die Engel dienten ihm.
Markus 1, 9-13

Ein Coming-out

Das ist ein neueres Fremdwort. Wörtlich bedeutet es „Herauskommen". Es ist im Zusammenhang mit Schwulen oder Lesben recht geläufig geworden. Wenn sie aus der Anonymität herauskommen und öffentlich zu ihrer Neigung stehen, wird das Coming-out genannt.
Sich zu erkennen geben – die Maske fallen lassen – ist eine gute Sache. Das heisst aber noch lange nicht, dass die Sache gut ist, zu der man sich stellt! Ganz sicher geht es bei Jesus nicht um jene Art von Coming-out. Wenn Filmschaffende oder andere solche Deutungen gemacht haben, geschah das durchwegs bar der dürftigsten Grundlage.
Die Taufe von Jesus, vom Erzähler Markus typisch in äusserst knappen Worten beschrieben, ist in anderer Weise ein Coming-out. Der Bericht passt gut zum heutigen Gottesdienst, wo wir 2 Kinder getauft haben! Im gewissen Sinn ist jede Taufe ein Coming-out. Das ist besonders so, wenn sich Erwachsene taufen lassen. Bei Kindertaufen sind es die Eltern, die mit dem Säugling ins Licht treten und Farbe bekennen zu Gott, zum Glauben und zur Kirche. Bei uns, wo die Taufe und die Zugehörigkeit zur Kirche seit Jahrhunderten gesellschaftlich akzeptiert ist, zieht diese Handlung wenig Konsequenzen nach sich. Leider! In nichtchristlichen Ländern ist sie jedoch ein mutiger Schritt ins Offene, der sehr wohl zu Kenntnis genommen wird, viel zu reden gibt, und den Täufling in die Pflicht nimmt! Es ist das öffentliche Bekenntnis des Übertritts zum christlichen Glauben.
Die Taufe des Johannes, der sich Jesus unterzieht, hat auch öffentlichen Charakter. Ihre Bedeutung ist verschieden von der, die wir in der christlichen Gemeinde feiern. Jesus lässt sich von Johannes im Fluss untertauchen. Wir taufen auch mit Wasser, aber die Verheissung steht so, dass dazu die Taufe mit dem heiligen Geist kommt. Auf unsere Bereitschaft zur Umkehr schafft er das innere Werk der Erneuerung.
Wir wollen heute sehen, in welcher Hinsicht die Taufe von Jesus ein Heraustreten war – ein Coming-out – und dann den Bogen ziehen zu unserer Taufpraxis, insofern sie ebenfalls ein Heraustreten ist.

1. Jesus solidarisiert sich mit den Sündern

Johannes hatte die Volksmenge, welche in Scharen zu ihm in die öde Jordangegend gepilgert war, mit ungeschminkter Deutlichkeit zur Busse und Umkehr aufgefordert. Die, welche sich vor allen Zuschauern demütigten, indem sie zu ihrer Verfehlung standen und sie bekannten, führte er zur Sündertaufe in den Fluss.

Eines schönen Tages erscheint in Reih und Glied mit allen Büssern und Beichtenden auch Jesus von Nazareth. Er beugt sich unter die harten Worte des Johannes und tritt zur Sündertaufe an. Sie ist ganz klar sein Wunsch und Wille. Der Täufer wusste, dass er den Sohn Gottes und Messias vor sich hatte, und wollte abwehren: „Ich taufe dich nicht; du solltest *mich* taufen!" Aber Jesus bleibt fest.
Mit diesem Gang des Herrn zur Taufe ist der Einstieg in sein Heilandswirken vollzogen. Es ist der erste Richtung gebende Schritt auf seiner Laufbahn als Erlöser. Er, der Heilige und Reine stellt sich hin an den Ort, wo die Abtrünnigen, Ausgegrenzten und Verachteten stehen. Jesus tut hier, was man nach dem ersten Psalm nie tun dürfte: Er „tritt auf den Weg der Sünder und sitzt, wo die Spötter sitzen". Er, der Sohn, gesellt sich zu den Feinden seines himmlischen Vaters.
Jesus verlässt Nazareth und beginnt seine Tätigkeit als Erlöser, als die reuige Schar am Jordan den Ruf zur Umkehr hörte, Gott um Vergebung bat, und auf den Geber des Heiligen Geistes wartete. Mit dieser Schar wird er eins, er reiht sich in sie ein. Es könnte vor ihm ein Revolutionär (Zelot) und hinter ihm ein Zöllner gestanden haben. Auf diese Stufe stellt er sich. Was für eine Tiefe der Solidarität! Ganz entgegen dem jüdischen Traum von Herrlichkeit, stolzer Gerechtigkeit und selbstbewusster Abgrenzung.

Mit der Taufe drücken wir damit dasselbe aus wie jene schuldbewusste Gruppe um Johannes: unsere Erlösungsbedürftigkeit; dass wir Hilfe brauchen, Reinigung von der Sündhaftigkeit unseres Wesens, und Erlösung vom Bösen. Das hat seinen Sinn nicht nur bei den Erwachsenen, denn „das Herz des Menschen ist böse von Jugend auf"[1]. Dieses Bewusstsein war einer der wichtigsten Anstösse, dass sich die Kindertaufe in der Kirche durchsetzte.
Wenn wir auf diese Weise ein Coming-out vollziehen, stellt sich Jesus zu uns wie zu der Schar am Jordan. Dort wurde er ganz Mensch, stellte sich in der Taufe unter das gleiche Gesetz und auf die gleiche Stufe mit den Sündern. Und das ging weiter so durch die drei Jahre seines Wirkens. Die Gleichstellung fand ihren Höhepunkt, als er zwischen zwei Verbrechern am Kreuz hing, sozusagen zum Sünder abgestempelt. Man stelle sich das vor: So tief hinab steigt der Gottessohn. So weit geht seine Liebe zu uns.
Die Taufe ist voll Verheissung, voll von der unfassbar grossen Liebe Gottes zu uns. An Weihnachten singen wir: „Gott wird Mensch, dir Mensch zugute". Das ist das Coming-out bei der Taufe von Jesus.

2. Der Himmel tut sich auf

Gott stellt sich ganz zur Taufe von Jesus und bestätigt ihn vor allen Augen als sein Sohn. Das ist ein zweites Coming-out.
Johannes hatte sich zuerst gewehrt, Jesus zu taufen. Aber nun gibt der Vater selbst das Einverständnis zu diesem Schritt. Er sendet ihm während der Sündertaufe sichtbar den heiligen Geist und lässt ihm zurufen: „Du bist mein Sohn, dir gilt meine Liebe, dich habe ich erwählt". Gott selbst ist „coming-out". Er bezeugt vor allen Augen, in welchem Verhältnis er zu Jesus steht. Was bisher passiert ist, könnte ja alles eine von Jesus inszenierte Schau gewesen sein. Aber jetzt wird über alle Zweifel deutlich, dass zwischen Gott und ihm völlige Klarheit und

[1] 1. Mose 8, 21

Einigkeit darüber besteht, dass das Erlöserwerk des Sohnes das Sünderkreuz ist. Ziel und Ende des Weges, auf den sich Jesus mit dem Schritt ins Jordanwasser stellt, ist das Kreuz auf Golgatha.

Als Jesus sich taufen liess, stellte sich Gott auf seine Seite. Dasselbe gilt für unsere Taufe! Sie markiert unsere Entscheidung für den Weg mit Gott. Und er stellt sich zu unserm Coming-out und nimmt es an! Das ist erstaunlich. Von keinem Täufling könnte Gott sagen, dass er sein lieber Sohn oder Tochter wäre, denn kein Mensch lebt fehlerlos wie Jesus. Aber weil er unsere Sünderschuhe anzog, sind auch wir angenommen als Gottes Söhne und Töchter, wenn wir uns ihm bewusst anvertrauen. Das ist alles, was Gott von uns fordert. Die Taufe ist das äussere Zeichen der Hinkehr zum Erlöser. Wenn nicht die innere dazu kommt, bleibt sie ohne Sinn und Zweck. Darum wurden in den reformierten Kirchen Unterricht und Konfirmation eingeführt als Ergänzung und Folge der Kindertaufe. Wenn ein Mensch mündig und entscheidungsfähig wird, kann und darf er sein Ja zu Gottes Angebot geben. Ob schon getauft oder noch nicht getauft, die innere Umkehr zählt vor Gott. Wenn sie echt ist, wird sie allerdings nicht verborgen bleiben. Es wird da ein Coming-out für Jesus geben.

3. Das Coming-out des Teufels

Nach der Taufe wird Jesus in die Einsamkeit getrieben. Das „getrieben“ deutet an, dass Jesus zauderte. Zog es ihn zurück in sein Menschendasein nach Nazareth, in das ruhige, gesicherte Leben des Handwerkers? Wisst ihr: Jesus wollte auch leben, er schreckte vor dem Kreuzweg zurück. Doch er liess sich vom Heiligen Geist in die Wüste führen. Dort wird er von Satan versucht. Ja, der hat auch sein Coming-out. Er wird aus dem Busch geklopft, weil Jesus mit seiner Taufe den Opferweg angetreten hat, mit dem er dem Satan seine Beute streitig macht. Darum muss es zu dieser Kraftprobe kommen. Der Verführer zog alle Register seiner Überredungskunst, um einiges raffinierter als seinerzeit im Paradiesgarten. Aber anders als Adam und Eva durchschaut Jesus die verlockenden Angebote und weist sie entschlossen zurück. Damit hat Jesus den Anfang gemacht, die Machenschaften des Teufels zu zerstören[1]. Er hat erstmals Stellung bezogen und gesiegt. Der Böse zog den Kürzeren.

Darum wohl berichtet die Bibel, dass dort in der heissen, lebensfeindlichen Wüste ein Stück Paradies wiederhergestellt wurde. Die wilden Tiere waren um Jesus, heisst es, und sie taten dem vom Fasten und Kämpfen Geschwächten kein Leid an. Die Engel dienten ihm. Warum? Weil sie ihn als den Erlöser erkannt hatten und ihn anbeteten.

Seine Solidarität mit den Menschen, seine Bestätigung durch den Vater im Himmel, und sein Sieg über den Bösen am Anfang seines Weges möchten uns zum Coming-out für ihn bewegen. Seither sind diese Zeichen noch deutlicher geworden. Wir haben die Berichte über das Leben und Wirken des Heilands, das Kreuz und das offene Grab. Haben sie uns überzeugt? Lassen wir uns doch bewegen!

[1] 1. Johannes 3, 8

Ein doppelter Ruf

4. Predigt

Nachdem aber Johannes gefangengesetzt war, kam Jesus nach Galiläa und predigte das Evangelium Gottes und sprach: Die Zeit ist erfüllt, und das Reich Gottes ist herbeigekommen. Tut Busse und glaubt an das Evangelium!
Als er aber am Galiläischen Meer entlangging, sah er Simon und Andreas, Simons Bruder, wie sie ihre Netze ins Meer warfen; denn sie waren Fischer. Und Jesus sprach zu ihnen: Folgt mir nach; ich will euch zu Menschenfischern machen! Sogleich verliessen sie ihre Netze und folgten ihm nach.
Und als er ein wenig weiterging, sah er Jakobus, den Sohn des Zebedäus, und Johannes, seinen Bruder, wie sie im Boot die Netze flickten. Und alsbald rief er sie, und sie liessen ihren Vater Zebedäus im Boot mit den Tagelöhnern und folgten ihm nach.
Markus 1, 14-20

Die olympische Stafette

Die olympischen Spiele beginnen immer mit einer Stafette. Vom letzten Austragungsort wird das Feuer von verschiedenen Läufern an den neuen Ort getragen.
Die Geschichte der Christianisierung der Welt lässt sich mit dieser Stafette vergleichen. Sie begann mit dem Täufer Johannes. Als der zum Schweigen gebracht wurde, nahm Jesus seinen Platz ein. Er sorgt dafür, dass der Ruf des Vaters an seine verlorenen Kinder weiter ertönt.
Wie Jesus die Predigt des Johannes weiterführte, haben seitdem stets andere die Flamme der Frohen Botschaft übernommen und weitergetragen. Jesus selbst hat Menschen ergriffen, beauftragt und zum Zeugendienst befähigt.
Als Stephanus den Märtyrertod starb, wurde Paulus in seine Fussstapfen berufen. Innert 60 Jahren verbreitete sich der christliche Glaube durch das ganze römische Reich! Leider verlor die Bewegung später ihre Schwungkraft. Aber wieder liessen sich Leute rufen, die Fackel aufzunehmen und das Feuer anderswo anzuzünden.
Johannes Hus, der böhmische Reformator, wurde 1415 in Konstanz verbrannt, aber der Herr erweckte Zwingli, Luther und Calvin, die Europa die Bibel brachten und damit die grösste und folgenträchtigste Bewegung der abendländischen Geschichte auslösten. Als sie nach und nach erlahmte, erweckte Gott andere. Ähnliches hat sich bis heute immer wiederholt. Jesus sagt: „Ich selbst will meine Gemeinde bauen, und die Pforten der Hölle sollen sie nicht überwältigen“[1]. Besonders beeindruckend ist das im ersten Jahrhundert geschehen.

Das Feuer brennt weiter!

Denken wir nicht mit Wehmut an solche Aufbrüche? Wünschen wir dieses Feuer nicht für unser Land und unsere in mancher Hinsicht erstarrte Kirche? – Wir müssen gar nicht so weit gehen, um es zu finden, brauchen nicht einmal nach Südamerika, Afrika oder Indien zu gehen, wo in Sachen Ausbreitung des Evangeliums heute Erstaunliches passiert. Es ist auch bei uns möglich. Woran liegt es, wenn Schwung und Freude ins Leben der Christen kommt und sich

[1] Matthäus 16, 18

leere Kirchen füllen? Und woran liegt es, wenn der Schwung fehlt? Ich bin dem nachgegangen und möchte darüber berichten.

Zwei gesunde Beine sind zur Stafette nötig

Markus berichtet vom Ursprung, vom Anfang der mächtigen Bewegung der ersten Christengeneration durch Jesus selbst. Offensichtlich hatte seine Methode Hand und Fuss. Er ist der erste und beste Gemeindegründer, Menschenfischer und Hirte. Er hatte Vollmacht von oben. Von ihm lernten die Apostel; sie gingen auf die gleiche Weise wie ihr Meister vor, und erfolgreich! Ihre Arbeit hatte zwei Standbeine:

1. Die öffentliche Predigt: die Verkündigung der Frohen Botschaft
2. Die praktische Nachfolge in der Jüngergruppe

So begann Jesus seinen Dienst und lebte ihn seinen Jüngern vor. Zuletzt beauftragte er sie, sein Beispiel weiterzuführen[1]. Nach gleichem Muster:
1. „Geht hin in alle Welt und predigt das Evangelium aller Kreatur, und tauft sie“: Das ist die öffentliche Verkündigung, der Ruf zum Glauben.
2. „Lehrt sie halten alles, was ich euch befohlen habe“: Das ist die persönliche Nachfolge im gemeinsamen Leben; das Lernen und Einüben des Christseins mit dem Ziel der Reife, der Befähigung der Jünger, in der nächsten Etappe der Stafette die Fackel selbst weiter zu tragen. Es geht also um eine doppelte Berufung.

Der erste Ruf: Die öffentliche Verkündigung

Was predigt Jesus?
„Jetzt ist die Zeit da!“ Jetzt redet Gott, jetzt ist er nahe. Heute kannst du ihn finden und erleben. Es ist Heilszeit. Diese Chance gilt es zu nutzen, sie kann einmalig sein! Darum muss die Botschaft bis in den hintersten Winkel der Erde ausgerufen werden. Der Retter ist da! Als Jesus auftrat, war das eine besondere Gnadenzeit. Sie dauert bis heute an. Er ist überall nahe, wo Menschen ihm nachfolgen. Wo von ihm geredet wird, lässt er sich finden.
„Gottes Reich ist hereingebrochen!“ Jetzt handelt, jetzt regiert Gott. Das ist nicht nur zu erkennen an den packenden Worten, sondern auch in der unerhörten Erweisung seiner Schöpferkraft. „Blinde sehen, Lahme gehen, Aussätzige werden gesund, Taube hören, Tote stehen auf, und den Armen wird die Frohe Botschaft verkündigt“[2]. An diesen Wunderzeichen sollte der Täufer, und auch andere sehen, dass Jesus die Gottesherrschaft bringt. Wenn die einsetzt, wird auch im Bereich des leiblichen Lebens die göttliche Ordnung wiederhergestellt. Das geschah bei Jesus parallel zur Predigt. Das eine war vom andern nicht zu trennen. Die Geheilten, die von Dämonen Befreiten wurden ihrerseits wieder zu Predigern, manchmal sogar ohne Worte zu brauchen.
„Tut Busse (Gute Nachricht Bibel: „Ändert euer Leben“). Kehrt um zu eurem Ursprung! Wer sich von Gott gelöst hat, darf zurück zu ihm kommen. Zuhören, wenn Gott uns anspricht, das ist Busse, und die einzige Möglichkeit, zurück zu Gott zu finden. Dann verwandelt die Kraft Gottes alte in neue Menschen. Alles, was sich trennend zwischen Schöpfer und Geschöpf ge-

---

[1] Matthäus 28, 18-20
[2] Matthäus 11, 5

schoben hat, soll fortfallen, und es wird wieder so ungetrübt, so unmittelbar und ursprünglich sein wie am ersten Tag. Die Umkehr bekommt erst ihren Sinn, wenn die Kraft von oben bereits hereingebrochen ist. Aus der angebotenen Fülle quellen schöpferische Kräfte zur Erneuerung und Gesundung der Menschheit.
Johannes war der Wegbereiter für Jesus. Schon er rief zur Busse und Umkehr auf. Jesus geht in seiner Predigt weiter.
„Glaubt an das Evangelium!" Es geht um das Ergreifen der Lebenskräfte von Jesus. Er bietet Anschluss an den Strom seiner Liebesenergie. Nachdem in der Busse die Sünde aufgedeckt wurde, wird sie im Glauben zugedeckt und vergeben.

Umkehr und Hinkehr im Glauben bietet Jesus an. Beides ist nötig. Ohne Rückkehr zu Gott ändert sich nichts. Denn nicht die Verhältnisse müssen besser werden: *Wir* müssen uns ändern, wenn es besser werden soll auf der Erde. Das ist überall geschehen und geschieht noch heute, wo Menschen mit ihrer Schuld zu Jesus kommen und sich von ihm dienen lassen. Ohne Glauben hingegen führt die Busse in die Verzweiflung wie beim Verräter Judas.

Der zweite Ruf: Die Einladung zur Nachfolge

Jesus bleibt nicht bei der Verkündigung stehen. Er sammelt Jünger um sich. Die vier, von denen Markus berichtet, hatten schon über den Täufer von Jesus gehört und ihn kennengelernt, waren dann aber zunächst zurück an ihre Arbeit gegangen. Jetzt kommt er und ruft sie. Was heisst das, nachfolgen?
Mobil werden für Jesus, mit ihm gehen. Sich dabei nicht fest- oder abhalten lassen von bestimmten Sitten, Ansichten oder Traditionen. Jesus forderte einmal den Verzicht auf die Teilnahme am Begräbnis des Vaters oder das Loslassen des Besitzes. Hier war es der Beruf und Lohn. Nachfolge heisst: Jesus zuerst! Alles andere wird zweitrangig.
Lebensgemeinschaft mit Jesus und andern Jüngern. Lernen von ihm, und zwar in den Alltäglichkeiten des Lebens und Dienstes. Die Nachfolge geschieht in vollständiger Lebensgemeinschaft. Bei diesem Lernen gibt es keine Pausenglocke und keine Freitage. Es ist ein Intensivtraining!
Einen andern vorangehen lassen. Ein Jünger verzichtet auf den eigenen Weg und die eigene Wahl. Das meint Jesus, wenn er sagt: „Wer mir nachfolgen will, verleugne sich selbst"[1]. Das ist nicht Selbstquälerei oder Verlust, weil der Meister es besser weiss und ohnehin das Beste für seinen Jünger will.

Nachfolge ist eine Lehrzeit, die tiefer geht als blosses Hören. Jeder Jünger wurde von Jesus ganz persönlich geführt und betreut. Er beschränkte sich auf die 12. Sie kamen – nach dem himmlischen Vater – zuerst in seiner Terminplanung, und das 3 Jahre lang! Bei all den Tausenden, die ihn suchten, scheint das ein Verhältnisblödsinn. Aber es war und ist die Art, wie Jesus seine Leute weiterführt und zubereitet zum Dienst. Und sie funktioniert!
Die Nachfolge hat die Vorbereitung der Jünger zum Ziel, ihnen schliesslich den Stafettenstab oder die Fackel zu übergeben. Ich will euch zu Menschenfischern machen! Jesus will die natürlichen oder angelernten Fähigkeiten einsetzen zur Verbreitung seines Reichs.

---

[1] Matthäus 16, 24

Wenn du dich Jesus auslieferst, wenn er „komm“ sagt, dann wird er auch weiter durch dich „komm“ sagen. Dann wirst du ins Leben hinausgehen und das Echo seines „komm“ immer neu entstehen lassen, wie bei Petrus und Andreas, und Johannes und Jakobus.

Die zwei Beine in der Kirchengeschichte

Der doppelte Ansatz von Jesus hat seine Gültigkeit bis heute. Er ist, wie so manches in der Bibel, eine ewige Ordnung.

Die Apostelgeschichte berichtet von der Geburt der christlichen Gemeinde. Das war ein Senkrechtstart! Unschwer lassen sich die zwei Beine feststellen: Einerseits kamen die Gläubigen im Tempel, der Synagoge oder an öffentlichen Orten zusammen. Daneben trafen sie sich aber regelmässig – wenn möglich täglich – „hin und her in den Häusern[1]“. So wurde Nachfolge, Jüngerschaft geübt. Die Christen teilten alles miteinander und hielten Tischgemeinschaft, es war wie eine grosse Familie. Da wuchs eine Wärme und Herzlichkeit, die wie ein Magnet andere anzog.

Jeder Apostel (Petrus, Paulus und die andern), nahm auf seine Missionsreisen junge Christen mit, die mit ihm evangelisierten und lehrten. Die Christen wurden damals allgemein „Jünger“ genannt, so sehr waren sie Lernende! Das ging so bis zum Ende des zweiten Jahrhunderts. In der Zeit multiplizierte sich das Christentum mit phänomenaler Geschwindigkeit.

Wann begann es zu stagnieren? Als die Gemeinden gross wurden, als Predigt und Lehre sich immer mehr auf die Gottesdienste und die Profis, die Bischöfe konzentrierte. Die Kraft der Christen blieb dort erhalten, wo neben den Gottesdiensten persönliche Nachfolge und Bruderschaft gelebt wurden zur gegenseitigen Ermutigung und Korrektur. Aus dem Bedürfnis nach verbindlichem, gemeinsamem Leben sind damals die ersten Klöster entstanden!

Die Reformation wiederum lebte nicht aus Massenveranstaltungen. Man kam zusammen zum Bibelstudium, zum Austausch und zum Gebet. Als die reformierte Kirche später im Formalismus erstarrte, standen Männer wie Spener und Zinzendorf auf. Spener rief zum „Kirchlein in der Kirche“ auf: Die „mit Ernst Christen sein wollten“, sollen sich in kleinen Kreisen zu Bibelstudium, Gebet, gegenseitigem Dienen und zur tätigen Nächstenliebe sammeln.

Heute erleben wir eine neue Welle und ein Bedürfnis nach solch verbindlicher Bruderschaft. Wer sich mit der Predigt zufrieden gibt, kann schwer den Schritt von der Theorie zur Praxis des Christenlebens vollziehen. Ein Lehrling geht schliesslich nicht nur zur Berufsschule! Viel wichtiger zählt die praktische Ausbildung an der Werkbank und das Arbeiten Seite an Seite mit dem Lehrmeister.

Ganz selten verändert sich das Leben eines Menschen nur durch die Predigt. Dies ist der Anfang, der Umkehr und Glauben bewirkt, und wo wir Jesus und seinen Willen kennen lernen. Aber nachher folgt das Lernen und Einüben, das anerkannter weise am besten in kleineren Gruppen geschieht. Warum haben Kirchgemeinden ihre ursprüngliche Vitalität verloren? Weil sie das Bein der gemeinsamen, verbindlichen Nachfolge haben verkümmern lassen!

Praktisch alle schnell wachsenden, lebendigen Gemeinden brauchen beide Beine!

[1] Apostelgeschichte 2,46

Und bei uns?

Wir sind daran! Ich freue mich über die *Hauskreise*, besonders die, wo nicht nur unpersönlich über einen Bibeltext diskutiert wird, sondern wo wir einander helfen, in besonderen Lebenssituationen auf Jesus zu hören und uns von seinem Wort führen lassen. Hauskreise sind nicht eine Masche von Leuten, die besonders fromm sein möchten oder mehr über Gott wissen wollen als andere. Sie sind eine Notwendigkeit, wenn wir richtige Jünger werden und sein wollen. Auch für uns Vollzeiter! Mir selber ist der Hauskreis in den letzten Jahren sehr hilfreich gewesen.

Ein guter Einstieg in ein verbindliches Christsein ist auch der *Alphalive-Kurs.* Da gibt es nicht nur Vorträge, da feiert, singt und betet und diskutiert man miteinander, und nicht zuletzt setzt man sich gemeinsam an den Tisch. Das alles ist Jüngerschaft! Feine Sache!

Die *Gemeindeferienwoche* ist auch so eine Gelegenheit.

Oder man kann sich zu zweit oder zu dritt zusammentun bei einer Tasse Kaffee und über den Glauben reden, miteinander beten und füreinander da sein. Rein privates Solochristentum ist out – es ist unbiblisch!

Zum Schluss ein Check-up

Gottes Reich ist herbei gekommen, es ist dir nahe getreten. Heute, jetzt!

- Bist du umgekehrt zu Jesus, siehst du in ihm den Heiland der Welt, deinen persönlichen Heiland? Die vier Jünger liessen sich von Jesus einladen, sprachen mit ihm[1] und nahmen ihn als Retter an. Das ist der erste Schritt.
- Hast du dich auf eine verbindliche Nachfolge als Jünger in einer kleinen Gruppe eingelassen? Diese Entscheidung zum Gehorsam ist der zweite Schritt. Hast du den Ruf gehört? Dann wage den Schritt jetzt, wie die vier Jünger! Mach deinen Entschluss fest! Wir helfen gern dazu.

Jesus will nicht nur dein Retter, er will auch dein Herr sein! „Folge mir nach!“

[1] Johannes 1, 35f

Eine neue Lehre

5. Predigt

Und sie gingen hinein nach Kapernaum; und alsbald am Sabbat ging er in die Synagoge und lehrte. Und sie entsetzten sich über seine Lehre; denn er lehrte mit Vollmacht und nicht wie die Schriftgelehrten.
Und alsbald war in ihrer Synagoge ein Mensch, besessen von einem unreinen Geist; der schrie: Was willst du von uns, Jesus von Nazareth? Du bist gekommen, uns zu vernichten. Ich weiss, wer du bist: der Heilige Gottes! Und Jesus bedrohte ihn und sprach: Verstumme und fahre aus von ihm! Und der unreine Geist riss ihn und schrie laut und fuhr aus von ihm. Und sie entsetzten sich alle, so dass sie sich untereinander befragten und sprachen: Was ist das? Eine neue Lehre in Vollmacht! Er gebietet auch den unreinen Geistern, und sie gehorchen ihm! Und die Kunde von ihm erscholl alsbald überall im ganzen galiläischen Land.
Und alsbald gingen sie aus der Synagoge und kamen in das Haus des Simon und Andreas mit Jakobus und Johannes. Und die Schwiegermutter Simons lag darnieder und hatte das Fieber; und alsbald sagten sie ihm von ihr. Da trat er zu ihr, fasste sie bei der Hand und richtete sie auf; und das Fieber verliess sie, und sie diente ihnen.
Am Abend aber, als die Sonne untergegangen war, brachten sie zu ihm alle Kranken und Besessenen. Und die ganze Stadt war versammelt vor der Tür. Und er half vielen Kranken, die mit mancherlei Gebrechen beladen waren, und trieb viele böse Geister aus und liess die Geister nicht reden; denn sie kannten ihn.
Markus 1, 21-36

Hier berichtet Markus über den Beginn der Lehrtätigkeit des Jesus. Er zeigt gleich, dass dazu mehr gehörte als blosse Gedanken, Worte oder Predigten. Die Befreiungstaten und Heilungswunder sind Teil der Verkündigung! Eine unerhörte Dringlichkeit spricht aus dem Bericht: das Wort „alsbald" kommt immer wieder vor. Es fällt auf, dass die Zuhörenden nicht nur bei der Predigt sich über den Inhalt verwunderten. Auch nach der Austreibung der Dämonen fragten sie sich: „Was ist das für eine neue Lehre?" Die Leute merkten richtig: Im Gegensatz zu den Schriftgelehrten „machte" Jesus mehr als Worte. Er brachte etwas ganz Neues, Gewaltiges.
Darüber wollen wir heute nachdenken. Als erstes müssen wir dabei die alte Lehre unter die Lupe nehmen.

Die alte Lehre: „Du schaffst es!"

Das war die Botschaft der jüdischen Schriftgelehrten: „Du kannst Gott zufriedenstellen". Oder direkter gesagt: „ Du kannst dir den Himmel verdienen". Es ist zwar hart und schwer, unheimlich schwer sogar, aber du schaffst es. Wenn du dich nur anstrengst und sorgfältig auf alle Gebote achtest, und wenn möglich noch etwas darüber hinaus tust, dann müsste es reichen. Hinter diesem Standpunkt steckt die These, dass der Mensch in sich edel, hilfreich und gut sei, und das Potenzial hat, ein rechtes, anständiges Leben zu führen. Demzufolge hätte jedermann die Fähigkeit, Gott- und den Mitmenschen gefällig durch die Welt zu gehen. Ja noch mehr: Wenn du dich richtig benimmst, kann dir Gott den Segen nicht vorenthalten. Er ist gewissermassen verpflichtet, dich zu belohnen. „Auge um Auge, Zahn um Zahn" nicht nur im negativen, sondern auch im positiven Sinn. Ein verlockender Gedanke, nicht wahr, Gott in die Pflicht nehmen zu können?

Leistung war also bei der alten Lehre gefragt. Sie ist der Grundtenor aller Religionen: Du schaffst es! „Wer immer strebend sich bemüht, den können wir erlösen", lässt Goethe im „Faust" die Engel sagen. Bei oberflächlichem Lesen des Alten Testaments könnte man zu diesem Ergebnis kommen.
Hand aufs Herz: Taucht diese Meinung nicht bei uns wieder und wieder auf? Täuschen wir uns nicht auch vor, wie die Leute in Babel einen Turm bis in den Himmel bauen zu können? Da heisst es etwa: Wir haben auch unsern Glauben. Hauptsache, wir tun unsere Pflicht, leben anständig und ohne Krach mit dem Nachbarn, und fallen niemand zur Last. Wir tun Gutes und denken hin und wieder an Gott. Da kann er doch nicht drüber hinwegsehen!
Wohin führt diese Auffassung, diese Self-made-Erlösung?

- Von ihr ist nur ein kleiner Schritt bis zur *Selbstgerechtigkeit.* Ich bin besser als die andern, besser als die, welche jeden Sonntag in die Kirche rennen oder sie umgekehrt überhaupt nie von innen sehen. Wir sehen bei den Schriftgelehrten, wie sie sich turmhoch besser wähnten als die andern: Überheblichkeit in Reinkultur.
- Die Selbstgerechtigkeit führt zur *Abgrenzung.* In Israel gab es die Guten und die Bösen; die Frommen und die Heiden (so wurden die religiös unwissenden Galiläer genannt). Die Religiösen achteten sorgfältig auf Abstand, dass ein tiefer Graben war zwischen den beiden Lagern. Mit den Sündern wollten sie nichts zu tun haben! Sie zu verachten und zu übervorteilen war die logische Konsequenz dieses Denkmusters. Die heutige Arm-reich Schere in den nichtchristlichen Entwicklungsländern[1] lässt sich direkt darauf zurückführen. Jesus hat sich – zum Ärger der Religiösen – auf die Seite der Ausgegrenzten gestellt.
- Das religiöse Leistungsdenken kann auch das Gegenteil von Selbstgerechtigkeit bewirken. Besonders bei denen, die Wollen und Vollbringen in ehrlicher, offener Selbstkritik vergleichen. Sie kommen in tiefe *Gewissensnot:* So sehr sie sich auch anstrengen (und die strengen sich wirklich an!), sie können Gott nicht genügen. Diese Leute fühlten sich besonders zu Jesus gezogen, und Jesus zu ihnen. Das waren die „Kranken, die den Arzt nötig haben[2]". Und ich denke, das sind auch bei uns die, welche Hilfe und Trost suchen. Traurigerweise nicht nur in der Kirche, weil leider oft immer noch das Leistungsimage an unserm Etikett klebt.
- Einsicht in die Hoffnungslosigkeit des eigenen Bemühens kann auch zur *Abwendung* vom Glauben führen. Wenn ich es ohnehin nicht schaffe, macht Religion sowieso keinen Sinn, dann probiere ich gar nicht erst. Wenn ein Kirchenaustritt aus diesem Grund erfolgt, begreife ich das, bewundere sogar die Konsequenz dieser Menschen. Schade nur, dass sie einem Irrtum auf den Leim gegangen sind. Denn der grosse Unterschied des christlichen Glaubens zu den andern Religionen ist der, dass die Bibel das Leistungsdenken verurteilt. Damit sind wir bei der neuen Lehre:

[1] besonders augenfällig in Indien und in den buddhistischen Ländern
[2] Lukas 5, 31

Die neue Lehre: „Du schaffst es nicht!“

An der Bergpredigt wird ersichtlich, dass dies das Neue war, das Jesus brachte. Er preist jene glücklich, die „nur noch von Gott etwas erwarten und nicht mehr von sich selbst“[1]. In seiner Auslegung der Zehn Gebote weist er überzeugend nach, dass bereits der Gedanke an eine Übertretung Sünde ist[2], und dass die eine Sünde mit vielen anderen verkettet ist. Wer die Gebote ernst nimmt, dem sind sie nicht mehr ein Mittel zur Rechtfertigung, sondern ein schonungsloses Urteil. Damit bekräftigt Jesus nur das, was schon im Alten Testament im Klartext steht: „Da ist kein Gerechter, auch nicht einer“[3]. Diese unbequeme, beängstigende Wahrheit hatten die Pharisäer offenbar übersehen, oder totgeschwiegen, weil sie ihnen nicht passte, und das geschieht auch heute, leider sogar in Kirchen und ausserhalb auch. Obwohl die Geschichte und das Weltgeschehen die Illusion vom Guten im Menschen längst widerlegt haben.

Begreifen wir, dass die Leute betroffen reagierten; „entsetzt“, wie Luther es übersetzt hat? Da stürzten Kartenhäuser zusammen, wurde mancher aus dem tiefen, bequemen Ruhekissen der selbst gemachten Gerechtigkeit unsanft geweckt, begannen die Fundamente aus Rechtschaffenheit, Sitte und Anstand und Spenden und guten Taten zu wanken.

Was Jesus sagte, ging ans Herz. Er redete nicht wie die Gesetzeslehrer, er redete aus Vollmacht. Das heisst, was er sagte, kam unmittelbar von Gott. Ich fragte mich, wieso merkten die Leute das? – Ich denke, nicht zuletzt, weil seine Argumentation aus Gottes Wort kam, aus der Bibel. Vollmacht heisst, in höherer Autorität handeln. Wenn Gottes Wort übergangen, heruntergespielt oder gar unterschlagen wird, wie kann Gott mit seiner Schöpferkraft dahinter stehen? Da zieht er sich zurück. Bei Jesus war das nicht so. Betroffenheit breitete sich in der Synagoge aus.

Ja, wenn eine Predigt Herzen anrührt und aufrüttelt! Wenn sie in tiefe Bewegung führt, in gesunde Gottesfurcht oder gar Entsetzen, wie reagieren wir? Worte, die ans Gewissen gehen, sind heute in unserer Zunft weitgehend verpönt. Es kommt bei den Hörern nicht gut an, wenn man ihnen die Hölle heiss macht, wird argumentiert. Man soll doch positiv predigen. - Aber Schönfärberei lag Jesus nicht, und ist auch nicht die Art der Bibel. Dort kommen vor der Frohen Botschaft der Versöhnung die Forderungen des Gesetzes. Die heben uns den Spiegel vor, in dem wir die ganze Hässlichkeit unserer verzweifelt verdorbenen, rettungsbedürftigen Natur sehen. Paulus nennt das aus dieser Einsicht kommende Entsetzen einmal die „göttliche Traurigkeit“[4], die „eine Reue bewirkt, die niemanden reut“, weil sie nämlich zum Heiland und seiner vergebenden Liebe treibt. Wenn es ans Herz geht, wenn eine heilige Unruhe uns ergreift, sind das Sternstunden; besondere Gnadenzeiten, weil sie uns zum Heiland weisen, weg von der Selbstgerechtigkeit zur Gerechtigkeit, die vor Gott gilt. Die kann nur Jesus geben, die hat er mit seinem Sterben am Kreuz für uns gewirkt.

Dann wird es erst recht Sabbat, Sonntag in uns. Jesus kann in die Ruhe führen. Er tut das, was wir selber nicht schaffen. Dann breitet sich der Schalom, der Friede aus, der in der biblischen Welt immer zum Ruhetag gehörte Die Last des Leistungsdruckes fällt ab. Das zeigt sich nun im Fortgang des Berichtes.

---

[1] Matthäus 5,3
[2] z.B. in Matthäus 5,21ff
[3] Psalm 14, 3; Römer 3,12
[4] 2. Kor. 7,10

... aber Jesus schafft es!

Wenn Klartext gesprochen wird, scheiden sich die Geister. Unter den Hörern in der Synagoge war ein Mann, der von einem bösen Geist beherrscht war. Ob er rein zufällig in den Gottesdienst gekommen war oder bewusst Hilfe gesucht hatte? – Wir wissen es nicht. Jedenfalls wissen sich die bösen Mächte in ihm angegriffen und wehren sich, bringen Unruhe und wollen wohl von der Betroffenheit ablenken. Jesus lässt das nicht zu. Er zeigt sich als der Vollmächtige. Er lässt die Teufel nicht einmal reden. Sie müssen weichen. Dem Mann wird ein neues Leben geschenkt, er wird frei. Jesus schafft es, aus dem Bann des Bösen zu befreien!

Nach dem Gottesdienst kehrt Jesus und seine Jünger mit Simon Petrus in dessen Elternhaus ein. Man berichtet ihm, dass die Schwiegermutter krank sei. Sicher gelangten sie an Jesus, weil sie eben erst seine Wundermacht erlebt hatten. Er heilt die schwerkranke, fiebernde Frau. In Dankbarkeit bietet sie Jesus und seinen Jüngern Gastfreundschaft.

Und am Abend, als der Sabbat vorbei war, man wieder reisen und tragen durfte, bewegte sich ein ganzer Strom von Kranken, Belasteten und Geplagten vor die Tür von Jesus. Es heisst, sie wurden gebracht, und sie fanden Heilung und Befreiung.

Nun sagen Sie vielleicht: Diese Heilungen sind ja eine ganz neue Geschichte, die passen gar nicht zum Bericht vom Gottesdienst in der Synagoge. Ich meine, beides gehört zusammen. Die Wundertaten unterstrichen die Glaubwürdigkeit der Predigt. Aber sie sind weit mehr als Wahrheitsbeweis. Das Evangelium dringt eben tiefer als bis zum Intellekt. Es ist nicht nur Buchstaben und Worte oder nur „Sprüche“, wie wir manchmal abschätzig sagen. Es ist Kraft, die Leben verändert, die von Lasten und Zwängen befreit, die Menschen Gesundung und Hoffnung bringt, ja die der ganzen kranken Welt neues Leben anbietet.

Das Evangelium wirkt ganzheitlich: Es ist nicht nur für den Kopf, sondern bringt Heil auch fürs Herz und für den Körper. Es ist unsere Aufgabe als Kirche, dies zu verkünden in aller Unbekümmertheit und Freude, den Leidenden und Belasteten davon weiterzusagen und sie her zu schleppen vor die Füsse von Jesus wie die Leute, die ihn in Kapernaum gehört und erlebt hatten, damit ihnen geholfen werde und die ganz Welt erfährt, dass „dieser ist Christus, der Heiland der Welt“[1].

[1] Johannes 11, 27

Jesus setzt Prioritäten

6. Predigt

Und am Morgen, noch vor Tage, stand er auf und ging hinaus. Und er ging an eine einsame Stätte und betete dort. Simon aber und die bei ihm waren, eilten ihm nach. Und als sie ihn fanden, sprachen sie zu ihm: Jedermann sucht dich. Und er sprach zu ihnen: Lasst uns anderswohin gehen, in die nächsten Städte, dass ich auch dort predige; denn dazu bin ich gekommen. Und er kam und predigte in ihren Synagogen in ganz Galiläa und trieb die bösen Geister aus.
Markus 1.35-39

Das war vielleicht ein Tag!

Das war ein Tag gewesen! Petrus war noch ganz erfüllt und begeistert. Jesus war mit den Jüngern nach Kapernaum gekommen. Es war Sabbat. Sie gingen zum Gottesdienst in das Gebetshaus der Juden, die Synagoge. Dort hatte Jesus das Wort ergriffen. Er brachte die Frohe Botschaft, dass Gottes Herrschaft angebrochen sei. Das ergriff die Leute, gerade so wie ihn selbst der Ruf von Jesus in die Nachfolge getroffen hatte.
Nicht genug damit: Ein Mann, der von bösen Geistern kontrolliert wurde – man nannte ihn einen vom Teufel Besessenen, machte Unruhe. Er griff Jesus noch während seiner Predigt an. Jesus befahl dem Geist zu schweigen und den Mann in Ruhe zu lassen. Der Geist musste weichen. Der Mann wurde ganz normal. Nach dem Gottesdienst gingen sie zu Petrus heim, um dort zu übernachten. Das Dumme war nur, dass sie bei der Ankunft feststellten, dass seine Schwiegermutter krank war. Wer sollte jetzt zu den Gästen sehen? Jesus ging an ihr Bett, nahm sie bei der Hand und richtete sie auf. In dem Moment wurde sie gesund. Als ob nichts gewesen wäre, konnte sie ihren Pflichten als Hausmutter tun!
Die Sache sprach sich herum. Am Abend kamen immer mehr Leute aus der Umgebung daher. Sie brachten bis in die späte Nacht hinein Kranke, Geplagte, Leidende zu Jesus. Er heilte sie alle.

„Jesus, alle suchen dich!"

Am frühen Morgen, als es hell wurde, klopfte es schon wieder. Noch mehr Leute, die Hilfe von Jesus wollten. Und da stellte Petrus fest, dass der Meister gar nicht mehr im Haus weilte. In aller Frühe, als es noch dunkel war und alle schliefen, war er weggegangen!
Petrus schüttelte den Kopf. Wir müssen ihn suchen! Es fand sich da und dort ein Hinweis, welchen Weg er genommen hatte. Nach langem Suchen fanden sie ihn an einem einsamen Ort, weit aussen vor der Stadt in einer öden Steinwüste. Er betete!
„Meister, ich habe gar nichts gegen dein Beten. Aber gibt es jetzt nicht Wichtigeres zu tun? Jedermann sucht dich. Du musst sofort kommen, alle wollen dich sehen. Du kannst ihnen doch nicht einfach davonlaufen!"
Petrus war wohl sehr betroffen, als Jesus auf die Bitte, nach Kapernaum zurückzugehen, gar nicht einging. „Die haben das Evangelium gestern gehört. Es gibt noch viele Marktorte mit vielen Synagogen in der Gegend. Alle sollen sie der guten Nachricht von Gottes Liebe begegnen. Dazu bin ich gekommen, sie zu verbreiten!"

Was dachte wohl Petrus?

Der knappe Bericht schweigt sich darüber aus. Ob er als guter, gehorsamer Jünger dem Meister widerspruchslos gehorchte? Oder ob es erst eine lange Diskussion darüber gab, was dran sei? Wir wissen es nicht. Es heisst einfach, dass sie den Meister auf seiner Predigtreise begleiteten und es wieder viele Begegnungen mit Geplagten gab, mit Besessenen und wohl auch mit Kranken. Die Vollmacht, mit der er gestern geholfen hatte, war noch immer wirksam. Viele wurden befreit.

Ja, und dann fragte *ich* mich: Gibt es diese Vollmacht heute noch, dass Menschen von einer Predigt bewegt werden und merken: Jetzt hat Gott zu mir gesprochen, und dass sich diese Kraft nicht nur im Wort, sondern auch in Heilungen und Befreiungen manifestiert?

Eine auffällige Reihenfolge

Der knapp gehaltene Bericht über das einsame Beten und den weiteren Dienst von Jesus hat einen inneren Zusammenhang. Er zeigt die drei Dienste des Messias, die Einstufung nach ihrer Wichtigkeit, und er weist darauf hin, woher Jesus die Kraft, die „Vollmacht" bekam.

Zuerst kommt das *Gebet*. Hier hatte Jesus dafür Stunden eingesetzt. Andere Stellen belegen, dass er oft ganze Nächte durch betete.

Der zweite Dienst ist die *Predigt*, das Zeugnis vom Reich Gottes. „Dazu bin ich gekommen". Bemerkenswert ist dabei, dass ihm nicht wichtig ist, eine feste Hörergemeinde um sich zu sammeln. Er will das Evangelium in allen Städten verkündigen. Es geht ihm um die Ausbreitung der Herrschaft Gottes, um Mission!

Der dritte Dienst sind die *Taten der Barmherzigkeit* in Wundern, Heilungen und Befreiungen.

Die Dienste der christlichen Gemeinde

Jemand hat bemerkt, Markus beschreibe in seinem Bericht ein typisches Tagewerk von Jesus. Es ist auch das Tagwerk der christlichen Gemeinde! Wir treffen es - in derselben Einstufung der Dringlichkeit - wieder in der Apostelgeschichte.

Dienst	*Fachwort*
1. Gebet, Lobpreis, Anbetung	Leiturgia
2. Verkündigung, Zeugnis, Mission	Kerygma (= Heroldsruf)
3. Hilfeleistung (hier Wunder + Zeichen)	Diakonia

Der Gründung der ersten Gemeinde ging eine intensive, lang andauernde Anbetungs- und Gebetszeit voraus[1].

Nach Pfingsten zeigten sich die drei Dienstbereiche Gebet, Verkündigung und Wunderzeichen wieder. Dazu wurden noch Gemeinschaft und Brotbrechen als innergemeindliche Aktivitäten genannt.

---

[1] Apostelgeschichte 1, 14; 2,42

Wenig später gab es ein Problem mit den Witwen. Sie waren bei der Verteilung der Hilfsgüter zu kurz gekommen. Die Apostel setzten daraufhin 6 Diakone ein, die diesen Bereich abdecken sollten. Als Begründung führten sie an: „Wir aber wollen anhalten am Gebet und am Amt des Wortes[1]“. Da haben wir also wieder ganz klar die drei Dienste in der Reihenfolge ihrer Wichtigkeit. Erste Priorität hat das Gebet, dann folgt die Verkündigung mit den begleitenden Taten der Barmherzigkeit. Gebet ist die Ausrichtung und Verbindung nach oben. Die Predigt richtet sich auf die seelischen, die Hilfeleistung mehr auf die körperlichen Bedürfnisse des Menschen.

Warum Jesus dem Gebet erste Priorität gibt

Ich werde heute nur auf den ersten Dienst, den Gebetsauftrag eingehen. (Zu den beiden andern siehe die vorangehende Predigt: „Eine neue Lehre“)

1. Zur Bewahrung vor Versuchungen

Der Ruf zurück nach Kapernaum war wie eine zweite *Versuchung*. „Das alles gebe ich dir, wenn du den bequemen, ehrenvollen Weg wählst.“ Dort wäre er gefeiert worden als der Wunderheiler und Helfer. Darauf hatten es die Leute offensichtlich abgesehen. Jesus verzichtete, weil ihm wichtiger war, dass das ganze Gebiet das Evangelium hörte. Und so wählte er, wie immer während seinem Dienst auf der Erde, den geringen Weg, den „Weg durch den Staub“[2]. Weil er durch das Gebet ganz nah beim Vater blieb, fiel er nicht auf die Verlockung herein.

Genau aus diesem Grund tun wir gut daran, Gebet und Anbetung obenan auf die Prioritätenliste zu setzen. Es bewahrt uns davor, Fährten nachzurennen, die dem menschlichen Geltungsbedürfnis und nicht dem Willen des Herrn der Kirche entsprechen. Die enden meist im Abseits. Gebet behält in Abhängigkeit zu Gott und in der Demut.

Ach, wie gross ist für uns Verkündiger - und nicht nur für uns - die Verlockung, wie kleine Herrgötter bewundert zu werden, besonders wenn man uns Komplimente macht und die Popularität wächst. Dann kann ein fluchtartiger Rückzug in die Einsamkeit notwendig werden. Schon mancher ist unfreiwillig in die Wüste geschickt worden, weil er es nicht nötig fand, selbst zu gehen. Peinlich!

2. Den Einklang zu Gottes Willen suchen

Ein zweiter Grund zum Rückzug ins Gebet ist die *Suche nach dem Willen Gottes*. In unserer Geschichte stehen die Erwartungen der Leute in Kapernaum und das, was Gott von Jesus will, gegensätzlich im Clinch. Wie finden wir den rechten Weg? Jesus fand ihn im Gebet. Vor der Wahl der Jünger verbrachte er die Nacht im Gebet. Und immer wieder, wenn es kritische Entscheidungen zu treffen gab, bis hin zur Nacht in Getsemane, dieser Nacht der letzten Versuchung und Entscheidung.

Später, wenn es um wichtige Schritte ging, wie die Einsetzung der Armenpfleger (siehe oben) oder die Aussendung der ersten Missionare[3], wurde unter Fasten und Beten (es steht dort wörtlich der Begriff „Liturgie“ = Gott dienen) Gott gesucht. Darauf gab der Heilige Geist Anweisungen. Die Gemeinde konnte in vollkommener Einmütigkeit handeln. Es brauchte keine langen, zeitraubenden Diskussionen und gab keine Meinungsverschiedenheiten mehr.

---

[1] Apostelgeschichte 6, 4

[2] Wörtliche Übersetzung des Wortes „Diakonie“

[3] Apostelgeschichte 13, 1ff

3. Bewahrung vor frommem Betrieb
Drittens bewahrt das Gebet vor dem, was ich „*Self-made-Erweckung*“ nenne. Das war die Versuchung des Petrus. Das Herz auf der Zunge, impulsiv und tatkräftig, fiel ihm untätig sein schwer. Handeln muss man! Er war ein „Krampfer“. Er konnte eine ganze Nacht fischen und nichts fangen. Als er aber Jesus das Boot überliess – es ging dabei mindestens ein halber Arbeitstag flöten – und auf seinen Befehl handelte, tat er einen Rekordzug.
Wisst ihr, wir in der Kirche stehen immer in Gefahr, nach *unserm* Zeitplan und ohne Jesus im Boot zu fischen. Dahinter steht die Idee, dass *wir selbst* die Gemeinde in flotte Fahrt bringen könnten, und rudern bis zur Erschöpfung oder gar zum Burn-out. Wir organisieren so viel wie nur möglich und schaffen, bis wir abgespannt und gehetzt daher kommen, und die Gemeinde auch. Und dann geben wir erst noch mit einem gewissen Stolz zu verstehen, wie viel Verpflichtungen wir um die Ohren haben und wie voll der Terminkalender ist. Ist das etwa Reklame für Gottes Sache? Gemeinde ist nicht ein Institut für Leistungssport! Jesus hatte immer Zeit, konnte bestimmt und in königlicher Ruhe auf Fragesteller eingehen, und wusste immer, was als nächstes dran war. Um ihn war kein „Betrieb“! Wieso? Weil er seinen Vater fragte, was dran war, und erst dann handelte!
4. Die Quelle der Vollmacht
Jesus empfing aus dem Zusammensein mit dem Vater die Kraft für seinen Dienst. Als die Jünger einmal einem Besessenen nicht helfen konnten, wies er sie zum Gebet und Fasten: Nur dadurch würde der böse Geist weichen[1].
Zur Einsetzung von Mitarbeitern gehörte in den ersten Gemeinden, dass unter Handauflegung intensiv um Segen und Vollmacht gebetet wurde.

Ich könnte eine ganze Reihe von Beispielen aus der Kirchengeschichte anführen, wo Gebet, manchmal jahrelanges beharrliches Beten, einem geistlichen Aufbruch voranging. Es gab bis jetzt meines Wissens keine Erweckung ohne vorangehendes und begleitendes Gebet. Ich nenne Beispiele:
James O. Frazer arbeitete vor 100 Jahren unter dem Lisustamm in Südwest-China. 10 Jahre lang schaffte er, ohne dass sich jemand bekehrte. Dabei war er ein hochbegabter, disziplinierter Missionar. Es war, als ob all seine Bemühungen wie an einer soliden Betonwand abprallten. Durch den geschlossenen Widerstand der im Dämonendienst verstrickten Bergstammleute und seine Machtlosigkeit wurde er immer mehr ins Gebet getrieben. Eine Gebetsgruppe im Kanada wurde zu seinen Verbündeten. Plötzlich kam die Wende: Es war wie ein Dammbruch: Ein Dorf nach dem andern bekehrte sich! „Nicht durch Heer oder Kraft, sondern durch meinen Geist soll es geschehen[2]“.
Letzte Woche waren es zehn Jahre her seit der Wende im östlichen Deutschland. Auch dort war eine starke Gebetsbewegung entscheidend im Spiel. Christen versammelten sich zu Hunderten und Tausenden in den Kirchen. Ein Grund oder *der* Grund, dass die kritische Zeit ohne Kämpfe und Blutvergiessen vorüber ging? Zuletzt möchte ich Ihnen das Video „Transformation[3]“ empfehlen. Es dokumentiert die Umwandlung von vier Städten auf drei Kontinenten.

[1] Markus 9, 29
[2] Sacharja 4, 6
[3] erhältlich in christlichen Buchhandlungen

Anfang und Auslöser für die erstaunlichen Veränderungen: Das Zusammenstehen der Christen in einer Gebetsbewegung.

Wissen Sie, dass es auch bei uns ähnliche Initiativen gibt? In unserer Gemeinde das Morgengebet am Samstag. Und seit kurzem findet im Saal der Heilsarmee Zofingen an jedem 3. Donnerstag des Monats morgens früh von 5-7 eine Gebetszusammenkunft statt. Sie steht allen offen! Jesus stand noch früher auf, um an seinen einsamen Ort zu gehen. Bedenken Sie, Gebetszeit zu finden und zu pflegen ist meistens ein Opfer. Es kostet etwas, aber es zahlt sich aus. Das sind auch meine persönlichen Erfahrungen.

Der Heiland der Unheilbaren

7. Predigt (zum Reformationssonntag)

Und es kam zu Jesus ein Aussätziger, der bat ihn, kniete nieder und sprach zu ihm: Willst du, so kannst du mich reinigen. Und es jammerte ihn, und er streckte die Hand aus, rührte ihn an und sprach zu ihm: Ich will's tun; sei rein! Und sogleich wich der Aussatz von ihm, und er wurde rein. Und Jesus drohte ihm und trieb ihn alsbald von sich und sprach zu ihm: Sieh zu, dass du niemandem etwas sagst; sondern geh hin und zeige dich dem Priester und opfere für deine Reinigung, was Mose geboten hat, ihnen zum Zeugnis. Er aber ging fort und fing an, viel davon zu reden und die Geschichte bekanntzumachen, so dass Jesus hinfort nicht mehr öffentlich in eine Stadt gehen konnte; sondern er war draussen an einsamen Orten; doch sie kamen zu ihm von allen Enden.
Markus 1,35-40

Ein Aussätziger

Wir können uns schwer vorstellen, welche Tragödie dieser Mann durchgemacht hatte. Aussatz wurde in biblischen Zeiten (und vielerorts bis heute) als Strafe angesehen. Dieses Vorurteil ist neben der Ansteckungsgefahr mit Grund zur Ausgrenzung und Trennung dieser Kranken.

Ein Aussätziger kommt zu Jesus. Er hat keinen Namen. Er könnte Walter oder Gerhard oder Andrea heissen. Denn Aussatz ist in der Bibel meistens ein Bild für die Sünde, für einen Menschen, dessen Leben nicht im Einklang mit Gottes Willen steht und damit am Ziel vorbeischiesst, das der Schöpfer für ihn bestimmt hat. Diese bemitleidenswerte Ruine von einem Mann ist der erste Geheilte, mit dem Jesus ein Gespräch führt. Das weist darauf hin, dass es um tieferes als um körperliche Heilung geht. Er wird auch geistlich zurecht gebracht. Seelsorge und Krankenheilung laufen hier parallel. Die Wortwahl des Kranken betont dies: Er bittet nicht um Gesundung, sondern um Reinigung, und Jesus wiederholt in seinem Zuspruch denselben Ausdruck.

Aussatz und Sünde

Lepra wird durch einen Bazillus übertragen. Die Krankheit hat also eine innere, für das Auge unsichtbare Ursache, aber früher oder später werden Symptome sichtbar. Genauso ist jeder Mensch vom „Virus" der Sünde angesteckt. Die einen geben das zu, die andern nicht. Aber wir alle brauchen Heilung.

Sobald Aussatz festgestellt wurde, musste sich der Kranke aus der Wohn- und Dorfgemeinschaft absondern. Kontakte mit Gesunden waren untersagt. Näherte sich jemand, war er verpflichtet, zu rufen und zu warnen. Aussatz wie Sünde führen in die Isolierung. Wir werden ja meist nicht nur an Gott, sondern auch an den Mitmenschen schuldig. Das trennt.

Der Erreger zerstört sukzessive die Nervenbahnen des Infizierten. Das sind die Primärschäden. Die Gliedmassen werden dadurch taub. Der Kranke fühlt keinen Schmerz mehr. Ein Steinchen im Schuh oder ein Dorn im Finger bleibt unbemerkt und wird immer weiter ins Fleisch hineingetrieben. Weil Wunden oder auch entstehende Infektionen schmerzlos bleiben, kann sich um einen winzigen Fremdkörper ein grosser Infektionsherd bilden. Unser natürliches Schmerzempfinden ist eine wunderbare Gabe Gottes. Es sorgt dafür, dass wir Wunden pflegen und ruhig stellen. Weil der Aussätzige nichts fühlt, heilen seine Verletzungen nicht, und es entstehen die für den Aussatz typischen schrecklichen Verstümmelungen. Diese Sekundärschäden, verursacht durch die Gefühllosigkeit, wiegen viel schwerer als die erregerbedingte Zerstörung der Nervenstränge.

Die Folgeschäden

Sünde hat wie der Bazillus zunächst unsichtbare, scheinbar unbedeutende Auswirkungen. Wenn sie nicht diagnostiziert und „behandelt" wird, macht sie auch unempfindlich. Das Gewissen wird zunehmend taub und abgestumpft, Schuld als nebensächlich und harmlos eingestuft. Wie beim Aussatz sind erst die Folgeschäden verheerend.
Leprakranke müssen deshalb ähnlich wie Diabetiker ihren Körper fortwährend aufs Genaueste nach kleinen Wunden oder Fremdkörpern absuchen, solange die noch leicht behandelt werden können. Das sollen wir auch im Bezug auf Verletzungen und Infektionsherde im geistlichen Bereich. David betet einmal: „Verzeihe mir die verborgenen Fehle![1]" Sonst wachsen sie zu gefährlichen Abszessen heran. Sie vergiften und schwächen innerlich. Früher oder später platzen sie dann auf und entleeren ihren stinkenden Eiter an die Oberfläche. Ja, unbereinigte Sünde mag harmlos erscheinen, aber die Folgeschäden!
Beides zerstört von innen heraus. Aussatz war bis vor 50 Jahren eine absolut tödliche Krankheit, zwar schleichend, mit einer langen Zeit des fortschreitenden Zerfalls. Genauso wie es die Bibel von der Sünde sagt, deren Keim in jedem von uns von Natur aus steckt: Sie zahlt schliesslich als Lohn den Tod aus[2]. Sie meint damit nicht einmal nur den leiblichen oder geistlichen Tod. Wir sehen in den vielen grösseren und kleineren Konflikten, von Beziehungszerwürfnissen bis hin zu politischen, ideologischen oder völkisch bedingten Auseinandersetzungen, wie viel Zerstörungspotenzial fürs Diesseits im Menschen steckt. Wenn es sich ungehindert entfalten kann oder gar noch geschürt wird, sind die Folgen grauenhaft. Ein Beispiel dafür ist die gegenwärtige Eskalation der Gewalt in Palästina.

Der Prophet Jeremia hat die beiden Krankheiten auch miteinander verwoben; den Aussatz und die Sünde. Im Schmerz über die Gottlosigkeit seines Volks klagt er von einem „verzweifelt bösen Schaden und von Wunden, die niemand heilen kann[3]". Aber dann darf er die Zusage Gottes anfügen: „Aber ich, ich will dich wieder ganz gesund machen!"

Aussatz ist heilbar

Aussatz ist heute heilbar. Die zerstörten Nerven können zwar nicht regeneriert werden. Aber durch entsprechende Therapie und wiederherstellende Chirurgie können Schäden gemildert und sogar verlorene Fähigkeiten ersetzt werden. Und vor allem mit dem Einüben von vorbeugenden Massnahmen werden Verletzungen vermieden oder frühzeitig behandelt, Abszesse verhindert, und damit weitere Folgeschäden gestoppt.
Es ist nicht zufällig, dass die christlichen Missionen die unbestrittenen Pioniere in der Behandlung von Lepra sind. Das Beispiel von Jesus in seinem Handeln am aussätzigen Mann hat

---

[1] Psalm 19, 13
[2] Römer 6, 23
[3] Jeremia 30,12

wohl dazu motiviert. Und es ist, wie schon gesagt, gleichzeitig ein wunderschönes Bild, wie er mit dem andern Aussatz fertig wird.

Ein Unheilbarer sucht Hilfe

Er muss von Jesus und von seinem Erbarmen gegenüber andern Kranken gehört haben. Die Nachrichten über den Messias weckten in ihm so viel Hoffnung und Vertrauen, dass er sich aufmachte, um Jesus zu begegnen. Das war gar nicht so einfach!

Kontakt mit Gesunden war ihm ja verboten. Doch er sucht eine Gelegenheit und findet sie. Er überwindet alle Hindernisse. Viele lassen sich aufhalten: „Was werden die Leute denken, was benehme ich mich quer. Was könnte das für ein Reinfall werden". Man fürchtet unliebsame, demütigende Reaktionen. Es wäre einfacher, sich mit der Krankheit zu arrangieren und weiter dahinvegetieren, wie es eben noch geht. Aber dieser Mann kapituliert nicht.

Dann kommt er mit dieser demütigen Bitte: „Wenn du willst, kannst du..." Er rechnet allen Ernstes mit der Möglichkeit, dass Jesus *nicht* will. Er pocht nicht auf ein Recht seinerseits. Er weiss nichts davon, dass der Herr eine Pflicht und Schuldigkeit hätte, alle Menschen zu heilen, sozusagen weil dies sein Metier ist, oder dass er gar in jeder beliebigen Notlage des Alltags einzuspringen hätte.

Auch im Helfen bleibt Jesus der Herr. Niemals lässt er sich vorschreiben, wo und wann und wie er helfen soll. In der bescheidenen Bitte des Mannes liegt das demütige Wissen um Gottes Eigenwillen. Er sagt damit: Willst du, bin ich von Herzen froh. Wenn nicht, habe ich es wohl verdient. Das sagt einer, der von Geschwüren und Wunden schrecklich entstellt und zernagt ist! Er hätte Grund zu Bitterkeit und Groll und Trotz, begreiflicherweise! Aber er kann demütig glauben und anbetend niederknien. Es fragt sich: Welches ist das grössere Wunder, die vorangehende Glaubensdemut oder die Heilung?

Und noch etwas: Ihm geht es zuerst darum, dass er in Ordnung mit Gott kommt, dass er „rein" wird, wieder zu Gottes Volk gehört und mit andern gemeinsam ihm dienen, „Gottesdienst" halten kann.

So wird der Aussätzige wieder zum Vorbild für den, der Reinigung, Vergebung und Gotteskindschaft sucht. Dafür können wir weder auf Rechte unsererseits noch auf Pflichten von Gott her pochen. Es liegt alles an seinem Erbarmen.

Der Reformator Martin Luther fühlte sich wie ein solcher Aussätziger. Er hatte seinen verzweifelten Schaden erkannt, alles Mögliche zur Heilung versucht, bis zum geht-nicht-mehr gefastet und sich geplagt mit allen möglichen Selbstquälereien, um die Gewissheit zu bekommen, von Gott angenommen zu sein. Bis ihm beim Studium des Römerbriefs aufging, dass nicht Leistung gefordert ist. Die Rechtfertigung wird dem geschenkt, der Gott nichts zu bieten hat, dazu steht, indem er sich wie der Aussätzige vor Jesus niederwirft und an seine Gnade appelliert. Dann erst ging bei Luther die Sonne auf, und wie!

Seine Erfahrung hat er in den drei „Allein" zusammengefasst: „Allein aus Gnaden, Allein aus dem Glauben, Allein aus der Schrift".

Jesus heilt

„Ich will", antwortet er. Die Worte zeichnen ein Bild von Jesus, über das es sich nachzudenken lohnt. Er hat nie gesagt: „ich will nicht!"

Sein „Ich will“ begann im Himmel. Es heisst von ihm, dass er nicht an seinen Vorrechten als Gottes Sohn festhielt, sondern sie preisgab und auf die Erde kam in armer, schwacher, anfälliger Menschengestalt[1]. Ich will deinen Willen tun bis ans Kreuz! Etwas davon wird bereits am Anfang seines Wirkens in der Begegnung mit dem Aussätzigen sichtbar.
Jesus rührte ihn an. Damit machte er sich unrein. Der Reine nimmt die Unreinheit, den Aussatz auf sich!
Er macht alles gut, was du falsch gemacht hast. In seiner Seele und am Leib litt er das Schicksal, die Leiden, die Strafe, der du sonst unausweichlich ausgeliefert wärest. Er wurde unrein, damit wir vor Gott treten können, ohne zurückgeschickt zu werden. Er starb, damit ich lebe.
Jesus fordert vom Geheilten, die gesetzlichen Vorschriften zu erfüllen. Die Heilung musste von den Priestern bestätigt werden als Beweis dafür, dass Jesus sich nicht über die gesetzlichen Vorschriften der Juden hinwegsetzte. Es gibt bei ihm keine billige Gnade, kein Wegwischen der schrecklichen Folgen des andern Aussatzes. Er nimmt sie selbst von uns weg auf sich.
Jesus verbot dem Mann, über seine Heilung zu reden. Warum? Weil es ihm nicht um die Sensation der Krankenheilung ging, sondern um die andere, innerliche Heilung. Weil der Geheilte begreiflicherweise nicht schwieg, musste sich Jesus nachher vor dem Zugriff der Scharen in die Einsamkeit zurückziehen. Die, welche wirklich Hilfe suchten, würden den Weg zu ihm finden; die bloss ihre Neugier stillen wollten, würden es sein lassen.

Ich will‘s tun, sei gereinigt
Das spricht uns Jesus im Abendmahl zu, das wir jetzt feiern werden. Er schenkt sich uns. Er will uns berühren. Immer wieder staune ich, dass uns Jesus das nicht bloss in Gedanken mental vollziehen lässt. Er will uns in Brot und Kelch anrühren. In den Gaben lässt er uns seine Liebe und Erbarmen sehen und spüren, in der Hand und auf der Zunge. So real können wir das nehmen. Es soll jedem eine Hilfe sein, der verzweifelt über den bösen Schaden.
Du darfst kommen und bitten: „Herr, wenn du willst, kannst du mich wohl reinigen“. Du darfst dir zusprechen lassen: „Aber ich selbst, dich will ich wieder gesund machen und deine Wunden heilen, spricht der Herr“. Das ist sein heiliger Wille. Er gilt.

[1] Philipper 2, 5f

Glaube und Heilung

8. Predigt (am Sonntag nach Neujahr)

Nach einigen Tagen ging Jesus wieder nach Kapernaum; und es wurde bekannt, dass er im Hause war. Und es versammelten sich viele, so dass sie nicht Raum hatten, auch nicht draussen vor der Tür; und er sagte ihnen das Wort.
Und es kamen einige zu ihm, die brachten einen Gelähmten, von vieren getragen. Und da sie ihn nicht zu ihm bringen konnten wegen der Menge, deckten sie das Dach auf, wo er war, machten ein Loch und liessen das Bett herunter, auf dem der Gelähmte lag. Als nun Jesus ihren Glauben sah, sprach er zu dem Gelähmten: Mein Sohn, deine Sünden sind dir vergeben. Es sassen da aber einige Schriftgelehrte und dachten in ihren Herzen: Wie redet der so? Er lästert Gott! Wer kann Sünden vergeben als Gott allein? Und Jesus erkannte sogleich in seinem Geist, dass sie so bei sich selbst dachten, und sprach zu ihnen: Was denkt ihr solches in euren Herzen? Was ist leichter, zu dem Gelähmten zu sagen: Dir sind deine Sünden vergeben, oder zu sagen: Steh auf, nimm dein Bett und geh umher? Damit ihr aber wisst, dass der Menschensohn Vollmacht hat, Sünden zu vergeben auf Erden - sprach er zu dem Gelähmten: Ich sage dir, steh auf, nimm dein Bett und geh heim!
Und er stand auf, nahm sein Bett und ging alsbald hinaus vor aller Augen, so dass sie sich alle entsetzten und Gott priesen und sprachen: Wir haben so etwas noch nie gesehen.
Markus 2, 1-12

Jesus im Examen

Jesus war bereits bekannt geworden. Die Heilung des Aussätzigen ein paar Tage zuvor hatte wie ein Signal gewirkt. Die Hörer drängen sich um einen Platz in dem Haus, wo er zu Gast war. Sogar die religiöse Behörde ist herbeigeeilt, um die Sache unter die Lupe zu nehmen. Der Nachrichtendienst hatte ihnen gemeldet, dass es an der Zeit wäre, zum Rechten zu sehen. Sie sind hier, um sich über ihn ein Bild zu machen. Wer ist er? Noch ist es nicht so weit, dass sie ein Urteil abgeschlossen haben. Das Gespräch über und mit ihm ist noch offen. Es ist Demut, dass sich Jesus diese kirchenrätliche Kontrolle gefallen lässt. Er hat sie nicht zu scheuen, und er lässt ihnen das Recht. Aber es berührt einen seltsam, den Herrn und Erlöser wie einen Schüler im Examen zu sehen.

Der Gelähmte und seine Freunde

Das Examen wird unterbrochen. Sozusagen auf dem Luftweg wird ein Gelähmter vor die Füsse von Jesus platziert, damit er ihn heile. Was für eine Rücksichtslosigkeit! Was sagt der Hauseigentümer zum kaputten Dachboden? Und der Staub und Dreck! Welche Affront gegen die Menge! Es gehört sich doch nicht, die Predigt zu unterbrechen, und schon gar nicht die hohe Visite zu stören!
Jesus spricht keinen Verweis aus, im Gegenteil. Die ausgefallene Manier der Krankenträger wertet er positiv. Statt der Zudringlichkeit wird der Glaube gerühmt; diesmal nicht Berge versetzender, eher Dachboden versetzender Glaube.
Ihr Zutrauen bewegt Jesus zur Tat. Jedermann erwartet ein Heilungswunder. Erstaunlicherweise spricht aber Jesus dem Mann Vergebung seiner Sünden zu. Man muss den Experten zugutehalten, dass sie sofort des Pudels Kern erkannten. Wer ausser Gott kann Sünden verge-

ben? Um seine Autorität und Vollmacht zu verifizieren, heilt Jesus darauf den Mann von seiner Krankheit. Er gibt sich zu erkennen als Menschensohn, wie seinerzeit die Propheten den kommenden Erlöser genannt hatten[1]. Die Heilung ist Zeichen und Beweis für seine Vollmacht, Sünden zu vergeben.

Der Heilandsdienst

Jesus ist heute noch am Werk, sucht Menschen, die ihm vertrauen, und wartet darauf, seinen Heilandsdienst (moderner gesagt Heilungsdienst) auszuüben. Er wirkt dort, wo Christen mit der Gegenwart des Heiligen Geistes rechnen und ihm schlicht etwas zutrauen. Es gibt zu denken, wie diejenigen, die ihre Bürde impulsiv und herzhaft vor Jesus bringen, seine Rettermacht erfahren, während diejenigen, die es zu wissen meinen und ihm kritisch und reserviert begegnen, leer ausgehen. Das kommt noch heute vor!

Es geht in diesem Bericht primär um Glauben und Heilung. Das ist bei Jesus *das* Thema, sein Lebenswerk, und zugleich der Inhalt der ganzen christlichen Botschaft[2]: Der Ruf zum Glauben und das Angebot der Heilung, und zwar einer ganzheitlichen, einer Gesundung, die den Tod überdauert. Die Examinatoren finden den Prüfling vorbereitet. Und wenn im heutigen Gottesdienst jemand sitzt, der Jesus auf Herz und Nieren prüfen möchte, der ist am rechten Ort, wenn wir über diese Geschichte nachsinnen.

1. Jesus schaut nach Glauben aus

„Als Jesus ihren Glauben sah". Das beeindruckt ihn an den Freunden des Kranken! Glauben heisst: Jesus kann helfen. Woher kam der Glaube? – Wahrscheinlich hatten sie von den früheren Heilungen gehört. Markus berichtet, wie Jesus „der Menge das Wort sagte". Ich stelle mir vor, dass er teils predigte, teils mit Einzelnen redete. Daraus schöpften die Männer Hoffnung für ihren Freund. „Glauben heisst: sich verlassen auf das, was man hofft[3]". Das Vertrauen zu Jesus treibt sie an zur Tat. Bei ihrer Courage wundert es einem nicht, dass Jesus sie lobt. Sie scheuen kein Hindernis. Keine Anstrengung ist ihnen zu viel. Sie riskieren eine Abfuhr und Blamage. Sie sind sogar bereit Fehler zu machen! So packen sie den Kranken auf eine Matratze. Weil es durch die Tür nicht geht, halt durchs Dach!

Glaube kann sich in Andacht, Lobpreis, Gebet oder Inbrunst ausdrücken, auch etwa in der Hingabe an eine Pflicht. Aber wo er kühn und direkt etwas von Jesus erwartet, und sich im Vertrauen auf ihn über alle Hindernisse hinwegsetzt, das gefällt Jesus am besten. Der Glaube wird gerühmt, nicht die Liebe. Die war sicher auch da, aber mehr als Mitgefühl und Erbarmen wertet Jesus Vertrauen zu ihm. Sie ehren ihn damit.

Das müssen wir uns merken. Es ist heute Mode, in den Kirchen auf der Schiene der Mitmenschlichkeit zu laufen. Soziales Evangelium ist in! Aber damit allein werden Menschen nicht gesund, das ist nur Flickerei. Wir können ihnen letztlich nicht bleibend helfen. Blosse Hilfe bewirkt keine innerliche Veränderung. Dafür ist der Heiland da. Wir müssen sie zu Jesus tragen. Paulus sagt einmal: „Denn ich hielt es für richtig, unter euch nichts zu wissen als allein Jesus Christus, den Gekreuzigten.[4]"

[1] Daniel 7,13

[2] z.B. Johannes 3, 16 oder Jesaja 53

[3] Hebräer 11, 1

[4] 1. Korinther 2, 2

Wir wissen, was Fürsorge und Fürbitte ist, und pflegen beides. Aber ist uns bewusst, dass Jesus nach *Für-Glauben* Ausschau hält? Wie stimmt es mich dankbar, dass in vielen unserer Kreise nicht nur die Bibel studiert und gebetet wird, sondern dass auch ganz bewusst das Für-Glauben praktiziert wird. Es ist eine gute Sache, als Gruppe Bedürftige, Kranke oder Einsame im Auge und Sinn zu behalten, um zu gegebener Zeit Trägerdienste zu leisten. Das ist echte Diakonie. Ein spannender, aufregender und dankbarer Handlangerdienst. Wir könnten dabei durchaus Zeugen werden, wie Jesus ein Wunder tut!

2. Jesus vergibt Sünde

Jesus macht in der Geschichte unüberhörbar deutlich, dass dies sein allerwichtigster Dienst ist. Alle erwarteten die sofortige Heilung des Gelähmten. Aber Jesus sagt zuerst: „Dir sind deine Sünden vergeben". So etwas Grosses kann nur er aussprechen. Die Gabe der Sündenvergebung steht nur ihm zu.

Wir haben gewiss viele Pläne, Wünsche und Anliegen für das angefangene Jahr. Aber wir wollen uns von Jesus sagen lassen: Das Wichtigste ist, dass wir nicht mit alten Schulden durchs neue Jahr gehen. Warum sich länger mit diesen Gewissenslasten abquälen?

Der Gichtbrüchige zeigt, wie „Entlastung" geschieht: In der Begegnung mit Jesus! Da liegt er vor ihm in seinem ganzen Elend. Der Heiland sieht in sein Herz hinein. Man hat sich gefragt, ob der Mann ein Sündenleben geführt hatte und die Krankheit eine Folge davon war (das kann durchaus so gewesen sein). Aber wichtig ist, dass Sünde da war. Die wurde dem Kranken bewusst, als der Reine und Heilige vor ihm stand. Und der vergibt! Ganz ohne Forderungen und Ermahnung schenkt er ihm Vergebung. So grosszügig ist Jesus!

Sieht ganz einfach aus, nicht wahr? Ich denke aus eigener Erfahrung, dass es für den Kranken nicht so einfach war. Er wurde blossgestellt, sozusagen seine schmutzige Wäsche vor der Öffentlichkeit an die Leine gehängt. Und vorher wäre er nicht nur buchstäblich, sondern möglicherweise auch sinnbildlich am Seil herabgelassen worden.

Was werden die Leute sagen, wie werde ich da stehen? Ich will mich nicht von andern tragen lassen. Ich kann mich doch nicht vor so vielen Leuten so schwach, lahm und hilflos geben. Ist das wirklich nötig? Seelsorge hat eine peinliche Seite. Aber beides, sich tragen lassen von Glaubenden, und das Blosslegen der inneren Hilfsbedürftigkeit gehören zur Heilung. Das ist der Preis. Ich kann die Hilfe annehmen oder nicht. Dafür gilt es sich zu entscheiden. Der Preis hält viele Leute davon ab, sich helfen zu lassen. Sie bleiben lieber im alten Elend! Schade, es wäre doch so unendlich viel zu gewinnen!

Der Kranke traf seine Wahl, als die Freunde ihn abholten. Er musste sich nur für diesen ersten Schritt entscheiden. Für das andere sorgten die Freunde. Er wurde von ihnen mitgetragen, sozusagen mitgerissen bis zur 200-prozentigen Heilung. Sie hofften, sie glaubten sie handelten für ihn. Ja, man kann für andere glauben! Und Jesus tut die Hauptsache. Er ist so gut! Ein kleiner Anfang ist ihm genug. Nur ein winziges Senfkorn von Glauben löst ein solch welterschütterndes Wunder aus. Das macht Mut!

3. Jesus heilt Kranke

Weil sich die Schriftgelehrten über die Sündenvergebung aufhalten, heilt Jesus den Lahmen. Dem grossen Geschenk fügt er noch einen Bonus hinzu!

Bei Jesus und unter den ersten Christen waren Heilungswunder eine alltägliche Selbstverständlichkeit. Leider ist diese Praxis in vielen Kirchen und Denominationen verloren gegangen. Man beschränkte sich, wenn überhaupt, auf die innere Seelsorge und überliess den Ärzten das Heilen des Körpers. Dabei hat die Medizin längst eingesehen, dass Gemüt und Körper nicht voneinander zu trennen sind. Bei psychischen Belastungen leidet der Körper mit und umgekehrt auch. Bis heute hält sich die Meinung, beim Christsein gehe es primär oder gar ausschliesslich um die Seele. Seelsorge wird weithin als rein psychologisches Hilfsangebot verstanden, mit einem Schuss Religion dazu.
Das ist nicht im Sinn von Jesus. So wie er ganzheitlich heilte: Leib, Seele und Geist, so hat er auch uns aufgetragen und bevollmächtigt, das Evangelium zu verkünden, Sünden in seinem Namen zu vergeben, und Kranke zu heilen[1]. Alles ist Trägerdienst, die Wunder dürfen wir getrost Jesus überlassen, der durch die Kraft seines Heiligen Geistes wirkt. Kirche ist mehr als Gottesdienste und Predigten!
Wir haben begonnen, Schritte zu tun auf diesem Weg. Ganz im Stillen, bei Besuchen, im Hauskreis oder im Alphalive-Kurs, oder nach dem Gottesdienst haben wir Jesus gesucht und um Heilung gebeten, und haben mit Staunen festgestellt, dass er heute ebenso wie damals hilft, bei innerlichen „Krankheiten" und Verletzungen ebenso wie bei körperlichen Leiden. Und wie viele gibt es davon! Wenn das eine angegangen wird, bessert es beim andern oft auch.

Ich möchte Mut machen, dieses Angebot in Anspruch zu nehmen. Mehr als einmal ist nachher jemand mit leuchtenden Augen gekommen und sagte: Es hat genützt! Jesus ist eben noch derselbe wie damals, und wird es bleiben. Du magst für eine kleine Sache bei ihm Hilfe suchen, und bekommst wie der Gelähmte viel mehr. Es könnte dir gehen wie dem jungen Saul, der die Eselinnen seines Vaters suchte und ein Königreich fand[2]!

[1] Markus 16, 15-18
[2] 1. Samuel 9

Gesundheit zum Tod, Krankheit zum Leben

9. Predigt

Und Jesus ging wieder hinaus an den See; und alles Volk kam zu ihm, und er lehrte sie.
Und als er vorüberging, sah er Levi, den Sohn des Alphäus, am Zoll sitzen und sprach zu ihm: Folge mir nach! Und er stand auf und folgte ihm nach.
Und es begab sich, dass er zu Tisch sass in seinem Hause, da setzten sich viele Zöllner und Sünder zu Tisch mit Jesus und seinen Jüngern; denn es waren viele, die ihm nachfolgten.
Und als die Schriftgelehrten unter den Pharisäern sahen, dass er mit den Sündern und Zöllnern ass, sprachen sie zu seinen Jüngern: Isst er mit den Zöllnern und Sündern?
Als das Jesus hörte, sprach er zu ihnen: Die Starken bedürfen keines Arztes, sondern die Kranken. Ich bin gekommen, die Sünder zu rufen und nicht die Gerechten.
Markus 2, 13-17

Das Evangelium: Jesus ist für Kranke da!

Das ist das Thema, das Markus in seinem Bericht entfaltet. Die Scharen, die zu Johannes dem Täufer strömten, wurden von ihm weitergeschickt zu Jesus: „Der kann euch helfen! Ich bin nur Herold und Wegweiser zu ihm".

Jesus trat in grosser Kraft und Vollmacht auf. Seine Worte trafen ins Schwarze. Die begleitenden Heilungen, Befreiungen und Wunder waren Zeichen seiner göttlichen Herkunft und seiner Sendung.

Faszinierend, wie Markus die verschiedenen „Sparten" des Heilandsdienstes entfaltet und sehr bald zum Wesentlichen kommt. Als erstes wird einer befreit, der von Teufeln geplagt wurde: Erlösung vom Bösen! Nach der weniger spektakulären Heilung einer Fieberkranken macht Jesus einen Aussätzigen rein. Ein Unheilbarer wird gesund! In dieser Tat lag bereits viel Symbolik, ist doch Lepra in der Sprache der Bibel ein Bild für Unreinheit und Sünde. Bei der Heilung des Lahmen wird diese Zielrichtung des Dienstes von Jesus noch deutlicher: Nicht die körperliche Genesung ist das Wesentliche. Er übt zuerst Seelsorge und vergibt ihm seine Sünden.

Eine andere Art Krankheit

Bei der Berufung des Zollbeamten Levi, dem späteren Apostel und Evangelisten Matthäus, geht es nun gar nicht mehr um körperliche Heilung. Der Mann war kerngesund, wurde aber dennoch gemieden wie ein Kranker mit höchstem Ansteckungsrisiko. Er stand völlig ausserhalb der Gesellschaft. Solche Einsamkeit ist auch eine Krankheit! Schuld daran war sein Beruf. Zöllner waren Halunken. Zuerst Diebe, weil sie unweigerlich zu viel forderten. Schon deswegen waren ihnen alle Türen versperrt, und noch mehr, weil sie sich im Umgang mit den heidnischen Arbeitgebern kultisch unrein machten. Weiter waren sie eng verhängt mit der verhassten Besatzungsmacht und deshalb Landesverräter. Und drittens konnte sie niemand riechen, weil sie ihre Volksgenossen rücksichtslos auspressten.

Ich habe mich gefragt, welches Berufsbild dem des damaligen Zollbeamten am nächsten kommt. Schliesslich kam ich auf den Drogendealer: Die sind Gesetzesbrecher, Ausbeuter, Egoisten, und wohl ebenso reich und zugleich ausgegrenzt wie Levi und seine Berufsgenossen.

Levis Sternstunde

Jesus hatte Stille gesucht am Seeufer. Aber die Menge der Leute war ihm gefolgt und liess ihm keine Ruhe. Als er mit den Jüngern in die Stadt zurückkehrte, sass dieser Zollbeamte wohl in seinem Kabäuschen am Stadttor. Da spricht ihn Jesus im Vorbeigehen an und ruft ihn in die Nachfolge.

Und der Mann zögert nicht! Er fasst auf der Stelle seinen Entschluss und zieht ihn durch. Er mag ein verdorbener Schurke gewesen sein; aber da zeigt er Charakter. Ein Mann, ein Wort: einer der Jesus ernst nimmt und entsprechend handelt.

Das war seine Sternstunde. Sie krempelte sein Leben total um. Sie gab ihm eine neue Richtung und ein neues Ziel – so ziemlich in die Gegenrichtung. Es wurde eine totale Umkehr, eine Bekehrung!

Wisst ihr, es gibt Zeitpunkte, wo Jesus vorübergeht, still steht, uns mit seinen Augen fixiert und unmissverständlich deutlich macht: Jetzt rufe ich dich, jetzt bist du dran! Und jetzt ist dein Entschluss gefordert. Ja oder Nein?

Sternstunden sind besondere Augenblicke. Die gibt es nicht nach Belieben. Wenn es um die Begegnung mit Jesus geht, sind das einzigartige Gelegenheiten. Ich habe die Erfahrung gemacht, und finde diese in der Bibel bestätigt, dass es mit jeder versäumten Gelegenheit, mit jedem ausweichenden Bescheid, mit jedem Hinausschieben der Entscheidung schwieriger wird, dem Ruf zu folgen. „Heute, wenn ihr seine Stimme hört, verstockt eure Herzen nicht“[1]. Wenn Jesus ruft, ist das Gnade, eine Sternstunde, die er gibt und die kein Zufall ist.

Wann könnte eine solche Sternstunde sein? Ein Gottesdienst, wo ich spüre: Gott ist gegenwärtig, da bin *ich* angesprochen! Es kann ein freudiges oder ein ernstes Ereignis sein: eine Geburt oder ein Todesfall. Einer sagte mir, er habe während dem Herzinfarkt, als ihn die unerträglichen Schmerzen überfielen, die Glocken läuten hören. Meist sind es Begebenheiten, wo wir den Hauch des Schöpfers oder der Ewigkeit spüren, wo er uns in Güte oder mit Ernst begegnet. Da gilt es aufzuhorchen und zu handeln. So schnell, ach so schnell ist der Hauch verweht und der Ruf verhallt und vergessen.

Ein Fest wird gefeiert

Offenbar hat Levi seinen impulsiven Entschluss nicht bereut. Er organisiert ein Riesenfest. Die ganze Unterwelt von Kapernaum wird zugegen gewesen sein. Jesus ist Ehrengast. Er lässt sich gern einladen! Es muss sehr fröhlich zu- und hergegangen sein. Denn da setzte sich endlich einer zu dieser durchwegs verachteten und gemiedenen Gesellschaft. Er zeigt damit, dass er sie gern hatte und sie ohne Vorurteile akzeptierte. Freilich, die Religiösen und die Patrioten muffeln darüber: „Der isst mit solchem Gesindel!“ Typisch kommt die Kritik nicht direkt und offen; sie konnten und durften schon aus Prinzip nicht in das Haus hinein zu ihm. So kommt es, dass diese „Gerechten“ sich selbst vom Fest ausschliessen. Die andern, welche auf Jesus gehört haben und ihn willkommen heissen, die sind dabei, ganz gleich welcher Leumund, welche Vergangenheit, oder aus welchem Milieu sie stammen.

Jesus kommentiert den hässlichen Vorstoss mit der grossen Aussage von den Gesunden, die den Arzt nicht brauchen, sondern die Kranken. Dahinter liegt eine königliche, gütige Ironie: Er schreibt die Kritiker nicht ab und verurteilt sie nicht. Er lässt ihnen die Tür offen. Der ist

---

[1] Hebräer 3, 7

bedauernswert, der sich mit eingebildeter Gesundheit tröstet. Wer hingegen zu seiner Krankheit steht, seine Schuld und Sünde zugibt, wird gesund. Wahrlich ein Grund zum Festen!

Gesundheit zum Tod, Krankheit zum Leben.

Ärzte gehören zu den Notwendigkeiten des Lebens. Ich will nicht sagen, sie seien ein notwendiges Übel, aber kaum jemand möchte zu häufig mit ihnen zu tun haben. Selbst wenn der Doktor der liebenswürdigste und umgänglichste Mensch ist, sieht man ihn doch lieber nur im Vorbeigehen als im eigenen Haus. Wird allerdings jemand krank, bekommt er plötzlich einen grossen Stellenwert. Ärzte sind nicht Selbstzweck, sie sind für die Kranken und die Krankheit da. Es gibt sie, weil es Krankheit gibt.

Anders ist das mit dem Arzt Jesus. Er ist einfach da, er war schon, bevor es Kranke, bevor es überhaupt Menschen gab. Es gibt ihn nicht nur für Krankheitsfälle, sei es für körperliche oder all die Missstände und Übel, an denen die ganze Welt krankt, leidet und seufzt. Jesus ist ganz unabhängig davon da! Er ist grösser als alle Krankheit und Not der Welt, grösser und umfassender in seiner Bedeutung. Man kann sagen: Er ist Selbstzweck, er war zuerst. So sehr geht es um ihn selbst und um sein ewiges Reich, dass man sagen kann: Die Krankheit ist da für ihn, nicht er für sie. Jesus gegenüber ist das Nichtkranksein ein Unglück. Es ist ein Unglück, nicht zu diesem Arzt zu kommen, ihn nicht zu brauchen, ihn nicht kennen zu lernen.

Ja, es gibt eine Gesundheit, die uns am Arzt vorbei leben lässt. Diese Fitness macht uns Jesus, den Arzt, unheimlich entbehrlich. Es ist ein Unglück, als Gesunder an ihm vorbei zu leben.

Jesus sagt von denen, die ihn nicht zu brauchen meinen, dass sie die Letzten sein werden. Er schildert ihr Heulen und Zähneklappern[1], weil sie wähnten, gesund zu sein und den Arzt nicht nötig zu haben. Das ist eine Gesundheit, die zum Tod führt.

Auf der andern Seite gibt es eine Schwäche und ein Unvermögen, die uns zum Arzt treibt und unsere ganze Hoffnung auf ihn setzt. Es ist die Einsicht der Hilfsbedürftigkeit. Sie öffnet dem Arzt Haus und Herz, vertraut ihm und hängt sich gar an ihn wie Levi, der alles stehen liess und Jesus folgte. Das ist Krankheit zum Leben!

Die kurze diesseitige Gesundheit ist unser höchstes irdisches Gut. Aber sie ist nicht das höchste und teuerste überhaupt. Es gibt eine ewige Gesundheit. Die gilt es zu erstreben. Jesus meinte, es sei besser, verstümmelt ins Himmelreich einzugehen, als mit geraden Gliedern sich an die Welt zu verlieren[2].

Zwei Phasen der Heilung

Die kurze Geschichte zeigt, dass Jesus in zwei Phasen heilt. Einmal die grosse Wunde, die zum Tod führt. Ich meine damit die grundsätzliche Erlösung, der Ruf in seine Nachfolge, die Vergebung der Sünde und Eingliederung in seine „Familie“. Der theologische Ausdruck dafür ist Bekehrung und Wiedergeburt. Das geschah im ersten Teil des Berichts mit dem Entschluss und der Tatsache der Nachfolge. Es war der Beginn eines neuen Lebens!

Im zweiten Teil der Geschichte, bei dem Fest, fängt die zweite Phase an: Hier wurden die Wunden verbunden und geheilt, die sich Levi mit seinem verfehlten Lebenswandel selbst zugefügt hatte und die ihm andere geschlagen hatten. Er war verachtet, geschnitten, gehasst und

---

[1] Matthäus 13, 50
[2] Matthäus 18, 8

auf andere Weise misshandelt und getreten worden. Das hinterlässt tiefe, schmerzhafte und langwierige Verletzungen. Mit der Liebe und vorbehaltlosen Annahme, die ihm Jesus in der Atmosphäre des wachsenden Vertrauens und der Freundschaft am Fest schenkte, begannen diese Wunden zu heilen. Auch die Schuldgefühle gegenüber denen, die er selbst übervorteilt und ausgenützt hatte. Die Geschichte vom andern Zöllner Zachäus[1] zeigt, wie der bei einem ähnlichen Gastmahl mit Jesus begann, seine Untaten und Gemeinheiten aufzuarbeiten und gutzumachen. Das ist der zweite Teil der Heilung.
Es ist dies ein Prozess, der sich über längere Zeit hinziehen kann. Die grundsätzliche Umkehr ist erst der Anfang. Um das Fest des Christseins richtig in Schwung zu bringen - und Christsein *ist* ein Fest – muss die Heilung jedoch tiefer gehen. Ich nenne einige Bereiche: Ängste, Misstrauen, Nachtragen von zugefügten Verletzungen, Groll, Hass, bittere Gefühle, Schuldzuweisungen, Vorurteile, Minderwertigkeitsgefühle, Selbstmitleid, Zorn, aber auch Befreiung von Bindungen, üblen Gewohnheiten und falschen Verhaltensmustern. Manche meinen, selbst und allein damit fertig zu werden. Man redet sich ein, man stehe darüber, trage es nicht mehr nach, sei darüber hinweg, habe es vergessen oder verarbeitet. Vielmals sind diese Aussagen mit einem Rückzug ins Schneckenhaus verbunden, aus Furcht vor neuen Enttäuschungen. Schon dies zeigt, dass das Problem nicht bewältigt ist. Nur zu oft bleibt eine bittere Wurzel[2], wuchert tief innen weiter, vergiftet und schwächt den ganzen Menschen, treibt den Betroffenen in die Einsamkeit, und bricht früher oder später erneut auf wie ein versteckter Abszess.

Eine gründliche Bereinigung - wir nennen das Seelsorge - geschieht nicht im Alleingang. Dafür brauchen wir den grossen Seelsorger mit seiner Heilungs- und Vergebungskraft, bei Aussprachen in einer Umgebung des Vertrauens und der Geborgenheit, in Offenheit und in bedingungsloser Annahme. Man muss sich dazu in die Gemeinschaft der Sünder stellen! Das braucht Mut und Demut, ist aber unendlich wohltuend und letztlich eine fröhliche Sache!
Die Schriftgelehrten waren zu stolz. Sie fanden sich zu gut dazu und verpassten das Fest. Sollen sie unsere Vorbilder sein oder die „Zöllner und Sünder"? Jemand hat gesagt: „Seelsorge lässt die Festfreude richtig durchbrechen". Richtig! würde Levi mit Überzeugung nicken.

Jesus Christus! Lass uns deine Hilfe in Anspruch nehmen. Wenn du jetzt vorübergehst, lass den oder die, welche du rufst, mutig ihr Kabäuschen verlassen, in das sie sich eingeschlossen haben, und dir folgen zu dem Fest, das wir als Angenommene mit dir zusammen feiern dürfen! Amen.

[1] Lukas 19, 1-11
[2] Hebräer 12, 15

Fasten oder Festen?

10. Predigt

Und die Jünger des Johannes und die Pharisäer fasteten viel; und es kamen einige, die sprachen zu ihm: Warum fasten die Jünger des Johannes und die Jünger der Pharisäer, und deine Jünger fasten nicht? Und Jesus sprach zu ihnen: Wie können die Hochzeitsgäste fasten, während der Bräutigam bei ihnen ist? Solange der Bräutigam bei ihnen ist, können sie nicht fasten. Es wird aber die Zeit kommen, dass der Bräutigam von ihnen genommen wird; dann werden sie fasten, an jenem Tage.
Niemand flickt einen Lappen von neuem Tuch auf ein altes Kleid; sonst reisst der neue Lappen vom alten ab, und der Riss wird ärger. Und niemand füllt neuen Wein in alte Schläuche; sonst zerreisst der Wein die Schläuche, und der Wein ist verloren und die Schläuche auch; sondern man soll neuen Wein in neue Schläuche füllen.
Markus 2, 18-22

Fasten vor Jesus Christus

Ursprünglich war Fasten dem Volk Gottes wesensfremd. Es passt schlicht nicht zu der Fülle und Fruchtbarkeit des Paradieses, und auch schlecht zum Überfluss des Landes, „in dem Milch und Honig fliesst". Es ist schwer in den Rahmen des Bildes vom „ewigreichen Gott" einzufügen. So taucht der Begriff erst in den Wirren der Richterzeit auf und später in der Katastrophe des Zusammenbruchs von Israel und der babylonischen Gefangenschaft. Verständlich! In stressigen, notvollen Umständen vergeht einem der Appetit, da denkt man nicht mehr ans Essen. Beim Fasten gingen die Israeliten in sich, sie suchten Gott und seinen Willen, sie demütigten sich in Reue und Umkehr von ihrer Sünde. Seitdem gab es im Gottesvolk Leute, die als Zeichen ihrer Trauer und Busse Mahlzeiten ausliessen zugunsten von besonderen Gebetsübungen. Die Partei der Pharisäer nahm es damit besonders ernst. Mit den zwei Fastentagen pro Woche überboten sie das biblische Gesetz. Sie leisteten viel mehr als Gott gefordert hätte. Das gab ihnen ein Gefühl von Überlegenheit und das Bewusstsein, Elite zu sein.
Die Vermischung von Hungern und Abbüssen gab dem Ganzen eine düstere, unfrohe Note. Auch die Johannesjünger hielten die Fastentage ein.

Was Jesus vom Fasten hält

Jesus lässt den Brauch gelten. Aber er macht im Gegensatz zu den Pharisäern kein Gesetz daraus. Er sagt, es soll dabei jeder tierische Ernst wegfallen. Er will das Fasten von der unseligen Last der büsserischen Extraleistung trennen. Bei ihm wird der Verzicht zu einer ungezwungenen Sache: Man soll sich nicht abplagen, eher sich erfrischen und schön machen (Waschen und Parfümieren)[1]! Weil er es selbst nicht als ein Muss hinstellt, wird er zur Rede gestellt. Er bleibt die Antwort nicht schuldig.
Die angebrochene Heilszeit ist nicht eine Zeit des Schreckens und der Ängste, sondern ein fröhliches Fest. Das weiss sogar Johannes der Täufer: Er freut sich über Jesus wie der Brautführer über den Bräutigam[2].

---

[1] Matthäus 6, 16-18
[2] Johannes 3, 29

Auf Grund dieser Freude fastet Jesus bewusst nicht. Freilich wird für seine Jünger die Zeit kommen, wo er, der „Bräutigam“, von ihnen genommen wird. Dann werden sie fasten. Weil Jesus noch nicht wiedergekommen ist als König und Herr, betrifft dies auch uns. Deshalb müssen wir dem Thema näher nachgehen.

Dreierlei Fasten

Fasten ist nicht etwa exklusiv den Religiösen vorbehalten. Es ist naiv zu meinen, ohne Glauben durchs Leben zu gehen sei ein Dauergenuss. Um Ziele zu erreichen, hohe oder niedrige, legt sich der Mensch unwahrscheinlichen Verzicht und Härte auf. Einen Betrieb auf den grünen Zweig zu bringen, bedeutet mehr als nicht Tag- *und* Nachtarbeit. Dasselbe gilt für Wissenschaft und Forschung. Und erst beim Sport! Wenn ich höre, dass beim Schlittschuhklub Bern im Moment 5 Spieler im Lazarett sind, drückt das etwas von der Härte des Trainings und des Spiels aus, man redet da bezeichnenderweise von Körpereinsatz. Oder was hinter dem Bühnenlächeln eines Showmasters, Sängers oder eines Models an Verzicht und Disziplin steckt, ahnt mancher nicht, der gemütlich vor dem Bildschirm sitzt. Für irdisch-vergängliche Anerkennung wird ein unerhörter, bewundernswerter Effort geleistet.
Nicht minder ist der Einsatz, um geistliche Ziele zu erreichen. Fast alle Religionen kennen das religiös-verdienstliche Fasten. Diese Anstrengungen, zum Beispiel im römisch-katholischen Mönchstum, übertreffen die der Welt bei weitem: Leben in äusserster Armut und Askese, der Verzicht auf Ehe und Familie: Was wurde da alles auf sich genommen an Verzicht vom Gut bis zum Blut, Hunger und Hingabe, oft bis zum Martyrium! Ähnliches ist beim Buddhismus und beim Islam zu beobachten. Buddha fastete und plagte sich bis dicht an den Hungertod auf seiner Suche nach Erleuchtung.
Wenn wir Evangelischen auf solche Leistungen verzichten, geschieht das nicht aus Überheblichkeit oder Verachtung über jene Menschen, sondern weil uns die Grösse und Einmaligkeit des Opfers vor Augen steht, das der Heiland am Kreuz für uns gebracht hat, um der Welt ein für alle Mal Erlösung zu geben. Wir können uns selbst nicht erlösen.
Was wir aber als Christen durchaus bejahen, ist die dritte Art des Fastens. Walter Lüthi hat es das adventliche Fasten genannt. Wir leben in einer Zeit, wo noch nichts vollkommen und „vollbracht“ ist ausser der am Kreuz geschaffenen Erlösung. Alles ist vorläufig und alles ist unterwegs – auch die Gemeinde Jesu, auch unsere Kirche, auch wir selbst. Da ist manches, was uns Mühe macht und traurig stimmt. Es ist noch Krieg, Autobomben explodieren, Selbstmordattentäter reissen Opfer mit sich. Menschen verhungern und es geschieht schreiendes Unrecht. Die Gefängnisse sind übervoll, und es gibt Krankheit und Armut, trotzdem wir jetzt schon Teilhaber des ewigen Lebens sind.
Der Bräutigam ist eben noch nicht da. Wir warten auf ihn. Das ist uns auferlegt. Er fehlt uns. Wir werden das Heimweh nach ihm und seinem Reich nicht los, trotz allem, was uns bisher schon geschenkt ist. Wir warten auf einen neuen Himmel und eine neue Erde.
Unser Fasten drückt dann die Traurigkeit über unsere Ohnmacht und unser Versagen aus. Aber es ist nicht eine hoffnungs- und bodenlose Traurigkeit. Im Gegenteil: Wir richten uns *auf* und fassen neuen Mut, weil die Erlösung nahe ist[1]. Und wir richten uns *aus* auf den Grösseren, der das schafft, was wir nicht schaffen können, der zum Ziel kommt, wo wir am Berg

[1] Lukas 21, 28

stehen. Das ist der Sinn hinter dem Fastenaufruf der christlichen Organisationen für die 40 Tage bis zu Ostern.
Dieses Fasten hat nicht zum Zweck, den Himmel zu verdienen oder ihn uns zu öffnen, auch nicht zum Abstottern unserer Schuld. Es geschieht aus Dank, dass ihn Jesus uns verdient und erschlossen hat, dass er unsere Sünde weggenommen hat. Darum gehört zum christlichen Fasten untrennbar das Geben und Wohltun[1] (das ist der ursprüngliche Sinn unserer Suppentage). Fasten hilft uns, das hohe kostbare Geschenk nicht durch Wohlleben und Sattheit zu verlieren. Der Verzicht schafft uns Freiraum für die Begegnung mit Gott. Darum unser Wachen und Beten und Fasten. Ja, und dieses Fasten ist von Freude erfüllt, nicht von einem sauren Gesicht oder davon, dass das Knurren des Magens hochrutscht auf unsere Zunge. Es ist bestimmt von der Erwartung, dass der Bräutigam kommt und den Tisch gedeckt hat zum Festmahl. Und das Schönste: Du und ich sind dazu eingeladen!

Das Festmahl

Mit dem Zwillingsgleichnis vom Kleid und dem Weinschlauch führt Jesus aus dem Fastenkämmerlein hinüber in den Festsaal. Er beantwortet damit die Frage des Fastens abschliessend. Jesus sitzt dabei immer noch am Abschiedsbankett des Zolleinnehmers Levi. Es war ein grosses Fest, weiss Lukas zu berichten. Bei solchen Empfängen spielen teure Kleider eine wichtige Rolle. Auch der Wein ist nicht von minderer Qualität. Da sitzt nun unter diesem Haufen von Zöllnern und Sündern Jesus, der eine, mit dem die neue Zeit begann, mit dem das Gnadenjahr Gottes eingeläutet wurde. Eine offene Tür für alle!
Jeder ehrbare Jude hätte sich gehütet, in einer solch fragwürdigen Gesellschaft gesehen zu werden. Darum das fromme Entsetzen. Sie sind der Ansicht, Beten und Fasten stünde Jesus besser an als Trinken und Essen an einem solch verrufenen Ort. Aber in dieses Milieu der teuren Garderoben, der Ess- und Trinkexzesse, der fragwürdigen Geldgeschäfte und wohl auch der roten Lichter bricht Jesus ein. Da hat er sich einen herausgeholt, den Levi, und jetzt hält er ihm die Tischrede. Das ist wirklich etwas Neues!

Die Tischrede vom Kleid und vom Wein

Jesus vergleicht das, was er bringt, mit einem Kleid. Das schenkt er den Jüngern und jedem, der es will! Mit dem Kleid ist seit jeher die Gnade gemeint, die Vergebung der Schuld, der Anteil am neuen Leben von der Auferstehung her. Paulus redet vom neuen Menschen, den es anzuziehen gilt[2], vom überkleidet werden[3]. In der Offenbarung trägt die vollendete Gemeinde die kostbare Leinwand der Gerechtigkeit[4]. Vor allem aber ist es der verlorene Sohn, dem der Vater ein neues Kleid schenkt zum Zeichen, dass er ihn wieder angenommen hat als Sohn und Erbe. Auch Levi hat dieses Festgewand angezogen.
Nur eine Bedingung stellt Jesus dem Glückspilz.Wir stellen uns in der Regel Neuerungen als Kompromiss mit dem Alten vor. Sie sind meist ein Gemisch von Altem und Neuem. So wollten es die Juden damals auch mit Jesus probieren. Es gibt auch heute mehr Leute als wir meinen, die etwas von Jesus möchten, denen das oder jenes an ihm einleuchtet und imponiert.

[1] vergleiche Jesaia 58, besonders Verse 6-7
[2] Epheser 4, 24
[3] 2. Kor. 5, 2-4
[4] Offenbarung 19,8

Der eine mag ihn als Vorbild, als Lehrer tiefer Weisheit, der andere als Mann hoher Ethik und Mitmenschlichkeit. Der andere sieht ihn als Ratgeber, als Heiler oder als Seelsorger. Beim Dritten gehören die Taufe und die Hochzeitsfeier in der Kirche unbedingt zum Familienbrauch. Ein Lappen von ihm, da wäre auch die Täuferschar und die Pharisäer nicht abgeneigt. Nur das Alte nicht fahren lassen!
Aber dazu sagt Jesus „Halt". Man kann das neue Kleid nur ungeteilt annehmen. Flicken ist zwar eine gute Hausfrauentugend. Aber das Gewand des Erlösers wäre zu schade, dass man einen Flicken daraus herausschneidet und auf einen alten Mantel „büetzt" (Dialekt für grobes Nähen). Christus ist alles, was wir brauchen, aber nur so, dass er der einzige Retter und Heiland ist. Er teilt die Ehre, Erlöser der Welt zu sein, mit keinem andern.
Das neue Kleid ist angeboten. Levi hat es genommen. Man nehme es an, oder schlage es halt eben aus. Niemand flickt einen Lappen von neuem Tuch an ein altes Kleid.

Nun könnte das Gleichnis missverstanden werden. Das neue Kleid, die Gnade, wäre dann wie eine Pelerine, mit der man das zerschlissene alte Kleid zudecken würde, sozusagen als Deckmantel, so dass es dem alten Adam unter dem neuen Kleid ganz wohl wäre. Es könnte dann zum Schafspelz werden, das den darunter steckenden Wolf tarnt. Um dem Irrtum vorzubeugen, fügt Jesus den Satz vom Wein und den Schläuchen hinzu.
Er vergleicht die Gnade mit Wein (der übrigens in der Bibel ein Symbol der Freude ist). Wein hat eine starke Wirkung, er vermag den kräftigsten Mann zu bodigen. Wenn er bald nach dem Pressen in Gärung kommt, entwickelt er eine verborgene Kraft, die fehlerhafte oder schwache Gefässe zu sprengen vermag. So wenig Wein harmlos ist, so wenig harmlos ist die Gnade. Sie sprudelt, sie hat „Pfupf". Sie „jagt" den Zapfen ab! Sie ist eine weltumwälzende Kraft!
Nicht nur auf Menschen wirkt sie sich aus. Sie beeinflusst auch deren Umfeld und Verhältnisse. Ihre Wirkung erstreckt sich auf Dinge und Einrichtungen. Das Evangelium hat in der Vergangenheit und Gegenwart ganze Gegenden verändert! Sowenig neuer Wein in morsche Fässer oder damals in rissig gewordene Tierhäute abgefüllt werden kann, so wenig ist es ratsam, die Gnade an überholte Traditionen oder morsch gewordenes Brauchtum zu binden, die nicht mehr „verhebe" (dicht halten). Levi hatte seinem alten Leben den Abschied gegeben. Genau so sind die Pharisäer eingeladen, ihr fragwürdig heuchlerisches, gesetzlich stolzes Gebaren aufzugeben, sich innerlich erneuern zu lassen und Jesus nachzufolgen in Demut.
Der neue Wein, den Jesus bringt, ist also ein Unruhestifter. Was durch die Hefe des Gottesreiches in Gärung kommt, sprengt manch alten Schlauch, manche Tradition, selbst wenn sie sich durch Jahrhunderte durch gehalten hat, oder gar durch den kirchlichen Gebrauch eine heilige Kuh geworden wäre. Gnade, die mit dem Wirken des Heiligen Geistes kommt, ist die geistliche Triebkraft aller Veränderung und mancher heilsamen Umwälzung. Ich kann viele Beispiele nennen, von der Abschaffung der Sklaverei bis zu Lebensgeschichten moderner Pioniere, die Notstände beherzt anpackten. Und was die Gebetsbewegungen in Amerika oder Afrika ausrichten: Transformation ganzer Städte![1]
Nun ist es so, dass nicht jedermann Sauser oder neuen Wein mag. Er habe unangenehme Nebenwirkungen! Man zieht den alten vor, er ist milder. Wer unter keinen Umständen eine Ver-

[1] Siehe das Video „Transformation"

änderung will, im alten Trott weiterlaufen, keine Unruhe oder Aufregung wünscht, der bleibe beim Alten.

Wer aber wie der Zöllner Levi vom starken Wein der Christusgnade getrunken hat, dessen Leben wird von Grund auf anders werden. Der wird nicht mehr nur stunden- oder tageweise fasten; seine ganze Lebensführung wird umgekrempelt, oft bis zum Berufswechsel! Nachfolge Christi ist alles andere als eine Untertreibung der alten Bräuche. Sie unterscheidet sich vor allem von den mühseligen, verkrampften und halbfrohen Bussübungen. Sie ist Freude, grosse Freude. Es lohnt sich, alles andere dranzugeben, um diesen Schatz zu heben und zu besitzen. Nachfolge Jesu ist ein Fest.

Unser Leben sei ein Fest,
Jesu Geist in unserer Mitte,
Jesu Werk in unseren Händen,
Jesu Geist in unseren Werken.
Unser Leben sei ein Fest,
so wie heute an jedem Tag.[1]

Wer lässt sich einladen?

[1] Lied 663, Reformiertes Kirchengesangbuch

Fromme Bevormundung oder verantwortliche Freiheit?
11. Predigt

Und es begab sich, dass Jesus am Sabbat durch ein Kornfeld ging, und seine Jünger fingen an, während sie gingen, Ähren auszuraufen. Und die Pharisäer sprachen zu ihm: Sieh doch! Warum tun deine Jünger am Sabbat, was nicht erlaubt ist? Und er sprach zu ihnen: Habt ihr nie gelesen, was David tat, als er in Not war und ihn hungerte, ihn und die bei ihm waren: wie er ging in das Haus Gottes zur Zeit Abjatars, des Hohenpriesters, und ass die Schaubrote, die niemand essen darf als die Priester, und gab sie auch denen, die bei ihm waren? Und er sprach zu ihnen: Der Sabbat ist um des Menschen willen gemacht und nicht der Mensch um des Sabbats willen. So ist der Menschensohn ein Herr auch über den Sabbat.
Markus 2, 23-28

Notwendigkeit oder Nascherei?
Ich denke gern zurück, wie wir als Kinder dasselbe wie die Jünger gemacht haben. Wir rissen Ähren ab, zerrieben sie zwischen den Handflächen, bliesen die Spelzen weg, und zerkauten die Körner zu Teig. Das war unser Kaugummi, und wir genossen ihn!
Ob die Jünger wirklich hungerten oder nicht, ist nebensächlich, denn vom Feld nehmen und essen war nach jüdischem Gesetz ausdrücklich erlaubt, solange man nicht die Sichel benutzte. Dieser biblischen Bestimmung zugunsten der Armen verdanken wir, dass Ährenauflesen bis vor 60 Jahren bei uns geduldet und praktiziert wurde, ebenso das Holzsammeln im Wald ohne Säge und Axt. Der Mähdrescher, die Ölheizung und die Verstädterung liessen den schönen Brauch dann allerdings rasch vergessen gehen.

Das biblische Gesetz und der Zaun der Schriftgelehrten drum herum
Die Jünger haben also kein Verbot übertreten. Kompliziert wurde die Sache einzig wegen dem Sabbat. Die Pharisäer hatten für die Heilighaltung des Ruhetages kleinliche, bedeutungslose Gesetze aufgestellt. Um die 10 Gebote ja zu schützen, wurde um sie ein ganzer Wall von 365 Verboten und 248 einzelnen Geboten aufgeschüttet. Vor lauter Bäumen sah man den Wald nicht mehr. Der persönliche Gott wurde unerreichbar hinter den Zäunen und Abschrankungen der Zeremonien und religiösen Pflichten. Statt zur Freude war der Ruhetag den Menschen zur Last geworden. So hatte es Gott nicht vorgesehen. Denn die Feier des Sabbats war immer von Festfreude bestimmt gewesen!
Jesus wollte ganz bewusst diese zusätzlichen traditionsgebundenen Massnahmen durchbrechen und den Feiertag wieder herstellen. Dies als Vorstufe des Friedensreiches, das mit seinem Kommen eingeläutet wurde. Beim Festessen des Levi gerade vorher hatte er es mit einem Hochzeitsfest verglichen!
So prallen hier zwei Anschauungen gegeneinander: Die menschlich-religiöse der Schriftgelehrten und die göttliche Schöpfungsordnung des Erlösers.

1. Die kleinkarierte menschlich-religiöse Art
Die Schriftgelehrten stellten sich Gott vor als allmächtigen Despoten, dessen Wünsche unbedingt befolgt werden müssen. Geschieht das nicht, zieht man sich seinen Zorn zu. Von da her

wird die übertriebene Sorgfalt der Juden verständlich, ja kein Gesetz auch nur anzukratzen. Die Einhaltung der Vorschriften stand unbedingt im Mittelpunkt. Beim Ährenessen wurde nach ihrer Meinung das Sabbatgesetz gleich vier mal verletzt: Die Jünger ernteten, sie droschen, sie worfelten, und sie bereiteten Speise zu: Alles verbotene Arbeit! Dieser Fleiss für Kleinigkeiten kann in vielen andern Religionen beobachtet werden, bis hinein in unsere christlichen Kirchen. Dort weniger aus Furcht vor dem Zorn Gottes, eher mehr, um ihn zufrieden zu stellen. Aber im Grunde genommen ist beides dasselbe. Es geht um Leistung. Letztlich darum, sich den Himmel zu verdienen.

Wer dies in aller Ehrlichkeit erreichen will, muss sich immer mehr einsetzen. Er kommt in eine Art Zugzwang hinein, in eine Bevormundung und ein Leistungsdenken, die an Sklaverei grenzen können. Diese Haltung ist ganz deutlich von Furcht motiviert. Gott wird hier ein Gott, der unerbittlich fordert. Wird die Vorgabe nicht erfüllt, droht Strafe.

Wo auf Leistung geschaut wird, kommt es auch immer zum Vergleichen. Das war die Unart der Pharisäer! Darum waren sie so hart im Urteil über die Mitmenschen. Es wäre für sie so einfach gewesen, die Jünger zu füttern statt sie zu verklagen!

2. Die grosszügige Schöpfungsordnung

Die Pharisäer wollten also den Jüngern das Ährenessen verbieten. Aber steht etwa irgendwo in der Bibel, dass man am Sabbat seinen Hunger nicht stillen, oder gar nicht einmal essen darf? Es wäre eine Beleidigung für Gott, ihm eine derartige Unmenschlichkeit zuzuschreiben. Gott ist grosszügig. Das wird schon im Paradies deutlich. Es war ein Garten, an dessen Überfluss sich Adam und Eva freuen konnten. Die Lebensfreude, das Nehmen und Essen stand im Vordergrund, es war keinesfalls ein Wald von Verbotstafeln.

Im Gegensatz zur haarspalterischen Kleinlichkeit seiner Kritiker will Jesus die Grosszügigkeit Gottes herausstellen. Ihm sind die Kümmernisse und Nöte der Menschen wichtiger als das Einhalten von Ritualen. Es fällt direkt auf, wie oft er gerade am Sabbat Menschen half und sie heilte.

Der Sabbat dient dem Menschen, nicht umgekehrt

Fragt sich: Wozu denn die vielen Gesetze und Gebote in der Bibel? Auf den ersten Blick könnte man meinen, Jesus kippe sie alle über Bord, mit ihm sei die grenzenlose Unabhängigkeit gekommen, und wir als seine Nachfolger hätten einen Freibrief für alle möglichen und unmöglichen Freiheiten. Dem ist nicht so: Jesus stellt das gleich klar am Beispiel des Sabbat. Er hebt das vierte Gebot nicht auf. Aber er sagt es sei *für* die Menschen geschaffen, nicht gegen sie. Genau so die andern Gebote. Sie wollen nicht knechten, sie wollen in die Freiheit führen. Gott will uns mit ihnen nicht plagen, sondern wohltun und schützen. Das lässt sich mühelos aus den 10 Geboten[1] ableiten.

1. Gebot: Schutz der Beziehung zu Gott
2. Schutz des Wesens Gottes (Gott ist Geist) Schutz vor falscher Anbetung
3. Schutz des Namens Gottes
4. Schutz der Freizeit, Freiraum zum Fest mit Gott
5. Schutz der Eltern-Kinder-Beziehung
6. Schutz des Lebens

[1] 2. Mose 20

7. Schutz der Ehe und Familie
8. Schutz vor Raub
9. Schutz der Würde, der Ehre
10. Schutz des Eigentums

Das ganze Gesetz ist zum Wohl des Menschen, nicht gegen ihn gerichtet. Es ist Frohbotschaft, nicht Drohbotschaft. Die Gebote sind die zum wahren Leben helfende Liebe. Daran siehst du, wie gut es Gott mit uns meint. Er will uns nahe bei sich behalten. Er will uns schützen, und uns in die Fülle des Lebens fuhren!

In den letzten Wochen las ich in meiner persönlichen stillen Zeit das biblische Gesetz (die 5 Bücher Mose). Es fällt auf, wie oft Gott die Israeliten durch Mose auffordert, die Gebote zu beachten und zu tun. Fast ausnahmslos kommt unmittelbar auf die Ermahnung die Verheissung: "Dann wird es dir gut gehen, und du wirst lange leben..." Das ist nicht als Belohnung für gutes Benehmen zu verstehen, sozusagen der Knochen für den folgsamen Hund. Nach den Geboten zu leben ist die gute Art zu leben! Sie sind Betriebsanweisung für die Schöpfung und unser Zusammenleben. Wer sie nicht befolgt, dem kann Schaden entstehen, genauso wie bei einem Gerät, das nicht sachgemäss gebraucht wird.

Wie Jesus mit der Frage umgeht

Nun stellt sich die Frage: Wie soll ich mit den Gesetzen der Bibel umgehen? - Tatsächlich gibt es unter den Christen alle möglichen Haltungen: Von strenger buchstäblicher Gesetzlichkeit bis zur grenzenlosen Freiheit. Beide Extreme sind gefährlich. Das Beispiel von Jesus zeigt einen gesunden Umgang.

1. Er stellt die Liebe über die Ritualgebote. "Die Liebe ist die Erfüllung des Gesetzes". Gesetze, welche die Barmherzigkeit und Liebe vernachlässigen, sind unannehmbar: (Matthäus berichtet, dass Jesus seinen Gegnern den Vers aus Hosea 6,6 entgegenhielt: "Ich habe Lust an der Liebe und nicht am Opfer, und an der Erkenntnis Gottes, und nicht am Brandopfer"). Dasselbe kommt im Doppelgebot der Liebe zum Ausdruck. Es ist eine wichtige Ergänzung: Jesus vertritt nicht einen blossen Humanismus, der den Menschen über alles stellt. Auch die Liebe zu Gott ist mit einzubeziehen!

2. Jesus nimmt die Jünger in Schutz. Er reisst nicht ein Streitgespräch vom Zaun, indem er mit einem Gegengesetz kontert. Er erzählt die Geschichte von David, der zum König gesalbt war, aber nicht als solcher akzeptiert wurde und dessen Leben bedroht war. Auf der Flucht kam er zur Stiftshütte. Er nahm dort vom heiligen Brot und teilt es mit seinen Mannen, obwohl nur den Priestern erlaubt war, davon zu essen. Jesus spricht hier - wie dem David und Abjathar – den Jüngern Mündigkeit zu. Ihr könnt in Verantwortung vor Gott und eurem Gewissen selbst entscheiden! Dieselbe Haltung vertritt Paulus im Römerbrief.

3. Jesus ist der Herr über den Sabbat. Das Beispiel vom König David stopft den Gegnern den Mund. Sie können nicht mehr antworten. Aber je schlagender die Beweise sind, desto ärgerlicher werden sie. Wer ist es, der nicht nur wagt, ihnen zu widersprechen, sondern sich sogar mit dem König David zu vergleichen? Das dürfte ausser dem Messias niemand, nicht einmal sie als Priester. Und da Jesus merkt, wie sehr sie der Vergleich ärgert, wird er noch deutlicher. Noch sagt er es nicht rundheraus, seine Zeit ist noch nicht gekommen. Aber immerhin bezeichnet er sich als "Menschensohn". Diesen Namen hat der Prophet Daniel dem gegeben, der

zur rechten Hand Gottes sitzt. Wenn sie wollen, können sie nun merken, wer er ist. Herr ist sein Name!
An unserm Verständnis von Jesus entscheidet sich letztlich, ob wir uns der menschlich-gesetzlichen Religion unterwerfen oder ob wir uns von Jesus davon befreien lassen. Er ist der Einzige, der als Mensch alle Gesetze befolgte und uns deshalb von ihrem Urteil, ihrem Fluch erlösen kann. Wer ihn kennt, braucht sich den Himmel nicht mehr zu verdienen!

Nochmals Gesetz und Freiheit

Die Christen feiern nicht mehr den siebten Tag, den Sabbat. Seit Ostern ist unser Ruhetag der erste Tag der Woche, der "Tag des Herrn". Ein starkes Bild für die Grosszügigkeit Gottes! Im gleichen Sinn schenkt er den Israeliten zuerst die Freiheit ("Ich bin der Gott, der dich aus dem Sklavenhaus Ägypten geführt habe")[1] und erst dann die verpflichtenden, aber auch schützenden Gebote. Es ist da nicht die leiseste Andeutung von Abverdienen oder Belohnung die Rede. So ist Gott! Er will beschenken - weit mehr als eine Handvoll Weizenkörner will er uns geben. Der Opferweg von Jesus befreit von jeder Plackerei: "Was dem Gesetz unmöglich war, das tat Gott und sandte seinen Sohn". Lassen wir uns beschenken oder wollen wir uns weiter mit der Illusion der Selbsterlösung betrügen?

---

[1] 2. Mose 20, 1

Verdorrte Hände

12. Predigt (zu Pfingsten)

Und Jesus ging wieder in die Synagoge. Und dort war einer mit einer lahmen Hand. Und sie beobachteten ihn genau, ob er ihn am Sabbat heilen würde, damit sie ihn anklagen könnten.
Und er spricht zu dem Menschen mit der lahmen Hand Steh auf, tritt in die Mitte!
Und er spricht zu ihnen: Ist es erlaubt, am Sabbat Gutes zu tun oder Böses zu tun, Leben zu retten oder zu töten? Sie aber schwiegen.
Und voller Zorn schaut er sie einen nach dem andern an, betrübt über die Verstocktheit ihres Herzens, und spricht zu dem Menschen: Strecke deine Hand aus! Und der streckte sie aus, und seine Hand war wiederhergestellt.
Da gingen die Pharisäer hinaus und fassten sogleich mit den Herodianern den Beschluss gegen ihn, ihn umzubringen.
Markus 3, 1-6

Gottesdienstbesucher

Jesus besucht einen Gottesdienst. Wie es so ist, kommen verschiedene Menschen zusammen. Da ist der Mann mit der verdorrten Hand. Es scheint, er hielt sich im Hintergrund. Und da sitzen die stolzen, misstrauischen Pharisäer in den vordersten Reihen. So verschiedene Menschen! Und doch gleichen sie sich. Der eine hat einen verdorrten Arm, die andern starre, harte, vertrocknete Herzen. Wie lieblos von ihnen, dass sie dem Behinderten die Heilung verwehren wollen!
Wie sie sind wir alle gekommen; jeder und jede hat seinen Grund zum Besuch des Gottesdienstes. Was hat uns heute Morgen motiviert?
Und jetzt ist der Heiland hier. Er kommt zum Dienen, zum Helfen, zum Heilen. Wo er hinkommt, da kann es richtig Sonntag werden.

Die verdorrte Hand

Warum ist der Mann gekommen? Aus reiner Gewohnheit? Suchte er Trost? Oder hat er davon gehört, dass Jesus anwesend sein würde? Wollte er geheilt werden? Das scheint nicht der Fall zu sein, sonst hätte *er* den Heiland angesprochen. Oder kam er, um zu betteln?
Der Mann war stark behindert. Das Blut zirkulierte nicht mehr recht; das führte zu Muskelschwund und Steifheit. Seine Hand war gelähmt. Er war nicht lebensbedrohlich krank, aber es war schlimm genug! Lukas weiss zu berichten, dass der rechte Arm betroffen war. Der Mann konnte also kaum sein Brot verdienen.
Krankheit und Armut treten meist im Paar auf. Dieser Mann wollte vielleicht arbeiten, aber er konnte nicht! Er war wie ein Baum, der keine Früchte trägt. In der Bibel ist Dürre ein Bild der Unfruchtbarkeit, der Entbehrung und des Hungers. Das gilt sowohl für die Natur als auch für das geistliche Gebiet. Deshalb wohl die auffallende Ähnlichkeit des armen Mannes mit der anwesenden Geistlichkeit.
Der Behinderte steht vor uns als das Bild eines Menschen, der seine spirituelle Vitalität verloren hat. Und die Pharisäer nicht minder, man sieht es ihnen bloss nicht an. Sie wähnen sich gesund. Doch der grosse Arzt durchschaut sie mit herzlichem Erbarmen. Er möchte sie auch heilen.

Verdorrt, wieso?

Wie kann ein Mensch, ein Christ, innerlich verdorren? Ich möchte ein paar Ursachen aufzählen.

- Im ersten Psalm ist die Rede von einem Menschen, der wie ein ans Wasser gepflanzter Baum grünt und blüht, weil er "Lust zum Gesetz des Herrn hat". Gottes Wort ist Geist und Leben und Kraft. Wer es vernachlässigt, verkümmert leicht. Das gilt für die persönliche Bibellese wie auch die gemeinsame im Gottesdienst oder Hauskreis. Dass der Gottesdienst eine wichtige Rolle spielt, sehen wir in der Geschichte, denn hier wird einer geheilt! Das kann auch heute noch passieren. Gottes Lebensordnungen sind gut und heilsam. Wie viel Verkrüppelung entsteht, wo sie ausser Acht gesetzt werden! Die Bibel nennt das Sünde, wörtlich Zielverfehlung.
- Verletzungen können ein weiterer Grund sein, dass es selbst in der christlichen Gemeinde verdorrte Glieder gibt. Das besonders, wenn die entstandenen Wunden nicht gepflegt und gesäubert werden, das erlittene Unrecht nicht bereinigt wird und sich festsetzen kann. Dann frisst sich der Groll immer tiefer, und der Arm ist gelähmt. Verkrüppeltes Christenleben! Das müsste nicht so sein. Seelsorge tut hier not!
- Eine dritte Ursache: Wenn das Evangelium, die Frohe Botschaft von der Liebe Gottes zum blossen Gesetz wird, droht höchste Gefahr. Christen leben aus der Gnade, nicht vom Befolgen von starren Regeln. Sonst weicht die Freude, und dem inneren Leben fehlt der Puls.
- Noch eine letzte Ursache, es ist wohl die schlimmste: Markus redet im Blick auf die Gegner des Heilands von Verstockung. Es braucht viel, bis dieses furchtbare Wort fällt. Ihm sind viele andere Worte vorangegangen: Worte der Einladung, der Mahnung, der Geduld, des Verzeihens. Zehnmal schiebt Gott das Gericht an Pharao und den Ägyptern auf. Zehnmal hatte Gott mit dem Volk Israel Geduld. Wie oft hier? "O Jerusalem, wie oft habe ich dich versammeln wollen wie eine Henne ihre Küken, und ihr habt nicht gewollt"[1]. Jesus wurde betrübt und traurig. Warum? Weil sie sich gegen die einzige Waffe von Jesus abschotten und panzern: die Heilandsliebe. Nicht wegen der Affront gegen ihn ist Jesus traurig; wegen ihrer Verstockung, denn sie bedeutet Verlorenheit und Gericht.

Die Heilung

Jesus bietet nicht nur dem Mann Heilung an. Alle haben die Chance. Aber nur dem einen konnte er helfen, weil sich die andern nicht krank vorkamen und ihn abwiesen. Worauf kommt es an?

1. Wenn Jesus ruft, gilt es, dem Ruf zu folgen. Er fordert nicht das Unmögliche. Hervorkommen aus der Masse kann der kranke Mann. Jesus spricht jeden persönlich an. Markus bemerkt ausdrücklich, dass er sogar seine Gegner jeden einzeln anblickte. An keinem Ort in den Evangelien ist von anonymen Massenheilungen die Rede. Wer Heilung will, muss hinaus ins Offene kommen. Beachten Sie den Zusammenhang von Horchen und Ge-horchen. Beides sind erste, notwendige Glaubensschritte zur Heilung hin.

2. Die Hand ausstrecken! Er muss zu seiner Krankheit stehen und seinen Schaden beim Namen nennen. Ich kann mir gut vorstellen, dass sich der Mann möglichst im Hintergrund hielt

[1] Matthäus 23, 37

wegen seiner Behinderung. Nun muss er sie zeigen! Das ist noch mehr ein Akt des Glaubens als das Hervortreten, denn heben konnte er den gelähmten Arm nicht.
Die Hand hinhalten ist die Geste des Bettlers. Viele strecken die Hand nach der verbotenen Frucht aus wie Eva, und seither ist sie verdorrt. Aber alle, die ihre Hände zu Jesus hin aufheben, werden geheilt. Die Hand blieb solange ohne Puls, bis er sie im Glauben ausstreckte.

Jesus bietet sich als Heiland und Heiler an. Hören und tun, was er sagt, auch wenn es gegen den gesunden Menschenverstand geht! Bloss die Hände ausstrecken! Er nimmt die Krankheit auf sich. Das Wunder an der vertrockneten Hand trägt dazu bei, dass Jesus zum Tod verurteilt wird.

Warum am Sabbat?

Er ist der Ausdruck von Gottes Menschenfreundlichkeit. In ihm kommt die Liebe aus dem Himmel in überquellendem Mass auf uns zu. Darum heilt Jesus gerade am Sabbat. Wohlzutun ist seine Art, so selbstverständlich wie eine Hausfrau ein verdorrtes Geranienblatt ausbricht oder der Bauer einen verdorrten Ast vom Apfelbaum hinunter sägt. So heilt und hilft Jesus. Er kann nicht anders! Gott ist gut: Sollte man ausgerechnet an diesem Tag seiner Güte Halt gebieten? Sicher nicht!

Verdorrte Hände heute

Heute ist der Tag des Herrn. Und dazu noch Pfingsttag, das Fest der Ausgiessung der Kraft aus der Höhe. Wir sind besonders eingeladen, mit Heilung beschenkt zu werden. Da sind vielleicht lahme Hände, die am Anfang gefaltet waren im Gebet. Das ging doch damals allem voraus, es war dir so wichtig! Und das war so schön! Doch nun sind sie erschlafft und müde geworden. Strecken wir sie Jesus entgegen!
Oder da sind Hände, die einmal unermüdlich hilfsbereit waren, voll Verzicht und Aufopferung. Dann gab es Enttäuschungen, Undank, Abweisung oder andere entmutigende Erfahrungen. Deshalb sind die Hände jetzt nicht mehr da für andere.
Bei andern ist die Hand zum Gutes tun verdorrt, darum kann der Herr sie nicht füllen.
Oder da sind verdorrte Hände, weil wir uns über Gottes gute Ordnung hinweggesetzt haben wie der König Jerobeam, der gegen besseres Wissen opferte[1], oder Mirjam, die sich gegen ihren Bruder Moses, den Mann Gottes auflehnte[2].
Viele verschiedene Ursachen. Nun steht Jesus hier und bietet Heilung an. Komm heraus, streck deine Hand aus!

Fleisch und Blut für vertrocknete Glieder

Wir haben am Anfang die Vision des Hesekiel (Kapitel 37,1ff) gelesen. Dieser Bibelabschnitt leitet im Gesangbuch die Lieder zu Pfingstfest ein, das wir heute feiern. Gottes Geist bringt Leben in tote Knochen. Er ist am Wirken! Darüber freuen wir uns heute. Strecken wir uns doch danach aus!

---

[1] 1.Könige 13, 4ff
[2] 4. Mose 12, 1ff

Strategischer Rückzug

13. Predigt

Aber Jesus entwich mit seinen Jüngern an den See, und eine grosse Menge aus Galiläa folgte ihm; auch aus Judäa und Jerusalem, aus Idumäa und von jenseits des Jordans und aus der Umgebung von Tyrus und Sidon kam eine grosse Menge zu ihm, die von seinen Taten gehört hatte.
Und er sagte zu seinen Jüngern, sie sollten ihm ein kleines Boot bereithalten, damit die Menge ihn nicht bedränge. Denn er heilte viele, so dass alle, die geplagt waren, über ihn herfielen, um ihn anzurühren. Und wenn ihn die unreinen Geister sahen, fielen sie vor ihm nieder und schrien: Du bist Gottes Sohn! Und er gebot ihnen streng, dass sie ihn nicht offenbar machten.
Und er ging auf einen Berg und rief zu sich, welche er wollte, und die gingen hin zu ihm. Und er setzte zwölf ein, die er auch Apostel nannte, dass sie bei ihm sein sollten und dass er sie aussendete zu predigen und dass sie Vollmacht hätten, die bösen Geister auszutreiben. Und er setzte die Zwölf ein und gab Simon den Namen Petrus; weiter: Jakobus, den Sohn des Zebedäus, und Johannes, den Bruder des Jakobus, und gab ihnen den Namen Boanerges, das heisst: Donnersöhne; weiter Andreas und Philippus und Bartholomäus und Matthäus und Thomas und Jakobus, den Sohn des Alphäus, und Thaddäus und Simon Kananäus und Judas Iskariot, der ihn dann verriet.
Markus 3, 7-19

Jesus „entwich"

Ein Rückzug wird gewöhnlich nicht als etwas Erstrebenswertes angesehen. Man denke etwa an die Rückzüge des 2. Weltkrieges. Mit dem Schlagwort "strategische Neugruppierung" bemühte man sich, dem Fiasko eine positive Note abzugewinnen. "Gesundschrumpfung" nennt man es in der Wirtschaft. Beide Begriffe täuschen nicht darüber hinweg, dass Terrain preisgegeben werden muss. Das ist manchmal notwendig, sonst droht Schlimmeres.
Jesus auf dem Rückzug - vielleicht ist das der Grund, dass der Predigttext ein weithin unbekannter weisser Fleck im Neuen Testament ist. Wir wollen ihn uns näher ansehen.

Bei der Heilung des Mannes mit der abgestorbenen Hand war Jesus scharf mit der Geistlichkeit der Juden aneinander geraten. Streitpunkt waren die Heilungen am Sabbat. Um nicht noch mehr Öl ins Feuer zu giessen, und wohl, weil er wichtigeres zu tun wusste als mit den Gegnern zu streiten, zog er sich in die Provinz zurück, ins Hinterland von Galiläa.
Er kehrt der Synagoge und den Schriftgelehrten den Rücken. Sein neuer Predigtort ist das Seeufer, die Hörer die arme, niedere Bevölkerung. Und die strömen nur so herzu! Aus dem ganzen jüdischen Einzugsgebiet kommen sie zu ihm, sogar aus den heidnischen Landstrichen um die Mittelmeerstädte Tyrus und Sidon. Eine Masse von Elend, Bedürftigen, Kranken und Geplagten aller Art bewegte sich zu ihm.

Morgenluft

Sie wittern Morgenluft. Wunder und Heilungen in dieser Zahl hatte es noch nie gegeben. Ein grosses Aufatmen ging durch die Gegend. Von Jesus ging Wohltat aus; er half allen!

Dafür ist der Heiland da. Er kam für die Kranken. Er ruft die Mühseligen und Beladenen. Es sieht so aus, als wäre Jesus der "Chumm-mer-z'Hilf" für alles. Das Volk scheint seine Tätigkeit auf die Stillung ihrer leiblichen Bedürfnisse zu minimalisieren. Man sieht in ihm den Helfer in allerlei Bedrückung, vorab den Krankenheiler. Wer ihn nur anrührte, wurde gesund. So drängte sich alles um ihn. Die Menge fiel buchstäblich über ihn her.

Jesus der Allesheiler?

Die Erwartung der kleinen Leute war nicht fehl am Platz. Jesus *ist* der Helfer für jede Not. So wie die Bibel den Menschen in seiner Ganzheit von Leib und Seele sieht, so ist der Heiland Erlöser für den ganzen Menschen. Nicht nur für Kopf und Gemüt, auch für den Körper! Aber die gesundheitlichen Nöte zeigen sich vordringlicher, weil sie in besonders auffälliger und offensichtlicher Weise bedrängen, nicht zuletzt weil es "weh tut".

Daher ist es ganz natürlich, wenn die Leute in Jesus zuerst einen äusserst tüchtigen und erfolgreichen Generalpraktiker sehen. Instant-Heilung - wer will das schon nicht? - Jesus hat immer wieder erfahren müssen, dass er den Leuten gerade gut genug war, um vorhandene Leiden zu beseitigen. Mehr erwartete man nicht von ihm. Eben diesen Minimalismus konnte er nicht unwidersprochen hinnehmen. Er wollte nicht den Selbstbetrug des Volkes stützen, als wäre er ausschliesslich zum Heilen gekommen.

Ein zweiter Rückzug...

Darum zieht er sich ein zweites Mal zurück. Weil die Massen ihn fast erdrücken, lässt er sich ein kleines Boot bringen, steigt hinein und spricht von dort aus zu der Menge. Eine hervorragende Kanzel: Alle konnten ihn sehen und hören.

Der tiefere Sinn dieses Rückzugs sind jedoch nicht die akustischen oder visuellen Vorteile. Zum leiblichen Dienst gehört eben unabdingbar die Verkündigung des Evangeliums. Die gute Botschaft von der Erlösung ist der Hauptzweck seiner Zeit auf der Erde. "Das Wort wurde Mensch und wohnte unter uns ..."[1]

Jesus ist gekommen als Erlöser der Menschen und der Welt. Er fasst das Übel an der Wurzel an. Dem Satan und seinem Heer macht er den Boden streitig und entreisst ihn ihm schliesslich. Auffällig, wie hier die vom Bösen Geplagten sich häufen und besonders und ausdrücklich erwähnt werden! Die Heilungen und Befreiungen zeigen an, dass Jesus die Macht gegeben ist für eine vollkommene, umfassendere Hilfe, die ewig hält. Sein Reich kommt!

... und gar ein dritter!

Ob die Predigt wirklich ankam? Oder ob er traurig feststellen musste, dass die Menge wohl Gesundheit von ihm begehrte, aber der Botschaft der Verlorenheit des Menschen, von der Erlösung und vom ewigen Leben kaum Gehör schenkte? Es kommt jedenfalls zum dritten Rückzug. Er steigt ins Bergland hinauf. Seine Gefolgschaft wurde kleiner. Aus den Verbliebenen wählt er die 12 Apostel aus.

Die drei Rückzüge sind Teil seines Leidensweges, dem Hinabsteigen bis ans Kreuz. Wie muss ihn die Ablehnung der religiösen Juden und das Missverstehen seines Auftrags von Seiten der

[1] Johannes 1,14

Volksmenge geschmerzt haben. Jesus wendet sich nun den wenigen zu, die er auserwählt. Sie sind einfache, schlichte Männer. Mit ihnen beginnt er seine Kirche zu bilden. Er schafft Neues. Das ist der Sinn hinter jedem Rückzug. Etwas kommt zum Abschluss und geht zu Ende. Das mag wehmütig stimmen, doch es ist immer auch eine Chance zum Neubeginn, und wenn er noch so bescheiden beginnt! Rückzüge haben ihren Sinn!

"Meine Stunde ist noch nicht gekommen"

Jesus weiss, dass die Zeit noch nicht reif ist für die letzte Konfrontation mit den Juden. Vorher hat er noch anderes zu tun. Erst dann macht er sich ganz bewusst auf die Reise nach Jerusalem, auf den Leidensweg.

Es braucht Feingefühl, und oft direkte Führung, um zu erkennen, was dran ist und was nicht. Soll Jesus sich einer offenen Kraftprobe stellen? Das ist gewöhnlich nicht seine Art. Er drängt sich nie auf, kommt nicht als unwiderstehlicher Eroberer mit Macht und Gewalt (Das wird er erst beim zweiten Kommen). Bescheiden reitet er auf einem Eselsfüllen, nicht auf einem Schlachtross. Unaufdringlich und höflich klopft er an und wartet geduldig auf Einlass. Man kann ihn abweisen! Dann zieht er sich zurück. Darin liegt ein grosser Ernst.

"Wo sie euch nicht aufnehmen, dann schüttelt den Staub von euren Füssen und geht woanders hin", rät er den Jüngern.

Damit ist ein Urteil ausgesprochen. Jesus hat sich oft zurückgezogen, wo man ihm eine Abfuhr gab. Das ist gefährlich! Mit jeder Ablehnung gruben die Juden den Graben zwischen sich und Jesus tiefer. Das Gericht über sie liess nicht lange auf sich warten. Aber es entstand auch etwas Positives daraus: infolge ihrer Abweisung ist das Heil zu den Heiden gekommen. Das Reich Gottes hat eine Zeit zum Säen und eine Zeit der Ernte. Das weiss Jesus, er muss weder ob den Widerspenstigen verzweifeln noch über den Wundersüchtigen den Stab brechen. Er kann warten.

Im Reich Gottes zählt nicht immer das Grosse und schon gar nicht der Betrieb

Jesus meidet alle Sensation, er hütet seinen Rückzug. Die Wundertaten sollen nicht an die grosse Glocke gehängt werden. Nicht die spektakulären Grossveranstaltungen bringen die entscheidenden Avancen. Das Reich Gottes wächst in den allermeisten Fällen im Verborgenen heran, in persönlicher Hinwendung. Die Kleinarbeit zählt. Jesus hat nie auf die stille, persönliche Einwirkung verzichtet, die den Menschen inwendig ihm zuwandte und mit ihm verband. Das beste Beispiel dafür sind die Apostel. Sie waren ganz gewöhnliche Leute. Es scheint, *speziell* gewöhnliche Männer. Nicht ein einziger Gelehrter, kein besonders Begüterter ist unter ihnen. Die meisten waren einfache Berufsleute. In diese 12 investiert Jesus von jetzt an. Er teilt Tisch und Brot und Beutel mit ihnen. Das gemeinsame Leben ging tiefer als die kurzen, oberflächlichen Berührungen mit dem Volk in der Synagoge oder am Ufer des Sees. Auf diese Weise bereitete sie der Meister für ihre Aufgabe vor.

Der sprunghafte, unausgeglichene Simon wurde zum Felsen Petrus. Thomas, der schwerblütige Pessimist fand seine Gewissheit. Die polternden Donnerssöhne Johannes und Jakobus begannen Liebe auszustrahlen. Diese 12 haben nachher die Welt verändert!

Das macht doch Mut! Rückzug muss nicht negativ sein.

Ich hörte kürzlich von einer Kirchgemeinde in Österreich. Die Mitglieder bröckelten ab, die Gottesdienste waren schlecht besucht, die Mitarbeiter resignierten, das Geld wurde knapp, die Jugend fehlte weitgehend. Auf der ganzen Linie Rückzug. Es sah düster aus. Was tun? Sollten sie zu machen? - Die Gemeindeleitung beschloss, das ganze Gemeindeprogramm für ein Jahr stillzulegen. Wenn ich mich recht erinnere, wurden sogar die Sonntagsgottesdienste storniert. Man kam überein, sich stattdessen wöchentlich in den Häusern zu treffen und dort in schlichtem Rahmen Glauben zu leben, zu beten, auszutauschen, Gemeinschaft zu pflegen und zu feiern. Die Leute waren selbst überrascht, als innerhalb weniger Monate die Gruppen zu wachsen begannen und sich aus Platzmangel teilen mussten. Keine Rede mehr vom Aufgeben! Der Rückschritt hatte sich in Fortschritt gekehrt. Ähnliches habe ich von einer Gemeinde in England gelesen.

Mögliche Konsequenzen

Lebendiges Christsein wächst nicht aus dem Spektakulären oder dem gross Angelegten. "Es liegt die Kraft nicht im Gedränge, doch wohl im Glaubensmut" bringt es eine Liedstrophe auf den Punkt. Damit meine ich nicht, wir müssten Grossaktionen, Evangelisationen und Konferenzen über Bord kippen oder gar die Gottesdienste aufgeben.

Aber unser Hauptaugenmerk sollte vermehrt auf die Nachfolge, auf verbindliche gemeinsame Jüngerschaft gerichtet sein, so wie die 12 vom blossen Zuhören in eine persönliche Beziehung zu Jesus gerufen werden, gemeinsam von ihm lernen und das im Alltag einüben. So ein Rückzug könnte ein erster Schritt vorwärts werden.

Gewiss ist es nicht jedermanns und jederfrau Aufgabe, den Beruf aufzugeben und gemeinsame Kasse zu halten wie die Apostel (Sie wurden von Jesus für eine einmalige Schlüsselaufgabe in der Heilsgeschichte vorbereitet). Jesus zwingt nicht zum Radikalen, er lässt uns Freiheit. Aber das sollte uns nicht abhalten, Schritte in dieser Richtung zu wagen. Ich könnte aus der Bibel, aus der Kirchen- und Missionsgeschichte viele Beispiele anführen, wie Gott solche Rückzüge nicht nur bestätigte, sondern in Landgewinn kehrte!

Rückzug: Das könnte heissen, dass ich nicht die oder jene verantwortungsvolle Aufgabe in der Kirchgemeinde anvisiere, sondern zuerst mein Christsein zu Hause, am Arbeitsplatz oder in einem untergeordneten Dienst treu auslebe. Treue im Kleinen!

Rückzug heisst, Jesus im Vertrauen folgen, wenn er ruft. Oder ihm mehr Raum und Zeit zu geben, zum Beispiel im Besuch des Alphalive-Kurses oder eines Hauskreises.

Rückzug könnte heissen, in einen einzelnen Freund oder Freundin oder in eine Familie zu investieren statt Hansdampf in allen Gassen zu spielen. Für ihn/sie beten, Freundschaft pflegen, sie besuchen, ihnen Liebes tun, mit ihnen reden. Es könnte mehr bringen als aller unpersönliche Betrieb.

Rückzug könnte heissen: Den frommen Tourismus zu den und jenen christlichen Events überdenken und stattdessen sich für eine feste Aufgabe in der Gemeinde einbinden lassen. Rückzug heisst vom Konsumieren zu verbindlicher Nachfolge und zum Mittragen hinüberwechseln. Wer wagt es?

Berufung

14. Predigt

Und Jesus ging auf einen Berg und rief zu sich, welche er wollte, und die gingen hin zu ihm. Und er setzte zwölf ein, die er auch Apostel nannte, dass sie bei ihm sein sollten und dass er sie aussendete zu predigen und dass sie Vollmacht hätten, die bösen Geister auszutreiben. Und er setzte die Zwölf ein und gab Simon den Namen Petrus; weiter: Jakobus, den Sohn des Zebedäus, und Johannes, den Bruder des Jakobus, und gab ihnen den Namen Boanerges, das heisst: Donnersöhne; weiter: Andreas und Philippus und Bartholomäus und Matthäus und Thomas und Jakobus den Sohn des Alphäus, und Thaddäus und Simon Kananäus und Judas Iskariot, der ihn dann verriet.
Markus 3, 15-19

Die Grundsteinlegung der Kirche

Dieser für Markus typisch knappe Bericht von der Berufung der 12 Apostel hat etwas Feierliches an sich. In der Übersetzung kommt das nicht so deutlich zum Ausdruck wie im Urtext. Dort steht statt „er setzte ein" nämlich 2 Mal „er schuf". Damit erinnert der Satz an den Schöpfungsbericht: „und Gott schuf den Menschen, zum Bilde Gottes schuf er ihn." „Jesus schuf die 12..., und er schuf sie und gab Simon den Namen Petrus..."
Markus zeigt Jesus als den Schöpfer und Herrn der christlichen Gemeinde. Wie wir gesehen haben, ist aus diesem unscheinbaren, bescheidenen Anfang die weltweite Kirche gewachsen. „Auf diesen Felsen will ich meine Gemeinde bauen, Nicht einmal die Macht des Todes wird sie vernichten können"[1].

A. Die heilsgeschichtliche Bedeutung der Apostelwahl

Die Apostelwahl ist deshalb wie die Schöpfung ein heilsgeschichtlicher Meilenstein. Darauf möchte ich zuerst eingehen. In einem zweiten Teil der Predigt werde ich die Begebenheit auf unsere heutige Zeit und uns persönlich anwenden.
Jesus hatte sich zurückgezogen. Lukas weiss zu berichten, dass er die ganze Nacht durch gebetet hatte. Das nicht nur, weil sich der Widerspruch der Juden so verschärft hatte und ihn die Not um Israel auf den Berg trieb, sondern auch gerade wegen der Einsetzung der Apostel. Eine grössere Jüngerschar muss Jesus auf seinem Rückzug begleitet haben. Sie unterschieden sich von seinen anderen Zuhörern, weil sie, wenigstens zeitweise, ihre bürgerliche Existenz aufgaben und ihn in seinem Dienst von Ort zu Ort begleiteten. Aus ihnen wählt Jesus die 12 aus.

Das Besondere an den Aposteln

Die Apostel sind ein geschlossener, von den übrigen Nachfolgern unterschiedener Ring von 12 Männern. Warum 12? - Dies ist eine heilsgeschichtliche Zahl. Schon daraus lässt sich ableiten, was diese Männer zu tun haben und welche Bedeutung ihnen zukommt. Es ist die Zahl

[1] Matthäus 16, 18

der Söhne Jakobs und der gleichnamigen Stämme des alttestamentlichen Gottesvolkes. Jesus fügt nun nach der durchbeteten Nacht zu diesen Patriarchen 12 neutestamentliche Apostel hinzu. Der Segen Abrahams, der bis dahin aus den 12 Geschlechtern Israels in die Völker hineingeleitet wurde, soll also neuerdings durch Christus und durch seine Vermittlung über die 12 Apostel in die Welt hinaus fliessen.

Zwölf Söhne des Verheissungsträgers

Israel berief sich darauf, dass sie die Nachkommen Abrahams, des Verheissungsträgers, waren. In Jesus hat Gott diese Verheissung erfüllt! Von nun an sind die Abrahamskinder eingeladen, sich auf die umfassendere Gottessohnschaft von Jesus zu berufen und daraus Segen zu empfangen. Die 12 Apostel werden Träger des Evangeliums, das heisst Augen- und Ohrenzeugen der Auferstehung von Jesus Christus sein.

Erst von da her beginnen wir viele wichtige Aussagen der Bibel zu verstehen. Paulus zum Beispiel redet von der Gemeinde als dem Bau, der „auf das Fundament der Apostel und Propheten erbaut ist, von dem Jesus Christus der Eckstein ist“[1]. Die neue, von Gott geschaffene Stadt Zion hat „12 Grundsteine und auf ihnen die Namen der Apostel des Lammes eingraviert“[2]. Ebenfalls in der Offenbarung treffen wir wiederholt auf „die 24 Ältesten vor dem Thron“[3]. Hier vereinen sich offensichtlich die Patriarchen des Alten mit den Aposteln des Neuen Bundes, um Gott anzubeten und ihm Lobpreis zu geben.

So werden die Apostel die ersten Zeugen des weltumspannenden Heilsplans und seiner Erfüllung durch Christus. Von da her ist zu begreifen, dass sich die Urgemeinde nach dem Selbstmord des Verräters Judas mit fast übertrieben anmutendem Eifer beeilte, die 11 durch die Wahl des Matthias wieder auf die Vollzahl zu ergänzen.

Abgesandte

Ein Apostel ist Abgesandter; einer der in irgend einer Funktion einen anderen Menschen vollgültig vertrat. Im Neuen Testament ist er ein „Botschafter an Christi Statt“[4] . Den 12 kommt die oben erwähnte einzigartige Bedeutung als Kronzeugen des Evangeliums zu. Ausser ihnen gab es aber andere Apostel. Sie sind Teil des fünffältigen Dienstes[5] innerhalb der christlichen Kirche. In leitender, den Gemeinden übergeordneter Funktion sind sie unterwegs, um neue Gemeinden zu gründen, sie später wieder zu besuchen, zu lehren und zu beraten. Sie sind Verbindungsglied zwischen den Ortsgemeinden. Sie scheinen meist vollzeitlich tätig gewesen zu sein.

B. Wie Jesus Menschen zu sich ruft

Jesus hat schon vor der Apostelwahl Menschen zu sich gerufen. Er tut es weiter bis heute.
Dabei fällt auf, dass er es nie bei einem allgemeinen Appell bleiben lässt. Jesus ruft ganz persönlich, er ruft beim Namen. Jeder und jede wird einzeln angesprochen und eingeladen, sei es

---

[1] Epheser 2, 20
[2] Offenbarung 21, 14
[3] z.B. Offenbarung 19.4
[4] 2. Korinther 5, 20
[5] Epheser 4, 1 1

zur Mitarbeit, in einen neuen Stand oder zu einem Fest. Im Grunde genommen führt jede Berufung zu diesen drei Zielen hin. Wie geht dies vor sich?

1. Jesus steht dabei auf dem Berg

Berge sind in der Bibel heilige Orte, dort ist Gott nahe. Wenn Jesus Menschen ruft, sind das besondere Erfahrungen seiner Gegenwart. Wir sehen ihn als den erhöhten König und Herrn. Immer ist er der Initiant der Berufung. Er „rief, welche er wollte". Bitte nicht vordrängen: ihm die Wahl überlassen! Ihm ist dazu Vollmacht gegeben. Er weiss es am besten, und er übernimmt die Verantwortung und Sorge für die, welche sich rufen lassen.

Es ist etwas ganz Tröstliches und Ermutigendes an diesem Wahlverfahren: Jesus hat nicht nach Talenten oder Begabungen ausgewählt! Es steht gar nichts von besonderen Verdiensten oder Qualifikationen - im Gegenteil! Der flatterhafte Petrus mit seinem nicht gerade idealen Charakter ist sicher kein Wunschkandidat. Der Beiname Donnerssöhne für Johannes und Jakobus tönt wenig schmeichelhaft. Und am Schluss der Erwählten steht Judas, der spätere Verräter. Er bekommt ebenfalls seine Chance. Berufung beruht auf der Gnade. Weil sie unverdient geschieht, liegt darin eine heilige Verantwortung für uns: „Heute, wenn ihr seine Stimme hört, verstockt eure Herzen nicht![1]„

Du magst unverbindlich und anonym in der Menge die Worte mithören und die Taten des Messias miterleben. Aber einmal kommt der Tag, wo Jesus über dir steht, dich bei deinem Namen ruft, um dich näher zu sich zu ziehen und um dir mehr aufzuschliessen vom Geheimnis und der Herrlichkeit seiner selbst und seines Reiches, Geheimnisse, die dem Mitläufer verborgen bleiben. Hast du dich rufen lassen?

2. Die Berufenen gehen hinauf zu ihm

Darauf kommt es letztlich an, ob einer dem Ruf Gehör schenkt und zu Jesus hinauf geht: „Sie gingen hin zu ihm". Was für ein Angebot! Höhenluft! Da wird einer gesund. Der himmelhoch jauchzende und zu Tode betrübte Petrus wird zum verlässlichen Fels. Die zornigen Donnerssöhne entwickeln sich zu Jüngern, die ihrem Meister mit besonderer Liebe und Treue nachfolgen. Und das alles ohne Zwang, jedem lässt Jesus seinen freien Willen. Das wird bei Judas in tragischer Konsequenz sichtbar.

Beruf ist das eine, den wählen wir meist selbst aus. Im Unterschied dazu wird eine Berufung von aussen her an uns herangetragen. Wie kann man da ablehnen?

> „Könnt ich's irgend besser haben, als bei dir, der allezeit
> so viel tausend Gnadengaben für mich Armen hat bereit?
> Könnt ich je getroster werden als bei dir, Herr Jesus Christ,
> dem im Himmel und auf Erden alle Macht gegeben ist?"

Allerdings bringt das Hinaufgehen mit sich, die bisherige Lebensrichtung zu verlassen. Das ist der Preis, sonst macht die ganze Übung keinen Sinn. Jüngerschaft heisst dem Höheren folgen. Die Selbstbestimmung und Wahlfreiheit ordnet sich dem Meister unter. Der französische und englische Ausdruck „Disciple" streicht diesen Aspekt der Nachfolge deutlicher heraus als unser deutsches „Jünger". Disziplin hat mit Erziehung und mit Lernen zu tun.

---

[1] Hebräer 3,7

Jesus ruft die Jünger, „dass sie um ihn sind". Seine Nähe, sein Beispiel, seine Worte sind die Lehrzeit der Jünger. Das gilt bis heute. Jüngerschaft lernt sich nicht aus Büchern, auch nicht in einer unverbindlichen grossen Masse von Menschen beim Zuhören. Es ist Lernen und Praktizieren in persönlichen, vertrauten Beziehungen, von Mensch zu Mensch, wie es bei den Kindern und Jugendlichen besonders deutlich wird. Sie beobachten ihre Vorbilder und ahmen sie nach. Dies prägt sie zu mindestens 90%. Schule und Ausbildung haben im Verhältnis dazu einen verschwindend kleinen Einfluss.

3. Sie kommen vom Berg herab in die Menschenwelt

Nachfolge wird nie Selbstzweck bleiben. Der Zeit der Sammlung folgt immer die Sendung. Sie ist Teil der Berufung. Aus der Gabe der Jüngerschaft - wir haben gesehen, welchen Reichtum sie den Jüngern bringt - folgt die Aufgabe, den Dienst des Meisters weiterzuführen. „Dass sie predigen und die Vollmacht hätten, böse Geister auszutreiben".

Nun wehren Sie wahrscheinlich ab und sagen: Das ist nicht für mich! Zum Predigen braucht es Profis! Und sich mit den bösen Geistern anzulegen überlasse ich lieber andern.

Zum Ersten ist zu bemerken: Was Luther mit „predigen" übersetzt hat, heisst wörtlich Heroldsdienst. Das heisst: Jesus bekanntmachen, ihm vorangehen und ihn andern vorstellen. Das kann doch jeder! Und was das Austreiben von Geistern betrifft: Jesus gibt ausdrücklich die Vollmacht dazu. Das machen sie nicht aus eigener Kraft.

Ist das nicht ermutigend? Noch einmal möchte ich bekräftigen, dass die 12 ganz gewöhnliche Männer waren. Wahrscheinlich haben die allermeisten von uns eine bessere Bildung mitbekommen als sie. Aber Jesus hat aus ihnen etwas gemacht. Das passiert überall dort, wo sich Menschen seinem Ruf in die Nachfolge stellen.

Mit diesen bescheidenen 12 begann Jesus. Nach Ostern und Himmelfahrt waren sie schon 120 geworden. Dann kam Pfingsten mit der Ausgiessung der Kraft aus der Höhe. Auf einen Schlag wuchs die Zahl der Jünger um das 25-fache auf über 3'000! Wenig später sind es bereits 5'000 Männer, das heisst wieder mindestens ein Wachstum von 500%. Wie ein Wildfeuer entstanden neue Gemeinden in ganz Judäa bis nach Samarien und ans Mittelmeer. Von Kleinasien sprang der Funke über nach Griechenland bis Rom und Spanien, auf der andern Seite des Mittelmeers nach Ägypten und Äthiopien, bis Lybien und Marokko. In weniger als 40 Jahren hatte die Evangeliumsbotschaft das ganze römische Reich durchlaufen.

Wie kam das? Wie war das möglich? Weil sich 12 einfache Männer rufen liessen, ihr Leben unter die Führung von Jesus zu stellen, um in nächster Nähe mit ihm zu leben und sich so von ihm schulen und vorbereiten lassen für den Auftrag, für den er sie vorbestimmt hat. Sie müssen dabei nicht Bäume ausreissen oder Unmögliches schaffen. Was immer an Aufgaben auf sie zukommen, dazu werden sie Vollmacht bekommen. Das gilt bis heute, denn Ähnliches geschieht in vielen Teilen der Welt. Auch bei uns!

Warum relativ wenig? Vielleicht, weil wir unser Christsein meist unpersönlicher und unverbindlicher vorstellen und oberflächlicher nehmen als die Nachfolge, die Jesus mit den Jüngern praktizierte.

Will mir jemand nachfolgen, der verleugne sich selbst, nehme sein Kreuz auf sich und folge mir nach. Da sprach Petrus: Siehe, wir haben, was wir hatten, verlassen und sind dir nach gefolgt. Er aber sprach zu ihnen: Wahrlich, ich sage euch: Es ist niemand, der Haus oder Frau oder Brüder oder Eltern oder Kinder verlässt um des Reiches Gottes willen, der es nicht vielfach wieder empfange in dieser Zeit und in der zukünftigen Welt das ewige Leben[1].

Das ist eine Herausforderung. Nehmen wir sie an? Es lohnt sich!

[1] Lukas 18, 30

Spinner, Verrückter, Fanatiker?

15. Predigt

Jesus und seine Angehörigen

Und er ging in ein Haus. Und da kam abermals das Volk zusammen, so dass sie nicht einmal essen konnten. Und als es die Seinen hörten, machten sie sich auf und wollten ihn festhalten, denn sie sprachen: Er ist von Sinnen.

Jesus und die bösen Geister

Die Schriftgelehrten aber, die von Jerusalem herabgekommen waren, sprachen: Er hat den Beelzebul, und er treibt die bösen Geister aus durch ihren Obersten.

Jesus aber rief sie zusammen und sprach zu ihnen in Gleichnissen. Wie kann ein Satan denn Satan austreiben? Wenn ein Reich mit sich selbst uneins wird, kann es nicht bestehen. Und wenn ein Haus mit sich selbst uneins wird, kann es nicht bestehen. Erhebt sich nun der Satan gegen sich selbst und ist mit sich selbst uneins, so kann er nicht bestehen, sondern es ist aus mit ihm. Niemand kann aber in das Haus eines Starken eindringen und seinen Hausrat rauben, wenn er nicht zuvor den Starken fesselt. Erst dann kann er sein Haus berauben. Wahrlich, ich sage euch: Alle Sünden werden den Menschenkindern vergeben, auch die Lästerungen, wieviel sie auch lästern mögen. Wer aber den heiligen Geist lästert, der hat keine Vergebung in Ewigkeit, sondern ist ewiger Sünde schuldig. Denn sie sagten: Er hat einen unreinen Geist.

Markus 3, 20-30

Zuviel des Guten?

Nach einem Abdankungsgottesdienst lud die Trauerfamilie ins Restaurant zum Imbiss ein. Mit mir am gleichen Tisch sass eine Frau aus Argentinien, die gerade ihre Verwandten in der Schweiz besuchte und deshalb an der Beerdigung ihrer Tante teilnehmen konnte. Sie bekundete lebhaftes Interesse an unserer Kirchgemeinde. Ein Wort gab das andere. Sie begann begeistert von ihrer Gemeinde und ihrem Hauskreis zu erzählen, und ich natürlich von unseren! Da platzte eine andere Tischnachbarin plötzlich in unsere Unterhaltung hinein: Sie finde das gar nicht gut, all diese neuen Aktivitäten. Früher sei einfach der Sonntagsgottesdienst gewesen. Dieses zusätzliche Beten, Bibelstudium und gar Abendmahl in Privatwohnungen (ausserhalb der Kirche!) sei überspannt und Sektenzeug!

Ähnliches habe ich gehört als kritischen Kommentar zu den Alphalive-Kursen, zum Samstagsgebet, zu den Hauskreisen.

Letzte Woche fand auf der Allmend in Frauenfeld das Levitencamp statt, ein überkonfessioneller begeisternder Anlass zum Thema Anbetung, Gebet und Prophetie mit über 6'000 Teilnehmenden aus allen Altersschichten. Das Fernsehen brachte einen kurzen Bericht; erfreulich! Aber es stimmt mich nachdenklich, dass zur Reportage eine Stellungnahme eines bekannten Sektenexperten gehörte. Es scheint, dass bei manchem Neuen, Ungewöhnlichen, wenn frischer Wind durch unsere oft muffigen Kirchenräume bläst, gleich der Verdacht des Sektenhaften aufkommt.

Jesus ausser sich?

Ähnliches berichtet Markus: Nachdem Jesus von bösen Geistern kontrollierte Leute befreit hatte, mehrte sich der Zulauf so sehr, und er wurde so bedrängt, dass ihm nicht einmal mehr

Zeit zum Essen blieb. Das wurde schon als abnormal eingestuft. Wurde er von der Menge mitgerissen oder die Menge von ihm?
Seine Geschwister meinten, sogar die Mutter, er sei ausser sich, er habe "durchgedreht". Sie wollten ihn fassen und wohl nach Hause bringen, um ihn unter Kontrolle zu behalten. Die ersten 30 Jahre seines Lebens waren dort schliesslich ohne Aufsehen verlaufen. Aber jetzt diese Aufregung! Das war zu viel.
Die Pharisäer als Hüter der Lehre gingen gar noch weiter. Sie erklärten rundweg, die Macht des Jesus komme von unten. Dass er über besondere Heilungskräfte verfügte, liess sich nicht leugnen. Aber weil er nicht in ihre Vorstellungen passte, erklärten sie ihn schlicht als vom Oberteufel besessen.

Misstrauen und Ablehnung...

Jesus begegnete verschiedenen Schattierungen der Ablehnung; von herablassendem, überlegenem Mitleid über krankhaften religiösen Eifer bis hin zur offenen, bitteren Opposition. Es liegt eine Tragik darin, dass selbst die eigene Familie und die religiöse Behörde Jesus verkannten oder gar seine Sendung ablehnten. Das ist Teil des schweren Weges zum Kreuz, den Jesus im Gehorsam ging. "Er war der Allerverachteteste..."[1]
Es ist bis heute so geblieben: Wo Gottes Reich aufbricht, wird ihm und seinen Bahnbrechern oft Unverständnis, Misstrauen, bis hin zu offener Lästerung entgegengebracht.
So geschehen, als Paulus sich vor Gericht verteidigte und ihn der Prokurator Festus der Raserei bezichtigte. Zur Zeit der Reformation erlebten Luther, John Knox, und später Wesley und Whitefield Ähnliches.

... bis zur offenen Auseinandersetzung

Alles ist in Ordnung, solange die Kirche im Dorf bleibt und alles seinen gewohnten Lauf geht, so à la getauft, konfirmiert, 3 mal geimpft, und so weiter. Christsein und geistliches Leben macht niemandem Mühe, solange alles im traditionellen, herkömmlichen Rahmen läuft. Aber wehe, wenn der Seelenfrieden aufgescheucht wird! Wehe, wenn die etablierten religiösen Wertvorstellungen und Monopole ins Wackeln geraten! Dann „kommt die fromme Feuerwehr, und löscht, wo's gar nicht nötig wär". Dabei ist es längst nicht immer bedauerlich, wenn etwas in Bewegung kommt. Jedenfalls ist es überall dort, wo Gottes Reich aufbricht, mit der Ruhe vorbei. Da greift eine heilige Unruhe um sich.
Einige werden verunsichert und meinen, man müsste unbedingt am Alten, Beschaulichen, Herkömmlichen festhalten und das Neue zurück dämmen. Das kann durchaus gut gemeint sein.
Aber es steckt mehr hinter diesem Widerstand gegen Jesus. Er weist in seiner Antwort darauf hin. Wenn der Böse herausgefordert wird, schiesst er zurück. Er gibt sein Terrain nicht kampflos preis. Letztlich ist die Auseinandersetzung ein Kräftemessen zwischen Gut und Böse, der göttlichen und der teuflischen Macht, zwischen dem Messias und Satan, zwischen Himmel und Hölle.

[1] Jesaia 53

Bezeichnenderweise wird die Tatsache des Bösen weder von Jesus noch seinen Gegnern in Abrede gestellt. Sie ist eine Realität. Wer sie leugnet, hat keine Augen im Kopf oder ist geblendet.

Wenn wir dabei gewesen wären

Was hätten wir gedacht, wenn wir dabei gewesen wären? Wie hätten wir geurteilt?
Ich bin mir nicht so sicher, auf welche Seite ich mich gestellt hätte. Es ist nicht immer leicht, Wahres vom Falschen zu unterscheiden. Der Teufel kann auch etwas! Er kann gesund machen, heilsame Energie ausstrahlen, die Zukunft voraussagen, zaubern, Wunder tun. Er kann sich sogar, wie wir bei den jüdischen Leuten sehen, ausserordentlich fromm geben. Er verstellt sich in einen Engel des Lichts, und kann sogar Gutes tun (Der Haken ist der Preis, den er dafür einfordert).
Die Bibel sagt, dass sich in der letzten Zeit, wenn sich Gottes Plan mit der Welt dem Ziel nähert, der Böse alle Register seiner Kunst zieht, um die Menschen zu verwirren und zu verführen, und dass es zunehmend schwieriger wird, sich zu orientieren. Deshalb dürfen wir nicht fraglos schlucken, was an Lebenshilfe und Erlösung angeboten wird. Aber wir sollen auch nicht pauschal alles verurteilen, sondern anhand der Bibel prüfen, ob "die Geister von Gott sind". Sonst könnten wir das Kind mit dem Bad ausschütten.

Heiliger Geist oder Geister?

Das ist die Frage. Jesus hat zu verschiedenen Zeiten gelehrt, wie unterschieden werden kann. In unserer Geschichte nennt er einige Kriterien. Doch ich möchte seine Grundsatzerklärung zu Beginn seines Auftretens voranstellen:
Der Geist des Herrn ist auf mir, weil er mich gesalbt hat, zu verkündigen das Evangelium den Armen,- er hat mich gesandt, zu predigen den Gefangenen, dass sie frei sein sollen, und den Blinden, dass sie sehen sollen, und den Zerschlagenen, dass sie frei und ledig sein sollen, zu verkündigen das Gnadenjahr des Herrn.
Lukas 4, 18,19 (zitiert nach Jesaia 61,1-2)

1. Jesus ist für die Armen da.

Ihm liegen, die Armen, Ausgestossenen, Kranken und Geplagten besonders am Herzen. Vor dieser Auseinandersetzung half er einem Besessenen. Es ist ein Markenzeichen von echtem, lebendigem Christentum, dass es benachteiligte Randgruppen der Gesellschaft ohne Vorbehalte liebt, als vollwertige Menschen annimmt und ihnen wie Jesus wohltut. Und das, ohne Gegenleistung oder Bezahlung zu fordern. Seine Botschaft ist die Botschaft von der Liebe, sogar zu den Feinden.

2. Jesus bringt Erlösung.

Durch ihn werden Menschen aus der Macht des Bösen herausgerissen und zum Guten verändert. Die Möglichkeit der Vergebung steht allen offen. Sogar den erbittertsten Gegnern bietet er sie an: *"Alle Sünden werden den Menschenkindern vergeben, auch die Lästerungen, wieviel sie auch lästern mögen*". Die Tür steht offen für alle, die eintreten wollen. Seine Botschaft ist eine Botschaft der Gnade: Vergebung, nicht Strafe, Geschenk, nicht Verdienst, Erlösung aus Glauben, so wie es durch die ganze Bibel bezeugt wird, nicht durch irgendein Tun oder Ritual.

3. Jesus braucht "neue Schläuche"
Jesus findet neue Wege der Verkündigung, ausserhalb der Synagoge. Er geht in die Häuser und isst mit den Sündern. Er scheut sich nicht, langjährige Bräuche, Traditionen und Wertvorstellungen in Frage zu stellen, wenn sie sich von Gottes Gnadenwillen entfernt hatten. Das war mit ein Grund für die erbitterte Feindschaft der jüdischen Geistlichkeit.
Neues ist noch lange nicht Sektiererisch. Innovation und Einfallsreichtum war schon immer ein Merkmal für lebendige Christen. Das wurde oft missdeutet und erbittert bekämpft. Ich könnte dazu viel erzählen aus den Anfängen der Heilsarmee oder von der Zeltmission. Wo der Geist weht, gibt es Veränderungen. Da hört der Streit um Formen und Verfassungen auf.
4. Jesus bezeugt sich als der Messias
Jesus ist gekommen, um die Macht des Bösen zu zerstören. Er macht daraus kein Geheimnis und nimmt den Kampf auf, buchstäblich bis aufs Blut. Er kämpft nicht *gegen* Menschen, er kämpft *um* sie, rettet sie heraus aus Besessenheit, Krankheit und andern Übeln, aber auch aus dem Irrtum falscher Frömmigkeit und Heuchelei.
Er macht deutlich, dass der oberste Teufel nicht so dumm ist, die eigenen Untergebenen zu berauben. Das wäre ja Suizid! Wenn diese Austreibungen nicht Selbstverstümmelung waren, gibt es nur eine andere Antwort: Jesus ist der Heiland der Welt und Sieger über den Satan. Wer Ohren hat und Augen im Kopf, kommt selbst darauf. Jesus ist Gottes Sohn und der einzige Erlöser der Welt.
5. Jesus hat Power (Vollmacht)
Seine Worte und Taten machten deutlich, dass göttliche Kraft durch ihn wirkte. Das überzeugte vor allem das einfache Volk. Sie sagten: Hier ist Gott am Werk! Es gibt Gottesdienste und Zusammenkünfte, wo wir spüren, da weht ein besonderer Wind. Das Singen, die Botschaft, die Gebete gehen ans Herz. Wir werden zu Gott hingezogen, das Angebot der Gnade kommt so nahe, als wäre uns Christus vor Augen gemalt. Das ist die Gegenwart des Heiligen Geistes. Sie hat oft grössere Überzeugungskraft als die gelehrtesten Worte.

Eine ernste Warnung

Durch diese und andere Zeichen der Echtheit bezeugte sich Jesus als Retter der Welt. Gegen besseres Wissen lehnten ihn die führenden Juden kategorisch ab. Als letzten Ruf zur Umkehr zeigt ihnen Jesus die Folgen solcher Verhärtung. Er nennt sie Lästerung des Heiligen Geistes. Sie besteht darin, dass ein Mensch das Werk und Wirken Gottes erkannt hat, es aber als Satanszeug hinstellt und somit den Heiligen Geist Teufelsgeist nennt. Diese Sünde kommt nicht plötzlich. Sie ist Folge von andauerndem, bewusstem Widerstand gegen den Ruf von Jesus. Er beginnt mit seiner Ablehnung und Rückweissung seiner Forderung nach Umkehr, und geht einher mit dem Pochen auf die eigene Gerechtigkeit: Die genüge, um vor Gott zu bestehen. Von da her muss sich keiner fragen oder ängstigen, ob er oder sie die Sünde gegen den Heiligen Geist begangen habe und nun hoffnungslos von Gottes Segen ausgeschlossen sei. Solche Sorge wäre ja ein Beweis der Reue. Reue wird aber vom Heiligen Geist gewirkt. Wer den Heiligen Geist lästert, weist jedoch jedes Wirken des Geistes ab.

Zwei Fragen

Auf welche Seite stelle ich mich?

Wo Jesus wirkt, scheiden sich die Geister. Es bringt wenig, herauszufinden, wer auf welcher Seite steht. Wichtig ist: Wo stehe *ich?* Die Kontroverse um Geister oder den Heiligen Geist fordert heraus zur Entscheidung. Stelle ich Jesus in Frage oder stelle ich mich auf seine Seite? Jesus führt seine Zuhörer zur Urteilsfindung: Seht die Indizien, prüft die Tatsachen, und dann entscheidet euch! "*Wer nicht mit mir ist, ist gegen mich*"[1]. Jesus und der Heilige Geist möchten überführen zum Vertrauen auf ihn. Er will uns vor den Konsequenzen der Verstockung bewahren, um uns in die ganze Fülle seiner Segnungen zu führen. So viel wert sind wir ihm.

Welcher Geist ist in unserer Kirche?

Die Juden hielten sich für die wahre Gottesgemeinschaft. Welch ein Irrtum, denn sie hatten den Heiligen Geist ausgeschlossen. Darum war diese Kirche verknöchert, gesetzlich, eine Karikatur geworden und unglaubwürdig.

Das müssen wir leider zum Teil auch von unsern Kirchen und unserm Christsein sagen. Leben und Worte sind oft kraftlos und dringen nicht durch. Wenige lassen sich überzeugen. Ist es, weil der Heilige Geist sich zurückgezogen hat? Wir haben als Kirche die Lehre vom heiligen Geist Jahrhunderte lang vernachlässigt, wenn nicht glattweg verschwiegen.

Gott sei Dank ist diese Fehlhaltung in vielen Kirchen erkannt worden. Ein Sehnen nach den Wirkungen des Geistes macht sich breit, weil wir ihn so dringend brauchen. Nun gilt es, ihn einzuladen, um sein Kommen zu bitten und um das Erfüllt werden mit ihm. Das taten die ersten Christen. Nach 10 Tagen anhaltendem Beten und Warten wurde es Pfingsten, und Tausende wurden überführt zum Glauben an Jesus.

"Wie viel mehr wird Gott den heiligen Geist geben denen die ihn darum bitten!"[2]

---

[1] Matthäus 12, 30

[2] Lukas 11, 13

Gospel Family (Gottes Familie)

16. Predigt

Und es kamen die Mutter von Jesus und seine Brüder und standen draussen, schickten zu ihm und liessen ihn rufen. Und das Volk sass um ihn. Und sie sprachen zu ihm: Siehe, deine Mutter und deine Brüder und deine Schwestern draussen fragen nach dir. Und er antwortete ihnen und sprach: Wer ist meine Mutter und meine Brüder?
Und Jesus sah ringsum auf die, die um ihn im Kreise sassen, und sprach: Siehe, das ist meine Mutter und das sind meine Brüder! Denn wer Gottes Willen tut, der ist mein Bruder und meine Schwester und meine Mutter.
Markus 3, 31-35

Dieser Bericht handelt von zwei Familien. Jesus gehört zu beiden. Das ist auch Gottes Wille für uns alle: Zur leiblichen, natürlich angestammten Familie soll die geistliche Verwandtschaft hinzukommen, die Geburt in die Gemeinschaft der Gotteskinder. Hier kommen die beiden in den Clinch. Das muss nicht sein. Gottes Plan ist, dass beide ineinander greifen und sich gegenseitig dienen.

Die Familie - Keimzelle der Heilsgeschichte

Die Bibel zeigt uns, wie die Geschichte der ganzen Menschheit (Adam und Eva), und später die Heilsgeschichte im Schoss von Familien beginnt (Noah, Abraham, Isaak und Jakob). Das Reich Gottes des Alten und des Neuen Testaments ist eng mit diesen Familiengeschichten verknüpft. Die vielen sorgfältig geführten Geschlechtsregister fallen einem ins Auge. Als Offenbarungsträger und als die Kanäle, durch die das Heil Gottes zu den Menschen kommt, werden die aufeinanderfolgenden Generationen äusserst ernst genommen So wird auch Jesus in eine Familie hinein geboren. Er erscheint nicht in der Welt als losgelöster Einzelmensch. Er nennt Josef „Vater“ und Maria „Mutter“. Wir kennen sogar die Namen seiner Brüder, die natürlichen Kinder von Josef und Maria. Als 12-Jähriger bekennt sich Jesus ausdrücklich zu seiner Familie („Er war den Eltern untertan“[1]). Und am Ende seines irdischen Lebens nimmt er die Sohnspflicht als Ältester der Familie wahr und sorgt dafür, dass Mutter Maria nicht schutzlos zurückbleibt[2].

Die Rangordnung der beiden Familien

Nie aber wird in der Bibel die Familie als die letzte, unanfechtbare Instanz gesehen. Das würde zu ihrer Vergötzung und Verabsolutierung führen. Die Familie wird nicht als Eigenwert eingestuft. Sie dient dem Reich Gottes und ist ihm unter- oder besser noch zugeordnet. Sollte es geschehen, dass die Ansprüche des Reiches Gottes und die Forderungen der Familie miteinander in der Wahl stehen, bekommt Gott immer den Vorzug, und die Familie hat zurückzutreten. Abraham verlässt seine Verwandtschaft, Jakob auch, ebenso Johannes der Täufer und die 12 Apostel. Auf den Vorwurf der Eltern „Wir haben dich mit Schmerzen gesucht“[3] antwortet Jesus: „Wisst ihr nicht, dass ich in meines Vaters Haus sein muss?“

[1] Lukas 2, 51
[2] Johannes 19, 16,27
[3] Lukas 2,48f

Die Familie kann Gläubigen zum Hindernis und zur Versucherin werden (z.B. Hiobs Frau[1]). Paulus bleibt unverheiratet, um frei zu bleiben für seinen Aposteldienst. Für den äussersten Grenzfall rät Jesus zum Verlassen der Familie: „Es ist niemand, der Haus oder Brüder oder Schwestern oder Mutter oder Vater oder Kinder oder Äcker verlässt um meinetwillen und um des Evangeliums willen, der nicht hundertfach empfange: jetzt in dieser Zeit Häuser und Brüder und Schwestern und Mütter und Kinder und Äcker mitten unter Verfolgungen - und in der zukünftigen Welt das ewige Leben"[2]. Jesus stellt die Glaubensbruderschaft über die Blutsverwandtschaft. Darum muss er das Begehren seiner Angehörigen abweisen. Er kann hart sein, wenn die Familie sich vordrängt und Vortritt vor dem Reich Gottes beansprucht! Mutter und Geschwister hatten kurz vorher (Markus 3, 21) versucht, Jesus nach Hause zu entführen, um ihn dort zu „versorgen". Sie hatten den Eindruck, er sei nicht mehr zurechnungsfähig. Bei aller durchaus gutgemeinten Besorgnis verstehen sie seinen Weg nicht. Von diesem Weg - er führt zum Kreuz - lässt sich Jesus nicht abbringen. Er gehorcht vorrangig dem Willen seines himmlischen Vaters.

Die Familie ist also notwendiger, gottgewollter Keim, und Teilzelle des Reiches Gottes. Als solche ist sie Gottes Schöpfung. Er segnet und schützt sie, sie ist geheiligter Boden. Darum ist es Kirchen- und Christenpflicht, sie zu fördern und hochzuhalten. Nur wo sich die Familie den Ansprüchen Gottes entgegenstellt oder das gläubige Mitglied aus der Gemeinschaft der Gotteskinder reissen will, muss für Gott entschieden werden. Ärgernis, Verlust oder Schmerz hin oder her: Er hat immer erste Priorität. Er wird dafür entschädigen!

Mütter, Brüder und Schwestern

Reich Gottes, also Gemeinde oder Kirche, hat Familienstruktur, sagt Jesus. Er nennt seine Nachfolger Geschwister und sogar Mutter (der Vater fehlt, weil Josef zu der Zeit wohl nicht mehr lebte). Schon in der Urgemeinde redeten sich die Christen als Brüder und Schwestern an. Viele Kirchen und Gemeinschaften haben diesen Brauch übernommen (Die heutige „Gemeinde für Christus hatte daraus sogar ihren ursprünglichen Namen „Evangelischer Brüderverein" abgeleitet). So war es in christlichen Kreisen durchaus Usus, den Mitchristen als Bruder Dätwyler oder Schwester Hartmann anzureden, und dabei wenn möglich noch in der Höflichkeitsform!

Da freue ich mich, wenn sich heute in den Gemeinden mehr und mehr das Duzen durchsetzt (sogar mit dem Herrn Pfarrer!), und wir einander schlicht beim Vornamen ansprechen. Wir nennen unsere leiblichen Geschwister ja auch nicht Bruder Rudolf oder Schwester Soundso. Also wenn Sie - oder du - bis jetzt noch nicht den Mut aufbrachten, jemandem das Du anzutragen, haben Sie jetzt einen guten Vorwand und Grund. Walter Lüscher habe es in der Predigt empfohlen, Altersvorsprung oder „Ladies first" hin oder her. Ich würde mich freuen, wenn es nach dem Gottesdienst zu ein paar neuen Duzfreundschaften käme! Bei negativen Reaktionen nehme ich gern die Schuld auf meine Kappe!

[1] Hiob 2, 9
[2] Markus 10, 29f

Die beiden Familien im Vergleich

In Struktur, Aufgaben, Zweck und Ziel gleichen sich die beiden. Es ist wie mit dem Ei und dem Huhn: Es lässt sich nicht feststellen, was zuerst war. Die natürliche Familie ist Vorbild für die geistliche und umgekehrt, die beiden Hausordnungen ebenfalls. Beide können voneinander lernen und profitieren. Darum hat die Familie, die sich in die Gemeinde hineingibt, einen immensen Vorteil gegenüber einer kirchenfernen Hausgemeinschaft. Ohne Zweifel ist die Distanz zu den göttlichen Ordnungen eine der wichtigsten Ursachen für den Zerbruch so vieler Ehen und Familien.

Zuerst die Gemeinsamkeiten:

Ein Ziel und Zweck der Familie ist die *Vermehrung.* „Seid fruchtbar und mehrt euch!" Sorgt für Nachwuchs! Ja, liebe Männer und Frauen, ihr dürft dazu fröhlich und offen schmunzeln, ohne gleich schamhaft zu erröten!

Auch der Gemeinde ist die Aufgabe des zahlenmässigen Wachstums gegeben. Gesunde Familien mit Kindern helfen dabei kräftig mit. Die Kirche soll der Ort sein, wo Menschen Jesus persönlich kennen lernen und in die Familie Gottes hinein wachsen. Durch natürliche Zeugung und Geburt wird man Familienmitglied, durch die Bekehrung und die Wiedergeburt, gewirkt vom Heiligen Geist, kommt man ins Reich Gottes hinein.

Beide Familien sind eine *Lebensgemeinschaft.* Sie sind geprägt von einer Nähe, die um einiges tiefer geht als das Duzen, weil sie alle Bereiche des Zusammenlebens umfasst bis in die körperlichen und privaten menschlichen Bedürfnisse hinein. In der Gesellschaft gibt es Tabuthemen, in der Familie nicht. Im Haus geht es auch nicht so steif und formell zu und her wie ausserhalb (ich hoffe das wenigstens; die Männer binden zum Frühstück schliesslich nicht schon die Krawatte um, und die Frauen dürfen sich noch ohne Make-up und im Morgenrock zeigen, wenn nicht sogar im Pyjama!).

In der Gemeinde geht es manchmal doch noch gehemmt bis verklemmt zu und her. Früher führte es zum Skandal, wenn der Pfarrer an einem heissen Tag zur Predigt den (unbedingt schwarzen) Kittel auszog. Bei Gesprächen endete die Themenwahl spätestens beim Herz, nicht etwa erst unterhalb der Gürtellinie. Das soll nicht sein. Auch in Gottes Familie sind wir schliesslich Menschen von Fleisch und Blut, nicht körperlose Geistwesen oder Engel. Wir freuen uns, wenn es gut duftet, etwa wenn wir zusammen bräteln oder beim Kirchenkaffee. Aber es darf auch einmal stinken! Und wir dürfen Emotionen zeigen, miteinander herzhaft fröhlich sein oder weinen, Etikette hin oder her. Ich warte noch auf den Tag, wo wir im Gottesdienst so schallend lachen, dass die Fensterscheiben zittern!

Charakteristisch für eine Lebensgemeinschaft ist die *Sorge und Verantwortung* füreinander. Nur in gegenseitigem Geben und Nehmen funktioniert die Familie. Dabei darf man keine genaue Buchhaltung über Aufwand und Gegenleistung führen. Interessanterweise wird sie dann ausgewogen, wenn man übereinkommt, Vorteil und Verzicht nicht aufzurechnen.

In der Gemeinde soll auf die gleiche Art geteilt werden. Alles gehört Gott. Wir sind nur seine Haushalter, nicht die Besitzer. Wagen wir, einander zu leihen, zu schenken, zu teilen, wie es unter Geschwistern oder in der Familie üblich ist? So kann die Gemeinde für die Singles und für die ohne Angehörigen Familienstelle einnehmen. Das ist eine unserer Aufgaben! Erst miteinander werden wir richtig reich, weil dann die verschiedensten Gaben und Talente zusammenkommen zum gemeinsamen Nutzen. Da haben wir noch viel zu entdecken. Mich freut,

dass innerhalb eines Monats über 2000 Fr. für unsere Mitbruder Dr. Emmanuel Njock in Kamerun gespendet worden sind[1].
Eine weitere gemeinsame Aufgabe ist die *Erziehung.* Es geht ums Lernen und um Ordnungen. Die sind für beide Familien in der Bibel auffällig detailliert beschrieben. In der Familie sind die Eltern und besonders der Vater für die Erziehung verantwortlich. Es wirkt sich verhängnisvoll aus, wenn diese Aufgabe auf die Schule oder Kirche abgeschoben wird.
In der Gemeinde sind die „Ältesten“, also die Kirchenpflege und die leitenden Mitarbeitenden für die „Erziehung“ zuständig. „Väter“ und „Mütter“ nehmen die Kinder nach und „ziehen sie auf“, lehren sie selbständig und verantwortlich leben, damit sie schliesslich ihrerseits wieder Verantwortung übernehmen können. Wie bei den Kindern bringt blosses (An-)Predigen wenig. Es muss vorgelebt und miteinander praktiziert werden.
Weitere Stichworte für diesen Bereich sind Leitung und Unterordnung, Verantwortung, Pflichten, Verbindlichkeit. Nicht das Herrschen oder die Rangordnung; das *Dienen* steht im Vordergrund.
Als letzten gemeinsamen Nenner möchte ich die *Loyalität zueinander* setzen. In der Familie wie in der Gemeinde ist es schlicht verboten, vor Dritten übereinander herzuziehen oder ein Mitglied schlecht zu machen. Wir nehmen einander immer in Schutz! Die Bibel braucht dafür den Ausdruck „Liebe“, die Agape-Liebe. Sie hebt sich von der körperlichen oder der durch Sympathie bedingten Zuneigung ab, indem sie bedingungslos zum Gegenüber steht und es ohne Wenn und Aber annimmt. In der Familie bleiben Kinder immer unsere Kinder. Sie sind Fleisch von unserm Fleisch. Wir bewahren ihnen unsere Liebe, auch wenn sie noch so daneben schlagen und uns wehtun sollten.
Auf dem Schulhof ist es heute leider üblich, dass die mit abstehenden Ohren, langen Nasen, die Nussknackergesichte, die Übergewichtigen und die Behinderten ausgefoppt oder geplagt werden. Kinder wie Erwachsene können in dieser Hinsicht ausserordentlich gefühllos und brutal sein. Aber in der Familie - so hoffe ich wenigstens - darf sich jedes angenommen und geborgen wissen. Dem Schwächsten gibt man sogar die meiste Zuwendung. Wenn das nicht so ist, ist etwas grundlegend faul. Genau so sollen auch in der Gemeinde die schrägsten Vögel sich akzeptiert und geliebt wissen. Das leuchtende Vorbild ist der Vater des verlorenen Sohnes. Das heisst noch lange nicht, dass wir jede Lebensweise sanktionieren oder über falsche Gewohnheiten hinwegsehen. Die bedingungslose Annahme macht eine Familie wie die Gemeinde zu einem Ort des Friedens und der Geborgenheit, zum „Zuhause“.

Die Unterschiede

Es sind zwei. Jeder Mensch gehört zu einer leiblichen Familie, aber nicht jeder zu der von Gott. Und die Mitgliedschaft bei der einen ist zeitlich begrenzt (sie hört mit dem Tod auf), die andere dauert ewig. Schon von da her ist es wichtig, sich um die zweite Mitgliedschaft zu bemühen! Was Jesus zu seiner Mutter, zu den Brüdern sagt, ist die liebevolle, dringliche Einladung an *alle* Menschen, hereinzutreten in seine Familie.

[1] Ein langjähriges Spendenprojekt der Kirchgemeinde Brittnau

Wer wird Mitglied?

Es gibt keine langwierige Adoptions- oder Selektionsprozedur. Der Anfang dazu ist, nicht draussen stehen zu bleiben, sondern schlicht und einfach hineinzukommen, sich in den Kreis der Schar um Jesus zu setzen und ihm zuzuhören. Jesus sagt zwar hier: Wer Gottes Willen tut, gehört dazu. Gottes Wille ist aber vor allem andern der Heilswille. „Er will, dass allen Menschen geholfen wird und sie zur Erkenntnis der Wahrheit kommen[1]„. Hilfe und Wahrheit finden wir bei Jesus und nur bei ihm. Bei Lukas wird das deutlicher. Er braucht in seinem Bericht über diese Begegnung statt „Gottes Willen tun" „Gottes Wort hören und tun"[2]. In der Bibel ist Gottes Wille entfaltet. In diesem Buch lässt sich die Geburtsurkunde für die ewige Familie finden! Da drin legt Gott sein Vaterherz offen, da lädt uns Jesus persönlich ein, und da lernen wir den Weg kennen, der zum wahren Leben führt. Und als solche, die sich um Jesus scharen und ihm zuhören, üben wir uns gemeinsam, das Gehörte zu tun und auszuleben. Herrlich einfach: Einfach ihm vertrauen und ihm gemeinsam nachfolgen. Beachten Sie bitte, dass es nicht heisst: „Wer seine *Gebote* hört und tut". Der Weg in Gottes Familie hinein führt über Jesus und seine Jünger.

Gottes Wille kann nicht einfach gelernt werden. Er muss im Einklang, in lebendiger und persönlicher Verbindung mit dem dreieinigen Gott gesucht und Schritt für Schritt erfragt werden. Es kann vorkommen, dass dabei sogar eindeutige biblische Gebote an die zweite Stelle gerückt werden müssen, so wie hier Jesus das vierte Gebot, die Ehrung der Eltern, übertritt. Das macht die ganze Sache nur scheinbar komplizierter. Keine Angst! Denn Jesus steht ja in der Mitte seiner Jünger, seiner Nachfolger. Er steht auch heute zu uns als Bruder, ist dir nahe. Er kennt deine Schwächen und vertritt deine Interessen. Halten wir uns an ihn, und an seine Familie! Er wird uns leiten mit seinem Geist.

---

[1] 1 Timotheus 2,4

[2] Lukas 8, 21

Der Sämann und das Ackerfeld

17. Predigt (am Familientag auf der „Fröschengülle“, einer Waldlichtung in Brittnau)

Die „Viertel“ auf der Fröschengülle

Die Fröschengülle war ursprünglich bewaldet. Später wurde dort gerodet - gereutet - und das gewonnene Ackerland in kleine Felder unterteilt. Jeder Ortsbürger hatte das Recht auf eine dieser „Reutenen“. Sie konnten bis in die 1950er-Jahre von der Gemeindeverwaltung günstig gepachtet werden. Ein solches Grundstück umfasste den vierten Teil einer Jucharte, daher auch die Bezeichnung „Viertel“. Das entspricht etwa einem grosszügigen Bauplatz für ein Einfamilienhaus, war also wesentlich mehr als ein Schrebergarten! Der Ertrag aus dem Viertel deckte den Bedarf an Kartoffeln, Rüben und Kohlgemüse, dem damals bescheidenen Speisezettel der Arbeiter- und Eisenbahnerfamilien. Er erlaubte sogar das Halten einer Kuh oder von Ziegen als Milchquelle, oder wenigstens von „Tablarkühen“ (Kaninchen) für notwendige und willkommene Fleischzugaben.

Während meiner Lehrzeit in Zofingen lernte ich noch Brittnauer kennen, die vom Viertelsystem profitierten. Meist war die Bewirtschaftung Gemeinschaftswerk der ganzen Familie. Ich könnte mir vorstellen, dass die Älteren unter uns viel darüber erzählen könnten.

Die Vergangenheit der Fröschengülle brachte mich auf den Gedanken, heute über das Gleichnis vom vierfachen Ackerfeld zu reden.

Das Gleichnis vom Sämann

Und Jesus lehrte sie vieles in Gleichnissen; und in seiner Predigt sprach er zu ihnen: Hört zu! Siehe, es ging ein Sämann aus zu säen. Und es begab sich, indem er säte, dass einiges auf den Weg fiel; da kamen die Vögel und frassen's auf. Einiges fiel auf felsigen Boden, wo es nicht viel Erde hatte, und ging alsbald auf, weil es keine tiefe Erde hatte. Als nun die Sonne aufging, verwelkte es, und weil es keine Wurzel hatte, verdorrte es. Und einiges fiel unter die Dornen, und die Dornen wuchsen empor und erstickten's, und es brachte keine Frucht. Und einiges fiel auf gutes Land, ging auf und wuchs und brachte Frucht, und einiges trug dreissigfach und einiges sechzigfach und einiges hundertfach.

Und er sprach: Wer Ohren hat zu hören, der höre!

Und als er allein war, fragten ihn, die um ihn waren, samt den Zwölfen, nach den Gleichnissen. Und er sprach zu ihnen: Euch ist das Geheimnis des Reiches Gottes gegeben; denen aber draussen widerfährt es alles in Gleichnissen, damit sie es mit sehenden Augen sehen und doch nicht erkennen, und mit hörenden Ohren hören und doch nicht verstehen, damit sie sich nicht etwa bekehren und ihnen vergeben werde.

Die Deutung des Gleichnisses vom Sämann

Und er sprach zu ihnen: Versteht ihr dies Gleichnis nicht, wie wollt ihr dann die andern alle verstehen? Der Sämann sät das Wort. Das aber sind die auf dem Wege: wenn das Wort gesät wird und sie es gehört haben, kommt sogleich der Satan und nimmt das Wort weg, das in sie gesät war. Desgleichen auch die, bei denen auf felsigen Boden gesät ist: wenn sie das Wort gehört haben, nehmen sie es sogleich mit Freuden auf, aber sie haben keine Wurzel in sich, sondern sind wetterwendisch; wenn sich Bedrängnis oder Verfolgung um des Wortes willen erhebt, so fallen sie sogleich ab. Und andere sind die, bei denen unter die Dornen gesät ist:

die hören das Wort, und die Sorgen der Welt und der betrügerische Reichtum und die Begierden nach allem andern dringen ein und ersticken das Wort, und es bleibt ohne Frucht. Diese aber sind's, bei denen auf gutes Land gesät ist.- die hören das Wort und nehmen's an und bringen Frucht, einige dreissigfach und einige sechzigfach und einige hundertfach.
Markus 4, 1-20

Saat und Ernte - ein Geheimnis
Jesus bringt Saat und Ernte mit dem Reich Gottes in Verbindung. Er ist der Sämann, das Ackerfeld ist die ganze Welt. Was sät er? - Sich selbst: Das Evangelium, die Botschaft von der Liebe Gottes und der Erlösung vom Bösen. Diese Aussaat, und was daraus wächst, ist ein Geheimnis, so wie ein Feld Geheimnisse birgt. Sogar den Augen des erfahrenen Bauern bleibt manches verborgen. Zwar sind Pflügen, Umgraben, das Hacken und Säen ganz offensichtliche, handfeste Knochenarbeit. Diesen Teil haben wir im Griff. Das Keimen, Aufgehen und Wachsen lässt sich dann aber nur beschränkt steuern. „Doch Wachstum und Gedeihen, steh'n in des Höchsten Hand“. Wer einen Garten hat, weiss das. Ich jedenfalls staune immer wieder, wie es wächst und zur Reife kommt, inklusive Unkraut!
In unserer Aufgabe ist es ähnlich. Statt des Ackers brauche ich gern den Vergleich mit dem Computer. Wir arbeiten im Kirchenteam mit „Windows“. Auf dem Bildschirm können wir die offenen Fenster anklicken und Informationen ablegen. Es gibt Zeiten, wo Menschen zu sind für das geistliche Saatgut, und andere, wo sie sich öffnen, etwa bei einer Hochzeit, Geburt, in Krankheitszeiten oder bei einem Todesfall. Impulse für solche Offenheit sind meist Erlebnisse mit der Schöpferherrlichkeit und der Güte Gottes, oder dann solche, wo wir Hilfe brauchen oder an unsere Vergänglichkeit erinnert werden. Es gilt, die Saat des Evangeliums hineinzulegen, bevor die Fenster wieder zuklappen. Ob und wann sie keimt und aufgeht, können wir dann wenig beeinflussen. Wir müssen das wie der Bauer im Lied „der Hand des Höchsten“ überlassen. Sonst könnten wir leicht zerbrechen an der Sorge um die Ernte. Was heranwächst und schliesslich reift, ist ein Geheimnis. Nur denen, die nahe um Jesus sind, gehen die Augen auf dafür. Das Geheimnis ist, dass Jesus am Kreuz sterben muss und aufersteht. Das Reich Gottes kommt nur durch seinen persönlichen Misserfolg und Untergang zum Durchbruch und zur Ernte. Nicht einmal die Jünger verstehen das, sogar ihnen muss das Verständnis dafür „gegeben“ werden.

Das Säen
Es wird deutlich, dass die Botschaft nicht nur rein akustisch verstreut wird. Jesus sät sich selbst, er opfert sich auf. Seine Lebenshingabe wird zum Samen. Christen müssen bereit sein, sich ganz zu geben für das Reich Gottes, wenn sie Frucht sehen wollen. Sie müssen Verluste hinnehmen können, und zwar rein wirtschaftlich gesehen unsinnige Verluste!
Als Bauernsohn muss ich sagen: So sät man doch nicht! Das ist ja reine Vergeudung. Die gute Botschaft erreicht uns heute in unbegrenzter Vielfalt: Auf meinem Büchergestell stehen 20 verschiedene Bibeln: Altes Deutsch, Umgangssprache, Mundart; Wort für Wort, sinngemäss oder frei übersetzt, Fotobibeln, Bilderbibeln. Ich besitze ein Computerprogramm, mit dem beliebige Übersetzungen gleichzeitig zum Vergleich auf den Bildschirm gesetzt werden können.

Dann kommt die Saat neben Gottesdiensten per Internet (z.B. www.livenet.ch), Radio (ERF) und per Fernsehen (Fenster zum Sonntag) in unser Haus. Bücher, Zeitschriften, Kassetten, CD-Roms, Alphalive-Kurse sind jedem zugänglich. Letzte Woche fand ein Töffgottesdienst statt, heute nicht ganz so exotisch unser Fröschengülle-Familientag. Gott sät verschwenderisch. Er ist risikofreudig. So gut ist er! Und er sät immer wieder und immer noch, geringer Resonanz zum Trotz.

Das Hören

Es geht um viel beim Hören und Verstehen. Kommunikation des Evangeliums ist von Gefahren umwittert. Sie geschieht in Feindesland. Eine Predigt zu hören ist gefährlicher als in einem Konzert zu sitzen! Kirchgang, Bibelstudium oder Hauskreise sind dem Teufel ein Dorn im Auge. Es gelingt ihm, viel Wortsamen weg zu stibitzen, bevor er keimen und einwurzeln kann. Es ist ein bares Wunder, wenn trotz der Tücken und Teufeleien, die beim Hören ins Spiel fallen, ein Teil des Samens auf gutes Land fällt. Auf dem Feld ist Säen ein friedlicher Vorgang. Hier aber hat es etwas Kämpferisches in sich, es ist der Zusammenstoss zweier Mächte.

Frucht

Drei Viertel vom Saatgut gehen verloren. Man könnte resignieren und jammern. Und doch bleibt Gottes Saat nie unfruchtbar. Sie reift dort, wo das Wort in unsere Herzen fällt, dort aufgenommen („bewahrt") und geduldig genährt wird. Die 30-, 60-, 100-fältige Frucht ist die Frohe Botschaft dieser Geschichte. Wer Ohren hat, der höre! Seit 2'000 Jahren wird gepredigt, seit 4'000 Jahren gibt es das Wort. Kein einziges dieser Jahre ist ohne Frucht geblieben. Es gibt kaum mehr ein Gebiet, auf das der Samen nicht fällt. Am heutigen Tag finden rings um die Erde 24 Stunden lang ununterbrochen Gottesdienste statt! Das Wort kommt nicht leer zurück. Unsere Kirchen sind Frucht, Werke mit christlichen Wurzeln wie Borna, AZB und Wendepunkt sind Frucht, unser Gottesdienst ist Frucht. Wenn Christen miteinander Gott loben und preisen, füreinander beten und einander ermutigen, das ist Frucht. Wo Menschen mit Gottes Hilfe ihre Ängste ablegen können, Hoffnung und „den einzigen Trost im Leben und im Sterben" finden, das ist Frucht. Darüber wird mir wann ums Herz.

Vor allem, weil es nur der Anfang ist. Was jetzt reift, ist erst Frühfrucht. Es ist ja immer noch Saatzeit. Die letzte grosse Ernte steht noch bevor. Wenn Gottes Plan mit den Menschen zum Abschluss kommt, wenn Jesus sein Reich aufrichtet bei seinem zweiten Erscheinen, dann werden sich alle Knie vor ihm beugen, und alle Zungen bekennen, das er der Herr ist. Wen er wiedererkennt, wird als volle Garbe heimgeführt in die grosse Scheune und nimmt am grossen Schlussfest teil. Wohl dem, der dabei ist!

Eine feuertechnische Dummheit

18. Predigt

Und er sprach zu ihnen: Zündet man etwa ein Licht an, um es unter den Scheffel oder unter das Bett zu setzen? Keineswegs, sondern um es auf den Leuchter zu setzen. Denn es ist nichts verborgen, was nicht offenbar werden soll, und ist nichts geheim, was nicht an den Tag kommen soll. Wer Ohren hat zu hören, der höre!
Und er sprach zu ihnen: Seht zu, was ihr hört! Mit welchem Mass ihr messt, wird man euch wieder messen, und man wird euch noch dazugeben. Denn wer da hat, dem wird gegeben; und wer nicht hat, dem wird man auch das nehmen, was er hat.
Markus 4, 21-25

Das "Licht"

Jesus fügt diese Sätze über das Licht unmittelbar an das Gleichnis vom vierfachen Ackerfeld. Es wird gleich ersichtlich, dass es hier wieder um das Reden und Hören des Evangeliums geht. Dort sind es die Samenkörner gewesen, hier die brennende Kerze oder eine Fackel. Beide Male braucht Jesus etwas Lebendiges als Bild für die göttliche Botschaft, etwas das wächst, sich ausbreitet und multipliziert.
Licht wird in der Bibel oft im Zusammenhang mit Predigt oder dem biblischen Wort gebraucht. So *zum Beispiel im* bekannten Psalmvers *"Dein Wort ist Leuchte meinem Fuss und ein Licht auf meinem Wege"*[1].Der Evangelist Johannes braucht es als Bild für die Leib und Blut gewordene Botschaft der Liebe Gottes, für Jesus selbst. *"Das Licht kam in die Welt. Es scheint in die Finsternis, und die Finsternis hat es nicht erfasst"*[2].
Nachdem das Licht in die Welt gekommen ist, scheint es. Es kann nicht ausgelöscht werden. Wie ein Samenkorn keimt und wächst, so brennt und leuchtet dieses Licht. Wir müssen es nicht zum Scheinen bringen. Es hat in sich selbst Kraft, und was für eine Kraft!

Das Licht unter dem Scheffel

Aber mit dem Licht kann etwas Bedauerliches, Bestürzendes geschehen. Statt es auf den Leuchter zu stecken, wo es hingehört, kann man es unter einen Kübel, ja gar unter ein Sofa stellen! Das ist ausgesprochen dumm. Niemand tut etwas derart Unsinniges, jeder würde sich darüber an den Kopf greifen.
Aber etwas derart Kreuzdummes können die Gläubigen tun! Wenn schon dumm und kopflos gehandelt werden soll, besorgen wir Christen das offenbar besonders gründlich. Die Kinder der Welt sind eben klüger als die Kinder des Lichts[3] .
Was niemand tut, dazu ist die Kirche fähig. Und das Licht muss es sich gefallen lassen, dass man es dämpft, abschirmt, oder gar wegräumt und versteckt, dass man es mit farbigen oder matten Scheiben abdeckt, so wie im andern Gleichnis der Knecht das anvertraute Pfund in seinem Schweisstuch verbarg [4].

---

[1] Psalm 119,105
[2] Johannes 1,5
[3] Lukas 16,8
[4] Lukas 19,20

Es gibt mancherlei Arten, um Gottes Wort unter den Scheffel oder unters Bett zu stellen. Gesellschaftliche, wissenschaftliche, ästhetische, ideologische, wo man es nur rot oder grün scheinen lässt, oder auch nur das Politische durchlässt. Das Wort kann richtiggehend vergewaltigt werden. Man filtert aus Gründen der Rücksichtnahme umstrittene Stellen heraus und zitiert nur die angenehmen, erbaulichen, oder die Seiten, die einem besonders passen. Es ist heute Mode geworden, sogenannte Wohlfühlgottesdienste anzubieten. Es wird nur noch gesagt und gemacht, was gefällt und Spass macht. Man will doch kundenfreundlich und trendig sein! Und ja niemanden auf die Hühneraugen treten.
Wenn das aber auf Kosten der Wahrheit geht, ist es falsch. Damit produziert man eine Art Schummerlicht, in dem man sich bequem entspannen kann, es jedem wohl ist und wo man wenn möglich noch sanft einschlummert. Das direkte Licht könnte ja unangenehm blenden. Es bringt eben manches ins Offene, das einen aus der Ruhe aufscheuchen könnte.

Von Natur aus sind wir lichtscheu

Die meisten Abschirmungen und Abschwächungen des göttlichen Lichtes sind menschliche Schutzmassnahmen und Sicherungsversuche. Wir empfinden Gottes Botschaft als scharf und verletzend. Von Natur aus wollen wir uns gegen ihren Einbruch und Angriff schützen. Wir möchten in Ruhe gelassen werden.
Wer aber meint, damit der Gefährlichkeit des Wortes ausweichen zu können, täuscht sich. Solche Schutzmanöver sind nicht nur dumm; sie sind aus feuertechnischen Gründen geradezu fahrlässig. Selbst der einfachste Feuerwehrmann weiss, dass früher oder später das ganze Haus in Brand steht, wenn man ein offenes Licht zudeckt oder gar unter ein Bett stellt. Es gehört auf den Tisch oder auf den Leuchter.
Gottes Licht abzuschwächen ist gefährlich. Wer es tut, schafft gerichtsreife Situationen. Wer das Halbdunkel mehr liebt als das klare Wort, wer mit Fleiss vermeidet und verhütet, dass es aufdeckt und reinigend wirken kann, indem es Verhältnisse und Personen verändert, der wird es früher oder später mit dem Gerichtsfeuer zu tun bekommen.

Das Licht leuchtet unaufhaltsam

Das Licht leuchtet und brennt nämlich, ob es uns gefällt oder nicht. Es verbergen oder zudecken bringt nichts! Jesus bringt dies mit dem nächsten Satz auf den Punkt: "*Es ist nichts verborgen, das nicht an den Tag kommt, auch nichts Heimliches*". Eine ernste Warnung! Das Wort bringt es an den Tag. Es gelingt auf die Dauer nicht, vor ihm zu fliehen oder etwas zu verheimlichen. Das müssten sich alle merken, die es herabspielen, die es besser zu wissen meinen, oder auch die, welche es nicht riechen mögen oder es offen bekämpfen. Jesus macht hier unmissverständlich deutlich, dass niemand, auch gar keiner der Abrechnung ausweichen kann.
Auf Verbote und Verfolgung reagiert Gottes Wort, indem es erst recht lebt und scheint. Es ist nicht auszublasen! Das hat schon der weise Gamaliel[1] gewusst, und ist durch die 2000 Jahre Kirchengeschichte hundertmal bewiesen worden.

---

[1] Apostelgeschichte 5, 34 - 39

Deckmäntel

Aber die häufigere Form, Gottes Wort zu hemmen und abzublocken, kommt nicht von der ungläubigen, sondern von der gläubigen Seite her. Das ist zwar seltsam und widersinnig, aber es ist leider so. Und denken Sie nun nicht, ich wolle Sie nun von oben herab abkanzeln. Als ich diesen Predigttext bewegte und darüber nachsann, hat er mich selbst tief getroffen (Wenn das nicht so wäre, bräuchte ich gar nicht erst vor euch hinzustellen). Wir Christen können dem Wort Gottes mehr im Weg stehen als alle Bibelkritiker, Atheisten und extremen Moslems zusammen.

Es geschieht dann, wenn das Wort uns zum toten Buchstaben wird. Es ist dann ein lebloses Erbe, eine blutleere Tradition ohne Konsequenzen und ohne Wagnis. Dann gilt die Warnung, die Markus gleich doppelt ausspricht: "*Wer Ohren hat, der höre gut!"* und *"Seht zu, gebt acht darauf, was ihr hört!"* Man kann hören und hören. Es annehmen und beherzigen, oder eben verdunkeln oder gar aus den Augen und aus dem Sinn rücken. Nur wenn wir ganz nahe bei Jesus sind, und nahe sein wollen, stehen wir im Licht.

Das Licht zum Leuchten bringen

Ich habe jetzt viele Worte über den Scheffel und das Bett verloren. Eher negative und unproduktive Gedanken, weil es ja ein ausgesprochener Blödsinn ist, so zu handeln. Genug davon! Zurück zur Kerze oder zur Fackel! Jesus schliesst seine Gedanken über das verdeckte und versteckte Licht mit zwei positiven Sätzen ab. Die wollen wir mit nach Hause nehmen. *"Mit welchem Mass ihr messt, wird man euch wieder messen, und man wird euch noch dazugeben. Denn wer da hat, dem wird gegeben; und wer nicht hat, dem wird man auch das nehmen, was er hat".*

1.) Zuerst einmal kommt es darauf an, das Wort zu *haben.* Man kann nämlich auch meinen, man habe, und hat in Wirklichkeit doch nicht. Wo Jesus ist, und wo wir auf ihn hören und ihm nachfolgen in Treue und Gehorsam, da bekommen wir es, und bekommen es recht. Er ist das Licht der Welt!

2.) Was wir bekommen haben, sollen wir nicht für uns behalten und horten. Man kann in Sachen Glauben nur haben, wenn man gibt, und nur besitzen, wenn man verliert. Wer den Glauben nicht braucht, bei dem nimmt er ab. Wer aber will, dass er zunimmt, der muss ihn weitergeben. *"Lasst euer Licht leuchten vor den Leuten, damit sie eure guten Werke sehen und den Vater im Himmel preisen"*[1]. Lasst mich noch klarstellen, dass es dabei nicht in erster Linie darum geht, mit Bibelsprüchen um sich zu werfen, sondern danach zu handeln. Zum Predigen gehört das Ausleben des Wortes in Gottes Dienst und in der Diakonie am Mitmenschen.

Ohne Umsatz läuft eine Firma bankrott. Bei vielen Christen und Kirchen ist das Lager zu gross. Sie müssten anfangen, ihren Besitz abzustossen. Eine reich werdende Kirche steht immer in Gefahr, Substanz zu verlieren. Die Gemeinde hingegen, die freiwillig arm wird, weil sie mit vollem Mass austeilt, kann gesegnet werden mit Wortzuwachs. In solch selber gewählter Armut kann das Wort der Bibel wieder hörbar, lebendig und aktuell werden. Ganz gleich, ob sie aus grosser Hingabe komme oder weil sie beraubt worden ist durch Verfolgung oder andere Not, was auf den ersten Blick als Verlust erscheint, wird Gewinn.

Wie rechnen wir? Es ist eine Sache des Vertrauens!

---

[1] Matthäus 5,15

Gott lässt wachsen!

19. Predigt

Und er sprach: Mit dem Reich Gottes ist es so, wie wenn ein Mensch Samen aufs Land wirft und schläft und aufsteht, Nacht und Tag; und der Same geht auf und wächst - er weiss nicht, wie. Denn von selbst bringt die Erde Frucht, zuerst den Halm, danach die Ähre, danach den vollen Weizen in der Ähre. Wenn sie aber die Frucht gebracht hat, so schickt er alsbald die Sichel hin; denn die Ernte ist da.
Und er sprach: Womit wollen wir das Reich Gottes vergleichen, und durch welches Gleichnis wollen wir es abbilden? Es ist wie ein Senfkorn: wenn das gesät wird aufs Land, so ist's das kleinste unter allen Samenkörnern auf Erden; und wenn es gesät ist, so geht es auf und wird grösser als alle Kräuter und treibt grosse Zweige, so dass die Vögel unter dem Himmel unter seinem Schatten wohnen können.
Und durch viele solche Gleichnisse sagte er ihnen das Wort so, wie sie es zu hören vermochten. Und ohne Gleichnisse redete er nicht zu ihnen; aber wenn sie allein waren, legte er seinen Jüngern alles aus.
Markus 4, 26-34

Automatisch!

„Wir pflügen und wir streuen den Samen auf das Land. Doch Wachstum und Gedeihen steh‘n in des Höchsten Hand“[1]. Jesus spricht wie im Gleichnis vom vierfachen Ackerfeld und dem Bild vom Licht unter dem Scheffel über die Wirkung des Evangeliums. Als ich die beiden kleinen Gleichnisse des heutigen Predigtabschnitts im Urtext las, stach sofort ein Wort heraus: „von selbst“ wächst die Saat. Wörtlich heisst es dort „automatisch“. In der Natur und auch für die Gemeinde hat Gott Jahrtausende vor unserer Technik modernste und rationellste Produktionsmethoden erfunden. Automatisch, das heisst von selbst. Samenkörner im Boden haben eine unwiderstehliche Kraft in sich. Das Evangelium hat dieselbe Kraft, weil Gott dahinter steht und es sein Wort ist. Er lässt es nicht verderben. Sein Licht lässt sich nicht verdunkeln, und die Predigt verhallt nicht ungehört. Sie wird bewahrt, schlägt Wurzeln und treibt Frucht. Niemand kann das verhindern. Es ist dies ein Schöpfungswunder wie Saat und Ernte.
„Den Seinen gibt‘s der Herr im Schlaf[2]„, heisst es im Psalm. Und mancher, der sich für Gottes Sache einsetzt, spricht nach, was Jesus seinen Jüngern in den Mund legte: „Wir sind unnütze Knechte, wir haben nur das getan, was wir zu tun schuldig waren[3]„.

Unsere Aufgabe ist das Säen...

Dass Ernte ein Geschenk des Himmels ist, ist sich jeder bewusst. Wer Saat und Ernte im Kreislauf miterlebt, dem muss das Geheimnis der Schöpfung einsichtig sein, wenn er nicht blind ist. Die Frucht wächst dem Bauern im Schlaf zu, ohne dass er selbst daran denken muss. Wie schnell entwickelt sich die grünende Saat! Im Frühsommer sieht man die Halme schier täglich wachsen. Und doch, die Mühelosigkeit des Wachsens ist nur eine Seite der Medaille.

---

[1] Reformiertes Gesangbuch 540
[2] Psalm 127, 2
[3] Lukas 17, 10

Die Kehrseite sieht anders aus. Man darf den bäuerlichen Einsatz, die Mühe und Arbeit nicht ausklammern.
Bei allem Freuen über das, was Gott „automatisch" wachsen lässt, steckt eine Investition dahinter; sei es in Landwirtschaft und Garten, übrigens auch in jeder andern Arbeit, oder im Christenleben. Ein Glaube, der sich zur Ruhe setzt und dem lieben Gott die Welt so überlässt, dass man in einer selbstgefälligen Frömmigkeit sich nur gegen sie abschirmt, statt sie für Christus zu erobern, hat seinen Lohn dahin. Der Glaube macht nicht weltflüchtig, sondern welttüchtig.
Wir dürfen Gott viel zutrauen und wir wissen vom Geheimnis der selbst wachsenden Saat. Aber wir haben doch den Auftrag, den Boden dafür zu bestellen und anzusäen. Sonst kann es weder zum Keimen, geschweige denn zur Ernte kommen. Den ausgestreuten Samen freilich können wir getrost liegen lassen...

...und das weitere Gott überlassen

Dafür gibt Jesus ein leuchtendes Beispiel. Er hatte hohe Ziele und musste dazu noch gegen grossen Widerstand ankämpfen. Und doch kann er ohne Hetze und Sorgen in Frieden und Gelassenheit seine Tage leben. Warum? Weil er die Saat Gott anvertraut. Jetzt wirkt er. Er investiert sich selbst bis zum Letzten. Bald kommt die Zeit, wo seine Verantwortung und Arbeit getan ist und er den Acker sich selbst überlassen muss. Müsste sein gewaltsamer Tod nicht die Zerstörung oder das Ende seines Werkes bedeuten?
Das Wissen und der Entschluss, die Saat ruhen zu lassen, bewahrt vor Ungeduld und glaubensloser falscher Hast. Es nimmt den Arbeitsdruck weg und legt Frieden in mein Tagwerk, weil nicht alles vom Mass meines Einsatzes abhängt. Gott bleibt still am Wirken. Er übernimmt die weitere Verantwortung. Sein Reich wächst durch die ihm eigene Kraft, nicht durch die meine. Die Kraft des Evangeliums lässt mein kleines Senfkorn wachsen zu einem grossen Baum! Ich kann nur daneben stehen und staunen.
Das Wachstum der Sache Gottes hat seine eigenen Regeln. Er schenkt Leben, er wirkt schöpferisch, er gibt Frucht zu seiner Zeit. Die Arbeit ist nicht umsonst, auch nicht der unscheinbarste Beitrag. Die Ernte kommt, und Gottes Herrlichkeit wird sichtbar werden.

Wie finde ich die Balance?

Es braucht beides, den Ernst, die Verantwortung und Treue beim Ackern und beim Säen, und die im Glauben ruhende Zuversicht, die Gott das Weitere zutraut. Arbeitseifer allein kann die Ruhe vertreiben. Eine einseitige Ruhe kann Vorwand zur Trägheit werden. Fragt sich nun: Wo ist die Balance? – Diese und ähnliche Fragen kamen beim Erzählen wohl den Jüngern hoch. Deshalb nahm sie Jesus nachher beiseite. Sie fragten ihn, und er erklärte es ihnen. So dürfen wir es auch machen. In die Stille gehen, ihn suchen, dann wird er uns Weisung geben, was dran ist und was nicht, wo wir ruhen sollen und wo nicht. Es kann dies durch ein Wort aus der Bibel, durch einen Eindruck, oder auch durch den Zuspruch eines andern Jüngers geschehen. Gott hat viele Wege! Wer das im Sinn behält, kann in heiliger Sorglosigkeit und Zuversicht durchs Leben gehen.

Das nur nebenbei. Der Nachdruck der beiden Gleichnisse liegt darin, dass Gott aus kleinen und oft geringen, ja unbedeutenden Versuchen des Säens Grosses wachsen lässt. Da hat jeder von uns eine Chance. Ist das nicht zum Staunen? Ich möchte eine Geschichte dazu erzählen, und nachher das Mikrofon freigeben für Beispiele, die Sie selber erlebt haben.

Ein Beispiel aus unserer Zeit

„Stelle dich mit gestrecktem Arm hin, drehe dich langsam um 360 Grad und bete für alles, was du durch die Finger deiner Hand siehst."

Dies war die Technik des halbgebildeten Jiangsu-Bauern namens Lo, der jeden Abend auf dem Damm neben seinem Reisfeld zu stehen pflegte. Eine Hacke über der Schulter streckte er jeweils einen Arm aus, spreizte die Finger und drehte sich langsam um seine Achse. Barfuss, mit schmutzigem Hemd und seiner bis zu den Knien aufgerollten Hose bot er einen merkwürdigen Anblick. Anfangs dachten die Nachbarn, er mache eine Art Qigong-Übung, doch eine Gruppe junger Burschen, die sich einmal an ihn heranschlich, hörte, wie er laut betete. Er betete für alles, was er vor seinen Fingern sah.

Er sah die Felder seines Nachbarn und betete: „Herr, segne meinen Nachbarn, und gib ihm eine gute Ernte". Er sah den Wasserbüffel eines Freundes und betete: „Herr, erhalte dieses Tier gesund und kräftig: Es ist so wichtig für meinen Freund". Er sah in der Ferne Rauchwolken aus dem Steinbruch aufsteigen: „Herr, beschütze alle Leute dort mit dem vielen Dynamit. Mach, dass jeder Stein aus deiner Erde zum Schaffen von Häusern dient". Er drehte sich weiter und sah die zerbrochenen Fensterscheiben der Glasfabrik: „Herr, beschütze alle Frauen in dieser Fabrik und lasse sie dich bei ihrer Arbeit erfahren". Er betete für alles, was er durch die Hand sah, egal ob es sich um Bewohner eines Hauses, den Besitzer eines Feldes, ein Tier oder sogar um Bäume und Dämme handelte; er betete, dass sie blühten und stark bleiben würden.

Herr Lo war der einzige Christ in dieser Gegend, und seine Nachbarn wunderten sich über sein Beten. Da sie jedoch wussten, dass er nicht sehr gescheit war, hielten sie ihn für ein bisschen verrückt. Mit 51 Jahren starb Herr Lo an einem Herzinfarkt. Er hatte keine Familie gehabt. Allmählich brach ein Unglück ums andere über die Gegend herein. Bei einer Explosion im Steinbruch wurden vier Männer getötet. Eine junge Frau verlor bei einem Unglück in der Glasfabrik einen Arm. Der Wasserbüffel eines Bauern lief Amok und zerstörte wichtige Bewässerungskanäle. Schliesslich war so viel Unglück geschehen, dass sich die Dorfbewohner versammelten und sagten: „Diese Unfälle geschehen, weil Lo nicht mehr für uns betet. Wir wissen von unseren Kindern, dass während er betete, niemand zu Schaden kam und die Ernte stets reichlich ausfiel". Sie sprachen bis spät in die Nacht hinein und beschlossen herauszufinden, zu welchem Gott er betete. Jetzt bedauerten es die Dorfbewohner, nicht mehr Interesse für Herrn Los Glauben bekundet zu haben. Um eine Antwort auf ihre Frage zu finden, zündeten sie bei einem lokalen Götzenaltar, auf dem die Statue eines alten Kriegers stand, Räucherstäbchen an. Merkwürdigerweise fiel die Statue ständig herunter. Während einer ganzen Woche fanden sie die Statue jeden Morgen mit dem Gesicht im Dreck liegen. Schliesslich ging ihnen ein Licht auf: „Der Gott fällt immer in die gleiche Richtung". Und tatsächlich zeigte der Kopf der Statue immer auf das einstige Haus von Herrn Lo. So gingen sie zum Haus hinüber, in dem nun eine Familie lebte, und begannen zu suchen. Nach einiger Zeit rief jemand: „Ich habe etwas gefunden!" und zog ein kleines Buch unter dem Dach hervor. Sie brachten das Buch zur Statue, zündeten noch mehr Räucherstäbchen an und fragten sich, was wohl geschehen würde.

An diesem Tag kam ein junger Evangelist in die Gegend. Er begann, auf den Feldern zu predigen: „Lasst mich euch von Jesus Christus erzählen, Brüder“, begann er, kam jedoch nicht weiter, da ihn eine Reihe von Männern an Armen und Beinen packten und sagten: „Was fällt dir eigentlich ein, mit deiner Abgötterei hierher zu kommen“. Doch als sie beim Altar vorbei kamen, hörten sie einen lauten Aufprall, gefolgt von Wehgeschrei. Sie liessen den Evangelisten fallen und stürzten zum Altar. Die Statue war erneut heruntergefallen, diesmal auf das Bein einer jungen Frau. Während die Männer sich mühten, um die Frau zu befreien, war der Evangelist aufgestanden und nähergekommen. Als er zum Altar kam, rief er: „Das ist ja eine Bibel, wo habt ihr die her?“ Als er Herrn Los Buch auflas, starrten ihn die anderen an und fragten: „Kennst du dieses Buch?“ - „Natürlich“, antwortete er, „es ist das Buch über Jesus Christus, dem grössten Gott, der Gebete wie niemand sonst erhört“. Keine anderen Worte hätten in den Ohren der Dorfbewohner süsser geklungen. „Dieses Buch gehörte einem unserer Mitbürger“, erklärten sie. „Wir hielten ihn für verrückt, aber wir haben gesehen, dass seine Gebete sehr wirkungsvoll waren. Bitte erzähle uns von diesem Gott!“
Der Evangelist klopfte sich den Staub aus den Kleidern und begann zu sprechen. Er bemerkte, dass sein Daumen immer noch an einer bestimmten Stelle in der Bibel war, an der sich das Buch geöffnet hatte, als er es aufnahm. Und nun staunte auch der Evangelist: Es hatte sich bei 1. Samuel Kapitel 5 geöffnet, wo der Philister-Gott Dagon vor der Bundeslade Gottes auf sein Gesicht fiel. „Noch nie habe ich einen treffenderen Predigttext gehabt“, strahlte er nachher. Die Dorfbewohner, die heute alle Christen sind, fügen bei: „Unsere Ernten sind wieder besser geworden, und es geschehen weniger Unfälle“. Am schönsten ist jedoch, dass das Vermächtnis des Herrn Lo weiter lebt: Jeden Abend bei Einbruch der Dunkelheit stellen sich 10 bis 15 Leute auf die Dämme. Sie strecken einen Arm mit der Handfläche nach aussen, spreizen die Finger, drehen sich langsam im Kreis und beten leise vor sich hin. Und jede Person trägt eine Hacke über den Schultern - zu Ehren von Herrn Lo.
Quelle: Offene Grenzen/Open Doors

Eine herrliche Geschichte, nicht wahr?

Sind Christen Verlierer?

20. Predigt

Die Stillung des Sturmes

Und am Abend desselben Tages sprach er zu ihnen: Lasst uns hinüberfahren. Und sie liessen das Volk gehen und nahmen ihn mit, wie er im Boot war, und es waren noch andere Boote bei ihm. Und es erhob sich ein grosser Windwirbel, und die Wellen schlugen in das Boot, so dass das Boot schon voll wurde. Und er war hinten im Boot und schlief auf einem Kissen. Und sie weckten ihn auf und sprachen zu ihm: Meister, fragst du nichts danach, dass wir umkommen?
Und er stand auf und bedrohte den Wind und sprach zu dem Meer: Schweig und verstumme!
Und der Wind legte sich, und es entstand eine grosse Stille.
Und er sprach zu ihnen: Was seid ihr so furchtsam? Habt ihr noch keinen Glauben?
Sie aber fürchteten sich sehr und sprachen untereinander: Wer ist der? Auch Wind und Meer sind ihm gehorsam!
Markus 4 35-42

Letzthin entdeckte ich einen ärgerlichen Schaden am Auto. Die Heckscheibenheizung war defekt. Drei der Drähte waren unterbrochen. Es war ein Drittschaden. Ich telefonierte um einen Kostenvoranschlag. Es zeigte sich, dass der Selbstbehalt der Haftpflichtversicherung den Schaden knapp decken würde. Es lohnte sich also kaum, ihn zu melden. Ungefragt kam dann der Vorschlag, ich könnte es der Teilkasko unterjubeln. Man könnte angeben, ein Stein sei in die Heckscheibe geschleudert worden. - Ne danke, sagte ich, ein sauberes Gewissen ist mir mehr wert!
Hinterher dachte ich: Als Christ stehst du manchmal ganz dumm da. Den Jüngern mag es ähnlich zumute gewesen sein. Als sie in den Sturm gerieten, sahen sie jedenfalls auch wie Verlierer aus.

Einsteigen bitte!

Jesus lädt die Jünger ein, mit ihm ans andere Ufer des Sees zu fahren. An dieser Fahrt wird sichtbar, was es heisst, mit ihm durchs Leben zu gehen. Matthäus erzählt an dieser Stelle, wie zwei noch im letzten Augenblick werweissen, ob sie mitfahren oder nicht. Den einen warnt Jesus mit dem Wort von den Vögeln, die Nester, und den Füchsen, die Höhlen haben, aber er besitzt nicht einmal ein Bett, auf das er seinen Kopf legen kann. Der andere wollte mit, aber erst nach dem Begräbnis seines Vaters.
Beide steigen nicht ein. Sie fahren nicht mit. Aber die Jünger tun es.
Das ist Nachfolge. Hier das Festland, dort das Boot mit Jesus drin. Ein Schrittlein, und man ist mit ihm im Fahrzeug. Oder man lässt es sein, und bleibt zurück. Nachfolge ist Entscheidung. Sie besteht aus Schritten, aus kleinen Schrittlein meistens. Man steigt ein, wird mitgenommen, und es trägt!
Nachfolge ist kein harter Befehl, kein ‚Vorwärts marsch!‘ im Stechschritt. Jeder Zwang zu dieser Entscheidung wäre falsch. Jesus lädt freundlich ein. Er bietet Gelegenheit zum Mitkommen. Man kann diese Gelegenheit annehmen oder nicht. Die Taufe ist auch eine solche Einladung. Ich möchte behaupten, alle von uns hatten schon Chancen, wo ein Boot am Ufer lag und die Einladung erging. Wenn noch nicht, dann heute! Sich Jesus anschliessen ist so

einfach: Ein Schrittlein, ein Kinderschrittlein. Für Kinder gibt es ja nichts Schöneres, als mitfahren zu dürfen. Wie leuchten dann ihre Augen! Nachfolge ist eher ein Geschenk Gottes als eine Leistung unsererseits.

Der Sturm

Nun waren sie unterwegs. Nach dem anstrengenden Tag schlief Jesus. Mitten auf dem See brach ein Sturm los. Wirbelwinde schlugen Wellen ins Boot. Es begann zu sinken. Man soll niemand zum Einsteigen überschwatzen. Die Entscheidung zur Lebensreise mit Jesus muss in Freiheit fallen: Der Anfang mag schön sein, doch früher oder später muss man mit Gegenwind rechnen!

Die Zurückgebliebenen haben es jedenfalls ruhiger und sicherer. Sie haben sogar das Gefühl, nicht die Dummen zu sein. Es gibt eben einen, der keine Freude hat, wenn einer mit Jesus einsteigt, und ihn mit allen Mitteln zurückhalten will. Wer eine glatte Fahrt begehrt, bleibt besser an Land!

Weil Nachfolge leicht Unruhe und Kalamitäten nach sich zieht, wird sie oft als Entscheidung gegen die Vernunft, sogar als Überspanntheit belächelt. Wer Pro und Kontra kühl kalkuliert, kommt leicht zum Schluss: Ich steige nicht ein! Der Entscheid für Jesus wird selten aus Vorsicht oder überlegender Klugheit getroffen. Um darauf einzugehen braucht es immer ein Stück kindlichen, impulsiven Handelns.

Der Retter

Dass Jesus schläft, während die andern gegen den Sturm kämpfen, stört die im Schiff. Ich frage mich, wie er das konnte! Aber solche Stunden erlebt jeder Christ. Man hat den Eindruck, alle Teufel seien hellwach, aber die Engel samt und sonders im Bett. Gott selber schlafe! In dieser verzweifelten Lage sehen sich die Jünger. Sie denken, das Ausruhen ihres Meisters sei eine gefährliche Unvorsichtigkeit. Deshalb wecken sie ihn mit dem Vorwurf „Fragst du nichts danach, dass wir umkommen?“ - Haben Sie sich auch schon so gefühlt?

Dann ging alles sehr schnell: Er steht auf, befiehlt den Wellen und dem Wind, und im nächsten Moment wird es still. In die Stille hinein sagt er: Warum habt ihr so Angst? Habt ihr keinen Glauben? Könnt ihr mir nicht vertrauen?

Wisst ihr, wenn Gott handelt, sehen wir gewöhnlich nicht wie Helden aus. Dann sind wir klein; unnütze, kleine Knechte! Diese Geschichte hat ja der grosse Petrus dem Markus erzählt. Er verschweigt den Tadel seines Meisters nicht. Wären solche Examen nicht Gnadenstunden, würden wir alle durchfallen. Erst hinterher gehen uns die Augen auf, dass Jesus trotz dem Schlafen die Sache im Griff hat.

Soll man nicht besser am Ufer bleiben?

Wenn es so steht mit dem Christsein, dass der Sturm uns durchschüttelt, Todesangst uns schreckt, man sich als Verlierer vorkommt wie ich mit der kaputten Heckheizung, und nachher erst noch blöd da steht und Schelte bekommt – wäre es dann nicht klüger, gar nicht erst einzusteigen?

Werden da nicht die Vorsichtigen triumphieren? Solches passiere eben auf dem Trockenen nie, dass man in einen Windwirbel gerät und um sein Leben schreien muss.

Aber es ist gerade der tiefste Sinn der Nachfolge, dass wir erkennen, wie es um uns steht. Wer vorsichtig hinter dem Ofen hocken bleibt, kommt nie an seine Grenzen. Wenn wir klein, schwach und hilflos dastehen, erst dann wird Gottes Macht und Herrlichkeit sichtbar. Wo wir am Ende sind, kann er anfangen. Wer am sichern Ufer bleibt, kommt zwar nicht in den Sturm und steht nicht als Versager da, aber er sieht und erlebt auch nicht, was dort die Jünger erleben: „Er stand auf und befahl dem Wind und dem Wasser, und sie gehorchten ihm!"

Und wenn sie doch untergegangen wären?

Wenn die Windwirbel das Schiff umgeschlagen hätten? - Lange nicht alles, was um Jesus und die Kirche passiert, schliesst mit einem Happy-end ab. Würde ich das behaupten, wäre es ein Schwindel. Ja, was dann, wenn das Schiff kentert? Wenn der Kranke, für den wir so gebetet haben, doch nicht gesund wird? Wenn der Versuch, Frieden zu machen, missrät, es nicht zur Versöhnung kommt und ein Scherbenhaufen bleibt? Wenn scheinbar alle Wege blockiert sind und man nicht mehr weiter weiss?

So haben es dann tatsächlich später die Jünger erlebt, und waren total enttäuscht und am Boden zerstört. Der Sturm wurde tatsächlich Meister. Weit und breit trieb weder Planke noch Brett, an die sie sich hätten klammern können. Der Schiffbruch ihres Jesus war perfekt, ein totaler Untergang. Alles Schreien und Wehren nützte nichts mehr. Er wird schlafen, einen schrecklichen Schlaf, aus dem wir Menschen sonst nicht mehr aufwachen.

So wie am Karfreitag ist es mit Gottes Sache schon oft gegangen. Totaler Schiffbruch, und Gott schläft dabei, weit weg und deshalb klein, wie auf dem Bild von Sieger Köder zu unserm Text. Die einen machen noch Schadensbegrenzung und schöpfen Wasser, sehen dabei zum Himmel auf. Der andere rudert verzweifelt weiter, obschon das Blatt längst abgebrochen ist. Aber da, wo alle unsere Schritte, auch unsere Nachfolgeschritte uns auf die Verliererstrasse, in die Katastrophe führen müssen, da tut Jesus den einen entscheidenden Schritt, heraus aus dem Grab in den Ostersieg.

„Sie fürchteten sich und verwunderten sich. ‚Wer ist dieser?'" Nicht nur Wind und Meer werden gebändigt. Bald werden wir sehen, wie ihm sogar die Teufel gehorchen müssen. Wer ist dieser?

- Er war doch richtig und hat sich gelohnt, dieser Schritt ins Schifflein!

Wiederhergestellte Menschenwürde

21. Predigt

Die Heilung des besessenen Geraseners.

Und sie kamen ans andre Ufer des Sees in die Gegend der Gerasener. Und als Jesus aus dem Boot trat, lief ihm alsbald von den Gräbern her ein Mensch entgegen mit einem unreinen Geist, der hatte seine Wohnung in den Grabhöhlen. Und niemand konnte ihn mehr binden, auch nicht mit Ketten; denn er war oft mit Fesseln und Kette gebunden gewesen und hatte die Ketten zerrissen und die Fesseln zerrieben; und niemand konnte ihn bändigen. Und er war allezeit, Tag und Nacht, in den Grabhöhlen und auf den Bergen, schrie und schlug sich mit Steinen.

Als er aber Jesus sah von ferne, lief er hinzu und fiel vor ihm nieder und schrie laut: Was willst du von mir, Jesus, du Sohn Gottes, des Allerhöchsten? Ich beschwöre dich bei Gott: Quäle mich nicht! Denn er hatte zu ihm gesagt: Fahre aus, du unreiner Geist, von dem Menschen! Und er fragte ihn: Wie heisst du? Und er sprach: Legion heisse ich; denn wir sind viele.

Und er bat Jesus sehr, dass er sie nicht aus der Gegend vertreibe. Es war aber dort an den Bergen eine grosse Herde Säue auf der Weide. Und die unreinen Geister baten ihn und sprachen: Lass uns in die Säue fahren! Und er erlaubte es ihnen. Da fuhren die unreinen Geister aus und fuhren in die Säue, und die Herde stürmte den Abhang hinunter in den See, etwa zweitausend, und sie ersoffen im See.

Und die Sauhirten flohen und verkündeten das in der Stadt und auf dem Lande. Und die Leute gingen hinaus, um zu sehen, was geschehen war, und kamen zu Jesus und sahen den Besessenen, wie er dasass, bekleidet und vernünftig, den, der die Legion unreiner Geister gehabt hatte; und sie fürchteten sich. Und die es gesehen hatten, erzählten ihnen, was mit dem Besessenen geschehen war, und das von den Säuen. Und sie fingen an und baten Jesus, aus ihrem Gebiet fortzugehen.

Und als er in das Boot trat, bat ihn der Besessene, dass er bei ihm bleiben dürfe. Aber er liess es ihm nicht zu, sondern sprach zu ihm: Geh hin in dein Haus zu den Deinen und verkünde ihnen, welch grosse Wohltat dir der Herr getan und wie er sich deiner erbarmt hat. Und er ging hin und fing an, in den Zehn Städten auszurufen, welch grosse Wohltat ihm Jesus getan hatte; und jedermann verwunderte sich.

Markus 5, 1-20

Ein heller Ruf in einer verrufenen Gegend

„Jesus, du Sohn Gottes, des Allerhöchsten!“ Diese Anrede würde man in der Gegend nicht erwarten. Denn hier wohnten unwissende Heiden, hier wurden Schweine gehütet, hier war das Land der Höhlen und der Gräber voll grausiger Knochen. Und was für ein Mensch trieb sich erst hier herum! Eher Tier als Mensch. Ein auffälliger Ruf in düsterer Umgebung!

Es läuft einem kalt den Rücken hinunter: Der Mann beherrscht die Gegend, wird aber selbst beherrscht. Er wohnt nicht nur dort, er wird bewohnt. Er besitzt zwar die Gegend, ist aber selbst besetzt. An ihm wird deutlich, dass der Mensch ein bewohnbares und besitzbares Wesen ist.

Wir wissen, dass wir Untermieter haben können. Sie können in den Haaren sitzen oder im Blut als Bazillen und Viren. Schlimm genug, aber den Mietern dieses bedauernswerten Menschen ist weder mit Hygiene noch mit Antibiotika beizukommen.

Sichtbare und unsichtbare Geschöpfe

Die Bibel weiss eben ausser Menschen, Tieren und Pflanzen noch von Geschöpfen anderer Art. Sie redet von Dämonen, Geistern, Mächten, Gewalten, Fürsten und Teufeln. Es sind Wesen der unsichtbaren Welt, Geschöpfe ohne Körper. Es ist ihnen nicht wohl so. Darum suchen sie eine Wohnung. Sie durchstreifen Länder und Gegenden, um sich irgendwo einzumieten, eingeladen oder nicht eingeladen! Eine unheimliche Sache. Sie können nicht nur Menschen, sondern auch Volksräume, Gegenden, ganze Generationen besetzen und beherrschen.

Solch einer Gegend nähert sich Jesus mit seinen Jüngern. Kein Wunder, dass Widerstand einsetzt! Es fragt sich, ob nicht schon der Sturm auf der Überfahrt ein verzweifelter Versuch jener Mächte war, Jesus fernzuhalten. Diese Landung ist gewissermassen eine Invasion in ihr Gebiet. Sie fühlen sich bedroht und haben Angst. Offensichtlich kannten sie Jesus schon. Die hochfeierliche Anrede verrät das.

Zurück im Mittelalter?

Gewisse Theologen haben diese Geschichte als altes Volksmärchen abgetan, das man Jesus unterlegt habe. Streng wissenschaftlich gesehen gebe es so etwas nicht. Wir seien doch über das finstere Mittelalter hinaus. Angst vor Teufeln haben? Man hat lange darüber gelächelt. Aber das kann nur, wer sich noch nie darüber Gedanken gemacht hat, und das mit offenen Augen. Finden wir nicht mehr und mehr Leute – und ganze Völker, die sich eher wie Bestien benehmen als menschlich? Und gibt es nicht Menschen, deren Existenz nicht anders als verteufelt genannt werden kann, so verteufelt, dass sie oft keinen andern Ausweg mehr sehen als ins Wasser oder unter den Zug?

Interessanterweise gibt es Volksgruppen, welche die Geisterwelt bitter ernst nehmen. Dabei nennen sie sich Anhänger des Buddha, eines scharfsinnigen Rationalisten, der alles Übersinnliche als Mumpitz abtat. Was wird in diesen Ländern nicht alles den Geistern geopfert! Und wehe, wer seine Versprechen ihnen gegenüber nicht einlöst! Ich habe dort ganz grosse Angst gespürt vor Mächten und Realitäten, eine Furcht, die aus Erfahrung kommt.

Wir hatten von einem reichen Chinesen ein Haus gemietet. Sein Vater war Christ gewesen, wir hatten ihn noch gekannt, und er war traurig über seinen Sohn. Er folgte dem Vater nicht, weil sich seine Geldgier und der Glaube nicht vereinbaren liessen. Er war sehr geizig. Wir baten ihn, vor unserm Einzug das Geisterhäuschen zu entfernen, das in einer Ecke des Grundstücks stand. Ihn reuten die Kosten für die Zeremonie des Geisterdoktors. Er liess es einfach stehen. Daraufhin baten wir um Erlaubnis, es selbst wegzuräumen. Mit ein paar Christen stellten wir uns im Gebet unter den Schutz des allmächtigen Gottes und hoben das Ding vom Sockel. Zunächst passierte nichts. Aber nach ein paar Tagen starb die Frau des Hausbesitzers ganz plötzlich an einem Hirnschlag. Sie war kaum 60 und kerngesund gewesen. Zufall? – Die Leute waren sich ganz klar darüber!

Keine freien Wohnungen!

Doch zurück zu dem Mann. Jesus befreit ihn von der Legion, die ihn plagte. Er erweist sich als der Stärkere, als der Herr. Er hat ihn losgerissen aus der Macht der Geister. Man könnte sagen, er hat ihn erobert und gefangengenommen für sich. Die Dämonen sind vertrieben. Aber die Wohnung bleibt nicht leer. Der Besessene gehört nun zu Jesus. Er sitzt zu seinen Füssen und hört ihm zu.

Ein Mensch mag unbewohnt sein, aber nicht für lange. Niemand kann herrenlos bleiben. Entweder haben wir jemand aus der Legion zum Gebieter oder Christus. Wer nicht Jesus gehört, bekommt früher oder später einen andern zum Herrn.

Dabei sehen die Legionen gar nicht immer brutal und zerstörerisch aus wie bei diesem Mann. Sie kommen zuerst oft in Zivil und ganz geschniegelt daher. Sie lieben Gastrecht und Unterkunft in Einkaufszentren, in Bars, in Sportarenen und Discos. Sie können Universitäten und Fernsehstudios, Redaktionsbüros, Kurslokale und sogar Kirchen als Quartier wählen. Sie sind nicht nur da, wo es verrenkte Glieder, verzerrte Gesichter und unartikuliertes Geschrei gibt (und auch dort nicht immer). Manche sind nicht offensichtlich gewalttätig wie der Mann in der Geschichte. Sie können sehr subtil vorgehen, sind aber deswegen nicht minder gefährlich. Wenn Christus nicht Herr im Haus ist, übernehmen bald andere die Herrschaft. Vielleicht über den Fernseher oder den PC-Monitor mit ihrer Meinungsbildung, vielleicht über andere Medien. Der Teufel arbeitet mit Phantasie und Einfallsreichtum!

Bei den Frauen sucht er als Luxusgeist Eingang, oder auch als Sorgengeist, und oft auch als Geist einer falschen Emanzipation, der Freiheit vorgaukelt, indem er den Mutter- und Hausfrauenberuf als unerfülltes Dasein hinstellt. Unterordnung, Dienen oder gar Verzicht? – Ich bin doch keine Dienstmagd! Aber glücklicher sind die Frauen deshalb nicht.

Entweder ist Christus der Herr unserer Jugend, oder dann die bunte Schar der Geister. Die Männerwelt, die nicht Jesus als ihr Eigentum hat, wird Mühe haben, nicht Eigentum unsauberer Geister zu werden. Ach, es gibt eine Vielfalt von Besetzungsarten: Legion!

Die Folgen der Besetzung

Wen die Mächte besetzen, den machen sie einsam und gefährlich. Wie allein ist der Mann! Trotzdem er seine Ketten immer wieder zerreisst und an Steinen durchfeilt, bleibt er schrecklich gebunden. Er erinnert mich an die Tiger früher im Zoo, die ihre Zähne an den Gitterstäben stumpf wetzten. Bejammernswertes Dasein! Es kann einer alle möglichen Fesseln sprengen, und bleibt doch gefangen.

Nicht nur mörderisch, sondern selbstmörderisch ist er. Er wird sich selbst noch gefährlich. Er zerstört seine eigene Menschenwürde. Er geht nackt. Er schläft in Grabhöhlen und bei den Schweinen. Er macht sich selber kaputt. Ich denke an Mitmenschen, die ebenfalls ihre Menschenwürde verloren haben. Vor mir stehen Jugendliche, Männer und Frauen, die den Partner wechseln wie ihr Hemd und jedes Mal meinen, jetzt klappe es, und dabei geht noch der letzte Rest ihrer Beziehungsfähigkeit verloren. Ich denke an perverse Schweinereien im Internet und am TV. Ich denke an Suchtkranke, die wie Tiere dahinvegetieren und schamlos betteln, lügen und sich selbst verkaufen. Das gibt es immer noch! Ich kenne Menschen, die nicht vergeben können, deren Bitterkeit ihre Persönlichkeit vergiftet und die Umgebung dazu. Andere können nur noch zerstören und blindwütig um sich schiessen.

Der Befreite

Anders der Mensch, den Jesus befreite und damit ihn zum Herrn hat. Ruhig, vernünftig und zutraulich sitzt er bei seinem Retter. Er bekam ein neues Kleid, ein neues Herz, ein neues Gesicht, ein neues Leben. Steht da nicht der verlorene Sohn vor uns, heimgekehrt von den Schweinen zum Vater, mit neu gewonnener Menschenwürde? Wer so etwas erlebt, vergisst es nicht wieder. Mir kommt aus unserer Missionszeit in Thailand der „Doktor“ in den Sinn, ein alter, heruntergekommener Säufer. Dabei war er von königlicher Abstammung gewesen. Wir konnten ihm von der Flasche weghelfen. Was für eine Veränderung! Er wurde vernünftig statt besoffen. Im Gottesdienst fiel beim Singen seine wohlklingende, sichere Stimme auf. Die Wände seines Häuschens waren mit einschlägigen Bildern tapeziert. Sie gaben über seine schmutzige Phantasie Aufschluss. Wir brachten ihm einen Stapel Kalenderbilder und überklebten die nackten Schönheiten mit dem Matterhorn und ähnlichen Ansichten. Er schenkte uns dafür Gemüse und Früchte aus seinem Garten. Eine verschüttete Begabung kam wieder zum Vorschein. Ja, der Doktor wurde ein liebenswerter, wertvoller, neuer Mensch, wenn auch seine Schwäche blieb.

Das Lösegeld

Jesus stellt die zerstörte Menschenwürde wieder her. Dass er dafür kein Opfer scheut, wird bald handgreiflich. Die Leute jener Gegend sind die Leidtragenden. Jesus opfert ihren ganzen Schweinebestand. Es entsteht ein immenser Sachschaden. 2‘000 Schweine! Das erinnert mich an Diskussionen. Männer begehren auf, wenn für die Rehabilitation eines einzigen Drogenkranken gut und gern 200‘000 Franken Sozialgelder investiert werden. Aber sie sind es wert. Ich habe schon gestaunt, wie bereitwillig weitsichtige Dorf- und Stadtbehörden Kostengutsprache leisten. Sie wissen eben, dass sich die Investition trotz dem Risiko lohnt. Wo es um Menschenleben und Menschenwürde geht, müssen andere Wertordnungen gelten als Steuerprozente.

Man könnte jetzt allerdings fragen: War es nicht gemein, auf Kosten anderer den Lebensretter zu spielen? Da möchte ich zu bedenken geben, dass Jesus nicht nur unter Schädigung anderer dem Mann die Würde zurückgegeben hat. Er hat später wahrhaftig ein ganz anderes, grösseres Opfer nicht gescheut, indem er sein eigenes Leben als Lösegeld eingesetzt hat.

Preisgabe des Brückenkopfs?

Voll Furcht baten die Leute Jesus, ihr Gebiet zu verlassen. Er geht. Er gibt den teuer erkämpften Brückenkopf im Heidenland widerstandslos preis. Wohl weil sein Auftrag zunächst den Juden gilt, den verlorenen Schafen Israels, wie er sich anderorts ausdrückt. Aber es ist kein Rückzug. Jesus lässt den Geheilten zurück, obwohl der wünschte, bei seinem Retter zu bleiben. Er schickt ihn als Boten und Missionar in seine Heimat. Vorher war er der Gegend ein Schrecken und ein Fluch. Jetzt wird er zum Segen, weil er gesegnet worden war.

Ein paar Jahre später würden andere Zeugen der unwiderstehlichen Kraft des Heilands von Jerusalem ausschwärmen. Heute haben sie bald den letzten Winkel der Welt erreicht. Jesus ist Sieger. Er kann sich sogar einen Rückzug leisten. Macht uns das nicht Mut, dran zu bleiben, auch wenn sich noch so viele Mächte und Leute dagegen stellen?

Gnadenzeit

Warum hat Jesus die Dämonen nicht direkt in den See geschickt und vernichtet? Wieso erlaubt er ihnen, in der Tierherde Wohnung zu nehmen? Diese Frage hat wohl auch den geschädigten Hirten Mühe gemacht.

Die Antwort ist, dass Gott sogar mit den Dämonen und Teufeln Geduld hat. Jesus wird selbst noch an ihren Ort hinunter steigen, bevor er andere hinunter schickt. Er wird zuvor noch „den Geistern im Gefängnis predigen."[1]. Erst das letzte Buch der Bibel redet vom Gericht über die Geister und die Hölle, von ihrem Sturz in den Feuersee. Jetzt aber ist noch Gnadenzeit, Rettungszeit, sogar für sie. Und für uns.

Das ist die wichtigste Konsequenz, zu der dieser so schreckliche und doch ermutigende Bericht führen will. Wer ist dein Herr, wem gewährst du Wohnung in deinem Herzen? Wenn es jemand anders ist als Jesus, und wenn es sogar dein eigenes Selbst sein sollte? Da gilt es auszuräumen, die leere Wohnung zu schmücken und Jesus einzuladen. Hast du das je schon ganz bewusst getan, dein Leben – und deinen Lebensraum Jesus übergeben? Das ist Befreiung! „Wie viele ihn aufnahmen, denen gab er die Vollmacht, Gottes Kinder zu werden, denen, die an ihn glauben"[2]. „Wer zu Jesus gehört, ist ein neues Geschöpf: Das Alte ist vergangen, siehe, Neues ist geworden!"[3]

Zum Schluss ein alter Abendmahlschoral. Es ist wohl der altertümlichen Ausdrücke wegen nicht mehr im Gesangbuch.

Schmücke dich, o liebe Seele, lass die dunkle Sündenhöhle.
Komm ans helle Licht gegangen, fange herrlich an zu prangen:
Denn der Herr voll Heil und Gnaden will dich jetzt zu Gaste laden;
der den Himmel kann verwalten, will jetzt Herberg' in dir halten.

[1] 1. Petrus 3, 19
[2] Johannes 1, 12
[3] 2. Korinther 5, 17

Handauflegung und andere Berührungen

22. Predigt

Und als Jesus wieder herübergefahren war im Boot, versammelte sich eine grosse Menge bei ihm, und er war am See. Da kam einer von den Vorstehern der Synagoge, mit Namen Jaïrus. Und als er Jesus sah, fiel er ihm zu Füssen und bat ihn sehr und sprach: Meine Tochter liegt in den letzten Zügen; komm doch und lege deine Hände auf sie, damit sie gesund werde und lebe. Und er ging hin mit ihm. Und es folgte ihm eine grosse Menge, und sie umdrängten ihn.

Und da war eine Frau, die hatte den Blutfluss seit zwölf Jahren und hatte viel erlitten von vielen Ärzten und all ihr Gut dafür aufgewandt; und es hatte ihr nichts geholfen, sondern es war noch schlimmer mit ihr geworden. Als die von Jesus hörte, kam sie in der Menge von hinten heran und berührte sein Gewand. Denn sie sagte sich: Wenn ich nur seine Kleider berühren könnte, so würde ich gesund. Und sogleich versiegte die Quelle ihres Blutes, und sie spürte es am Leibe, dass sie von ihrer Plage geheilt war. Und Jesus spürte sogleich an sich selbst, dass eine Kraft von ihm ausgegangen war, und wandte sich um in der Menge und sprach: Wer hat meine Kleider berührt? Und seine Jünger sprachen zu ihm: Du siehst, dass dich die Menge umdrängt, und fragst: Wer hat mich berührt? Und er sah sich um nach der, die das getan hatte. Die Frau aber fürchtete sich und zitterte, denn sie wusste, was an ihr geschehen war; sie kam und fiel vor ihm nieder und sagte ihm die ganze Wahrheit. Er aber sprach zu ihr: Meine Tochter, dein Glaube hat dich gesund gemacht; geh hin in Frieden und sei gesund von deiner Plage!

Als er noch so redete, kamen einige aus dem Hause des Vorstehers der Synagoge und sprachen: Deine Tochter ist gestorben; was bemühst du weiter den Meister? Jesus aber hörte mit an, was gesagt wurde, und sprach zu dem Vorsteher: Fürchte dich nicht, glaube nur! Und er liess niemanden mit sich gehen als Petrus und Jakobus und Johannes, den Bruder des Jakobus. Und sie kamen in das Haus des Vorstehers, und er sah das Getümmel, und wie sehr sie weinten und heulten. Und er ging hinein und sprach zu ihnen: Was lärmt und weint ihr? Das Kind ist nicht gestorben, sondern es schläft. Und sie verlachten ihn. Er aber trieb sie alle hinaus und nahm mit sich den Vater des Kindes und die Mutter und die bei ihm waren, und ging hinein, wo das Kind lag, und ergriff das Kind bei der Hand und sprach zu ihm: Talita kum! - das heisst übersetzt: Mädchen, ich sage dir, steh auf! Und sogleich stand das Mädchen auf und ging umher; es war aber zwölf Jahre alt. Und sie entsetzten sich sogleich über die Massen. Und er gebot ihnen streng, dass es niemand wissen sollte, und sagte, sie sollten ihr zu essen geben.
Markus 5, 22-43

Ein vielfältiger Bericht

Dies ist ein für Markus ausserordentlich umfangreicher Bericht. Schon weil er zwei ineinandergreifende Begegnungen schildert. Er vermittelt mehrere Wahrheiten.
Zum Beispiel, dass der Heiland nie zu spät kommt. Von ihm wird nie ein Anliegen über das andere zurückgesetzt. Wir verlieren nichts, wenn er uns warten lässt und andere zuvor heilt – im Gegenteil: Jaïrus erlebt ein umso mächtigeres Wunder. *„Fürchte dich nicht, glaube*

nur!" Du brauchst nicht zu kapitulieren vor Mächten und Zuständen, und wenn sie noch so erdrückend wären.
Der Bericht stellt weiter die Tatsache ins Licht, dass Jesus nicht nur die Dämonen gehorchen müssen, wie es der Anfang von Kapitel 5 schildert. Er steht auch über aller Krankheit. Sogar der Tod muss vor ihm die Beute zurückgeben. Alle Mächte, welche die ursprüngliche, vollkommene Schöpfung pervertieren oder zerstören, weichen vor ihm. Ihre Opfer werden wiederhergestellt.
Und welchen Trost bringt Jesus dem trauernden Vater und mit ihm allen, die an Kindersärgen, Totenbetten und auf dem Friedhof stehen, denen, die ihre Hoffnung auf den Allmächtigen setzen. „Sie schläft nur!" Jesus wird sie auferwecken. Der sterbliche, irdische Leib schläft der Auferstehung entgegen. Er wird beim Aufwachen überkleidet mit Herrlichkeit. Leuchtet da nicht Hoffnung auf und Trost? Letztlich ist die Auferweckung des Mädchens die Vorwegnahme der Auferstehung von Jesus selbst und aller seiner Nachfolger.

Handauflegung - Berührung

Jaïrus wie die kranke Frau wünschen eine Berührung mit Jesus. Er bittet offen um Handauflegung für seine sterbende Tochter. Die Frau nimmt die Sache selbst in die Hand. Sie fasst im Versteckten den Mantelsaum von Jesus an. Beide müssen dabei beträchtliche Widerstände überwinden. Als Vorsteher der Synagoge stellte sich Jaïrus gegen seine Kollegen, die Jesus verachteten. Die Frau, mit ihrem damals erniedrigenden und diskriminierenden Leiden, musste ins Offene kommen. Beide überwanden die Hindernisse. Ihr Glaube setzte sich darüber hinweg. Sie kamen auf ihre Weise zur Berührung mit Jesus. Beiden wurde wunderbar geholfen.
Seit alters her wurde im Handauflegen die Vermittlung geheimnisvoller, göttlicher Kräfte gesehen. Es wird auch ausserhalb von christlichen Kreisen praktiziert. Bei Geistheilern, und in okkulten Kreisen etwa bei Beschwörungsriten ist es weit verbreitet. Davor warnen wir. Hände weg! „Denn alle gute und vollkommene Gabe kommt von oben, dem Vater des Lichts"[1]. Bei allem andern läuft man grosse Gefahr, sich dem Einfluss dunkler Mächte auszusetzen.
In der Bibel wurde die Hand in Erwartung von Heilung, Segen, Erfüllung mit der Kraft aus der Höhe und zur Weihe in besonderen Dienst aufgelegt, immer in Verbindung mit Gebet oder Segenssprüchen. Die Erzväter segneten ihre Söhne, Moses setzte auf diese Weise den Hohenpriester ins Amt ein, und übertrug ebenso seine Vollmacht als Führer des Volkes auf seinen Nachfolger Josua. Zur Zeit Jesu war Handauflegung offenbar weit verbreitet. Jaïrus war nicht der Einzige, der darum bat. Der Heiland hat Kindern und Kranken die Hände aufgelegt, und hat dies auch seinen Jüngern befohlen. Denken Sie nicht, Handauflegung sei etwas Exotisches nur für Superchristen. Sie gehört zu den Anfangslektionen der christlichen Botschaft![2]

---

[1] Jakobus 1, 17
[2] Hebräer 6, 1-2

Eine Wohltat

Berührung ist eine Wohltat. „Ich bin berührt", sagen wir, wenn uns etwas bis ins Herz hinein geht. Die Pädiatrie weiss, wie wichtig Körperkontakt ist - nicht nur für kranke Kinder. Jesus wurde extra gebeten, Kleinen die Hände aufzulegen. Er tat mehr und umarmte sie! Aber auch Erwachsenen tut Körperkontakt wohl.

Unsere Reformierte Kirche ist im Gegensatz zum Israelitischen Gottesdienst und zur Urgemeinde arm an Berührungen. Wir setzen einseitig aufs Wort. Der Doppelauftrag von Predigen und Heilen wurde verkürzt und damit die Dimension der Ganzheit des Menschen lange Zeit vernachlässigt. Wir predigen vor allem mit dem Mund. Manchmal auch mit dem Herzen, aber kaum mit den Händen. Jedenfalls nicht als gottesdienstliche Handlung.

In einem Gottesdienst wird der durchschnittliche Reformierte nur ein einziges Mal berührt: bei der Taufe! Weil sich aber bei uns kaum jemand daran erinnert, fällt dies als abrufbare Erfahrung weg.

Wird aber nur akustisch gepredigt, geht ein wesentlicher Teil von uns leer oder unbefriedigt aus. Schliesslich haben wir 5 Sinne, nicht bloss einen oder zwei! Deshalb wächst die Sehnsucht nach Tiefe, nach Empfindungen, nach persönlicher Nähe und Gotteserfahrung, auch im Gottesdienst. Dieser Hunger wird heute Gott sei Dank nicht mehr unterdrückt, weder von den Hungernden noch von denen, die zum Speisen beauftragt sind. Handauflegung, und in ähnlicher Weise die Krankensalbung mit Öl (nach Jakobus 5) sind wieder ein Thema!

Braucht es Berührung?

Wir sagen damit keinesfalls, dass der Ritus als solcher Heilung bringt. Es liegt keine Magie darin. Wie Taufe oder Abendmahl ist Handauflegung eine gegenständliche, am Körper erfahrbare Handlung, Weil nicht nur der Mentalbereich einbezogen ist, *erleben* wir sie. Wir *spüren* die Nähe Gottes. Seine Gnade *berührt* uns. Wir erfahren seinen Segen hautnah. Das ist deutlicher, schöner und wahrer als ein blosser Denkvorgang beim Aufnehmen einer Predigt.

Nicht nur die zeichenhafte Bedeutung ermutigt uns zum Handauflegen. Jesus hat es seinen Jüngern aufgetragen! Er will das, genauso wie die Taufe und das Abendmahl. Es stützt unsern Glauben, und als Gehorsamstat bestätigt es ihn auch. Es ist gelebtes Vertrauen. Im Bericht des Markus wird der Glaube der beiden Hilfesuchenden gelobt. Ganz gleich, ob er ins Offene tritt oder sich vorerst im Hintergrund hält, er ist die Voraussetzung zum Auflegen der Hände.

Als Gesandte und Bevollmächtigte von Jesus ist aber auch unser Glaube gefragt. Wenn wir in seinem Namen segnen, wirkt seine Kraft durch uns Heilung, Segen und Wohltat.

Ins Offene kommen!

Wer sich hilfebedürftig fühlt, wer nicht mehr weiter weiss, wenn menschliche, ärztliche oder finanzielle Ressourcen erschöpft sind, was bleibt noch anderes als die Zuflucht zu Jesus? Damit Sie mich recht verstehen: Es wäre eine seltsame Auslegung, wenn wir aus diesem Bibelabschnitt schliessen, man müsste mit der Wohltat der Handauflegung warten, bis einer aus dem letzten Löchlein pfeift. Wer geplagt ist und Lasten trägt, wer Sehnsucht nach der Nähe Gottes empfindet, darf kommen. Jesus will ihn aufrichten.

Die Auflegung der Hände geschieht auf Wunsch des Betroffenen. Sein Einverständnis ist Ausdruck des Glaubens. Der darf und soll ins Offene kommen. Jesus erspart dies auch der

Frau nicht. Er lobt ihr Heraustreten, indem er sie „seine Tochter“ nennt! Das war die Peinlichkeit wohl wert.
Aus dem ganzen Zeugnis der Bibel wird deutlich, dass Handauflegung nicht geheim oder versteckt gespendet werden soll. Christen sollen sie offen als Beauftragte des Herrn und der Gemeinde praktizieren, aber doch nicht an die grosse Glocke hängen. Jesus nahm nur die Eltern und die drei vertrautesten Jünger mit in die Totenkammer. Nicht nur aus Gründen der Schicklichkeit wird der Dienst meist im Team vollzogen. Wenn Ananias allein zum blinden Paulus ging, um ihm die Hände aufzulegen, hatte das seelsorgerliche Gründe.

Was passiert?

Wohltat, Segen, Heilung. Wir haben in unserer Gemeinde seit Jahren Schritte gewagt und dabei Erstaunliches erlebt. Die meisten Beteiligten empfinden, dass ihr Glaube gestärkt wurde. Andere erleben bei der Segnung, wie eine wohltuende Wärme den ganzen Körper durchdringt. Wieder andere berichten von tiefem Frieden und Freude als Folge. Wir haben auch körperliche Heilung erlebt. Besserung kann sofort eintreten oder langsam einsetzen. Das gibt es heute noch! Wir müssen es aber Jesus überlassen. Vielleicht lässt er einen warten! Denken wir daran, dass Gesundheit und physisches Leben nicht das kostbarste Gut ist.
Die übereinstimmende Aussage beim Handauflegen ist die Gewissheit, dass Jesus ganz für mich da ist und mich persönlich berührt hat. Es geht tiefer als der allgemeine Segen jeweils am Schluss des Gottesdienstes. Besonders, wenn wie bei Jaïrus und der chronisch kranken Frau die Not mit Namen genannt wird.

Wo geschieht Handauflegung?

Überall, wo Christen verbindlich zusammenkommen. Dort, wo zwei oder drei in seinem Namen beisammen sind. Im Alphalive Kurs, in den Hauskreisen, nach jedem Gottesdienst ist dazu Gelegenheit. Aber auch in den Häusern und Familien! Eltern dürfen und sollen ihre Kinder segnen unter Handauflegung. Jakobus empfiehlt Kranken, die Ältesten der Kirchgemeinde (leitende Mitarbeitende) ins Haus zu rufen. Ich möchte Ihnen Mut machen, dieses Angebot zu nutzen. Es liegt darin ein grosser Schatz verborgen, der gehoben werden will. Wir sind Gottes Mitarbeiter[1]: Das heisst doch: Gott ist an der Arbeit. Ein spannendes, aufregendes und ungemein beglückendes Erleben!

[1] 1. Korinther 3, 9

Vorurteile um Jesus
23. Predigt

Jesus ging von dort weg und kam in seine Vaterstadt, und seine Jünger folgten ihm nach. Als der Sabbat kam, fing er an, zu lehren in der Synagoge. Viele, die zuhörten, verwunderten sich und sprachen: Woher hat er das? Was ist das für eine Weisheit, die ihm gegeben ist? Und solche mächtigen Taten, die durch seine Hände geschehen? Ist er nicht der Zimmermann, Marias Sohn, und der Bruder des Jakobus und Joses und Judas und Simon? Sind nicht auch seine Schwestern hier bei uns? Und sie ärgerten sich an ihm. Jesus aber sprach zu ihnen: Ein Prophet gilt nirgends weniger als in seinem Vaterland und bei seinen Verwandten und in seinem Hause. Und er konnte dort nicht eine einzige Tat tun, ausser dass er wenigen Kranken die Hände auflegte und sie heilte. Er wunderte sich über ihren Unglauben. Und er ging rings umher in die Dörfer und lehrte.
Markus 6, 1-6

Jesus kommt vorbei
Jesus besucht Nazareth. Die Leute sehen ihn, hören ihn. Es sind Sternstunden, wenn er kommt, bei uns verweilt und zu uns spricht. Da wird etwas von seiner Herrlichkeit sichtbar. Während er uns tief in die Augen schaut, erwartet er eine Reaktion. Er will uns nahe kommen. Er klopft an, sucht Einlass, sucht meine Antwort, meine Zuneigung, mein Vertrauen.
Seit der Rückkehr aus dem Exil in Ägypten hatte Jesus mit seiner Familie still, ohne Aufsehen in Nazareth gelebt. Hier im Hinterland von Galiläa war die Familie ausser Reichweite der Regierung und des Klerus. Erst vor kurzem war er zum Täufer an den Jordan gepilgert. Von da an trat er an die Öffentlichkeit. Erstaunliche Berichte über sein Wirken waren in seine Heimatstadt zurück gesickert. Jetzt kam er selbst. Am Sabbat besuchte er den Gottesdienst. Wie es Brauch war, liess er sich ein Buch der Bibel geben, las daraus vor und legte es aus. Es ging den Zuhörern ans Herz.

Ein Wetterumschlag
Es muss ganz still gewesen sein in der Synagoge. Worte und Auftreten von Jesus packten alle mit Ergriffenheit. Dann kamen Fragen auf – gute Fragen! „Woher hat er das, von wem hat er diese Weisheit? Und wo hat er die Kraft her für die mächtigen Taten, von denen wir gehört haben?“
Unmerklich schlägt das Staunen um in Misstrauen und Vorurteile: „Er ist doch nur ein einfacher Handwerker. Und kommt aus einer gewöhnlichen Familie. Es kann einfach nicht sein, dass seine Worte derart einschlagen. Es muss irgendetwas Suspektes hinter seinen Wundertaten stecken“. Es war wie ein Wetterumschlag im Sommer. Eine Stunde heller Sonnenschein und blauer Himmel, Dann ziehen unversehens Wolken auf, es wird dunkel, und ein Gewitter bricht los.

Vorurteile um Jesus damals...
Schuld an diesem Wetterumschlag sind Vorurteile. Es wurde eine Meinung gefasst, bevor die Sache untersucht und geprüft war. Die Leute von Nazareth haben ihre festen Überzeugungen. Nichts und niemand kann die umstossen. Deshalb kommt es zur Ablehnung .

Vorurteile sind Argumente, die sich meist auf das Umfeld beziehen, aber nicht direkt auf die Person selbst. Vielmals kommen sie aus zweiter Hand, sind blosse Gerüchte.
Die *Verwandtschaft* wird unter die Lupe genommen, aber nicht Jesus selbst. Es stimmt, die Familiengeschichte prägt uns. Aber sie wird nie die Einzigartigkeit und das besondere Gepräge eines Menschen wegwischen. *Beruf und Bildung* fordern Vorurteile geradezu heraus. Er ist nur gewöhnlicher Berufsmann, sagte man von Jesus, er ist nur in die Realschule gegangen, bei uns. Darob wird gern die Herzensbildung und die Lebenserfahrung übersehen. Die gewichten doch unendlich mehr! Weiteres Futter für Vorurteile sind *Nationalität oder Heimatort* (was wird nicht über die Berner, Zürcher und Luzerner geredet! Und erst über die Ausländer!). *Lebensumstände*: Ein Arbeitsloser hat seinen Stempel aufgedrückt, darüber rücken Begabung und Erfahrung in den Hintergrund. Auch das *Erscheinungsbild*: Kleidung, Aussehen, Benehmen sind Futter für Vorurteile.
Vorurteile bilden sich dort, wo ein Mensch in kritischer Distanz beurteilt wird, ohne auf ihn einzugehen, um ihn in seinem Wesenskern kennen zu lernen. Sie fördern Misstrauen, bauen Mauern auf und vergrössern den Abstand zueinander. Vorurteile sind ein Resultat von fehlenden Beziehungen, und Beziehungskiller. Wo wir offen aufeinander zugehen, haben Vorurteile keine Chance, und wo welche sind, werden sie abgebaut.

... und um seine Gemeinde heute

Wie in Nazareth sind die „Brüder und Schwestern“ Stein des Anstosses. Ja, und da gibt es leider viel zu kritisieren! Oft zu Recht. Wir beugen uns darunter, dass wir mit unserm Versagen und falschem Verhalten andere davon abhalten, den Weg zu Jesus zu finden. Ins gleiche Kapitel gehören die sogenannten Glaubenskriege, die immer wieder angeführt werden. Es ging zwar da meist nicht um das Reich Gottes, sondern um Macht, Einfluss und Geld. Mit Glauben hatte das wenig zu tun. Weiter machen die Christen und die Kirchen mit ihrem Erscheinungsbild wenig Staat. Wir sind kaum in den Schlagzeilen, und wenn schon, dann oft leider negativ. Es ist da heute meist nicht viel sichtbare Grösse, Ehre und Berühmtheit zu holen. Bei Jesus führte man auch nur Nazareth als Heimatstadt an, Bethlehem ging ganz vergessen!
Es gilt tiefer zu forschen und genauer hinzusehen. Hier und dort blitzt etwas von der Herrlichkeit und Grösse unseres Jesus durch. Vielleicht haben Sie die bewegende Szene nach dem Fussball-Weltcupfinal gesehen. Drei der Brasilianer sind miteinander auf dem Boden gekniet und haben für den Sieg gedankt. Wem der Dank und die Ehre gilt, war auf ihren Leibchen abzulesen. Wie habe ich mich darüber gefreut!

Worauf es ankommt

Auf einem T-Shirt war ganz deutlich zu lesen: „Jesus liebt dich“. Auf einem andern: „Ich gehöre zu Jesus“. Darauf kommt es an! Wir dürfen uns nicht von Nebensachen aufhalten lassen. Zu Jesus, ins Zentrum müssen wir kommen! Ihm begegnen, ihm in die Augen schauen! Was hat er zu bieten?
Evangelium: Frohe Botschaft! Worte der Gnade, im Gegenteil zu den Forderungen der jüdischen Lehrer und der Religionen. Jesus bringt die Kunde vom *lieben* Gott. Worte voll Kraft, die ins Schwarze treffen. Eine Autorität und Vollmacht, die ein Mensch aus sich nicht haben kann. Mächtige Taten, die retten und heilen.

Die gilt es abzuwägen gegen die Vorurteile und Einwände. Daran kommt keiner vorbei.

Wie begegnete Jesus den Vorurteilen?

Er liess es sich gefallen, der zu sein, den sie zu kennen glaubten, ein durchschnittlicher Zimmermann aus einer einfachen Familie. Die Leute, die nichts Grosses an ihm sehen, bekommen nichts Grosses zu sehen. Jesus konnte in Nazareth keine Wunder tun. Der Unglaube nahm ihm die Macht. Er rennt verschlossene Türen nicht ein. Darum verliess er die Stadt und diente den umliegenden Dörfern. Die Bibel berichtet von keinem weiteren Besuch des Meisters in Nazareth. Welche Tragik, welch verpasste Chance!

Nur ein Zimmermann?

Es ging damals und heute um mehr als Sympathie oder Abneigung. Auch um mehr als kluge Worte und Wundertaten. Letztlich ruft Jesus in die Nachfolge. War das damals schwerer, als es heute ist? Wahrscheinlich schon. Es war ein riskantes Abenteuer, mit Jesus zu leben. Die Jünger bekannten, dass sie alles verlassen hatten, um mit ihm zu sein.

Manche Christen suchen eine Nachfolge in Unverbindlichkeit. Aber Petrus hatte nach dem grossen Fang nicht erst die Fische zu Geld gemacht und sich ein Traumhaus gebaut. Er hat seine Familie verlassen. Das war nicht einfach.

Die Jünger sind, wie seinerzeit Abraham, mit Jesus scheinbar in ein unbekanntes Land ausgewandert. Sie mussten mit der Anfechtung leben: Ist dieser nicht der Sohn eines Zimmermanns? War dieser Laienprediger nicht ein Scharlatan, ein Bankrotteur? Sagte man nicht von ihm, er sei von Sinnen? Sie mussten sich Tag und Nacht in der Nachfolge durchglauben. Man wählt kein ungesichertes Vagabundendasein, wenn man nicht entschlossen glaubt und weiss, wem man sich anvertraut.

Die Frage, die zur Debatte stand, war bis zu Karfreitag und Ostern die eine: „Was dünkt euch um Christus? Wessen Sohn ist er?“ Die Antwort, die Gott in Kreuz und Auferstehung gab, ist jetzt die wichtigste Vertrauensfrage für die ganze Welt. Sie macht es uns leichter, von den Vorurteilen weg zu kommen, Jesus zu vertrauen und es rückhaltlos mit ihm zu wagen, ganz gleich, was die andern denken. Die grösste Botschaft und mächtigste Tat wird zur Anfrage an dich, ob du das Abenteuer mit Jesus eingehen willst. In dieser Entscheidung liegt dein zeitliches und ewiges Heil.

Reisen mit leichtem Gepäck

24. Predigt

Die Aussendung der Zwölf

Jesus zog durch die Dörfer ringsumher und lehrte. Und er rief die Zwölf zu sich und fing an, sie auszusenden je zwei und zwei, und gab ihnen Macht über die unreinen Geister und gebot ihnen, nichts mitzunehmen auf den Weg als allein einen Stab, kein Brot, keine Tasche, kein Geld im Gürtel, wohl aber Schuhe, und nicht zwei Hemden anzuziehen.
Und er sprach zu ihnen: Wo ihr in ein Haus gehen werdet, da bleibt, bis ihr von dort weiterzieht. Und wo man euch nicht aufnimmt und nicht hört, da geht hinaus und schüttelt den Staub von euren Füssen zum Zeugnis gegen sie.
Und sie zogen aus und predigten, man solle Busse tun, und trieben viele böse Geister aus und salbten viele Kranke mit Öl und machten sie gesund.
Markus 6, 7-13

Aussendienst für Jesus

Während Jesus in seiner Heimatstadt abgewiesen wurde, zeigten sich die umliegenden galiläischen Dörfer offen für seine Botschaft. „Reife Felder", bemerkt der Meister zu seinen Jüngern, „aber wenig Schnitter". Weil er die ganze Welt im Auge hat, spannt er sie in die Ernte ein und sendet sie aus. Es ist dies eine Massnahme im Blick auf sein Leiden und Sterben. Er weiss, dass es zu einer Stabübergabe kommen muss. Jetzt gibt er den Startschuss zur Mission, zur Ausbreitung der Friedensbotschaft über den ganzen Erdkreis. Land einnehmen sollen sie für ihn, Menschen fischen! Die Aufgabe der Jünger besteht darin, die Frohe Botschaft bekannt zu machen in Wort und Tat. Das ist ein grosses, schweres Wagnis für die 12 einfachen Männer. Sie steckten noch in einer Jüngerschaftsschulung. Sie konnten weder ein Universitätsdiplom vorweisen noch hatten sie Verkaufsseminare oder Rednerkurse besucht. Im Vergleich zu ihrem Meister waren sie alle Waisenknaben; unerfahrene Leute wie du und ich.
Bevor er sie schickt, gibt er ihnen das Gepäck mit. Einen Rucksack voll Mut machender Ratschläge und vor allem Versprechen. Es sind richtige Aufsteller für alle, die mit und für Jesus unterwegs sind. Und das Schöne ist, sie sind seither tausendfach erprobt, bewährt und für verlässlich befunden worden!

Leichtes Gepäck: Sorgenfrei unterwegs

Die ganze Ausrüstung ist eine *leichte* Last. Warum? Weil Jesus ihnen gleich das gewichtigste menschliche Reisegepäck abnimmt, das Sorgen nämlich. Unbekümmert und unbeschwert wie die Spatzen schickt er sie aus. Unterwegs mit Jesus sein ist eine fröhliche Sache: die Gegenwart geniessen, ohne sich den Kopf über den nächsten Tag, die nächste Herausforderung, das nächste Problem zu zerbrechen. Sorgt nicht für den morgigen Tag!
Sehen wir uns den Inhalt des Rucksacks an.

1. Zweierteams

Zu zweit wandert es sich nicht nur leichter, es ist auch kurzweiliger. Die Traglast lässt sich teilen, man kann einander ergänzen und sich helfen, jeder mit seiner Begabung, sogar nach Vorliebe! In brenzligen Situationen, nach ermüdenden Trecks kann der eine den andern ermu-

tigen, und ihn aufstellen, wenn er es nötig hat. Jesus zeigt uns mit diesen Zweierteams bereits, dass Zeugendienst nicht Einzelarbeit, sondern Gemeindesache ist. Er will uns alle miteinander dafür einspannen. Ein-Mann-Show macht einen langweiligen, wenig inspirierenden Gottesdienst. Ist doch ein Aufsteller, dass er auch *dich* nützlich findet!
Ausserdem wirkt eine Sache glaubwürdiger, wenn sie „auf zweier oder dreier Zeugen Mund“[1] abgestützt ist.

2. Vollmacht
Wie Jesus werden auch die Jünger Opposition erleben. Unheimliche, teuflische Mächte werden sich ihnen entgegenstellen. Aber sie können den Siegeszug des Evangeliums nicht aufhalten, weil Jesus den Jüngern den Heiligen, göttlichen Geist als Gegenstück zu den unsauberen Geistern mitgibt. Der Heilige Geist ist die alles überwindende Kraft. Er gibt auch Weisheit und Schlagfertigkeit gegen allen Widerstand.

3. Garantierte Versorgung
Jesus spricht seine Boten von alle leiblichen Bedürfnissen frei und übernimmt die Verantwortung für ihre Versorgung. Als Freie treten sie vor das Volk, unabhängig von Vorräten an Brot und Geld oder anderem Rückhalt. Viel Gut, viele Sorgen! Aus unserer Zeit in der Mission weiss ich, dass man mit wenig auskommen und dabei glücklich sein kann.
Es wäre eine böse Visitenkarte, wenn die Jünger auf Geld und Verdienst aus wären. Der himmlische Vater sorgt und *ver*sorgt. Umsonst haben sie es bekommen, umsonst sollen sie es weitergeben. Wer Jesus dient, hat eine himmlische Versicherungspolice abgeschlossen. Du darfst vertrauen, dass dir nichts fehlen wird, wenn du das Reich Gottes zuoberst auf die Prioritätenliste setzt.
Der Rat, in einem Haus zu bleiben, und nicht im ganzen Dorf reihum sich aushalten zu lassen, bewahrt die Gastgeber vor einem ungesundem Wetteifern, und die Jünger vor einem allzu reichen Speisezettel. Manchmal auch vor einem einseitigen. Als Team in der Zeltmission waren wir jeweils zum Mittagstisch eingeladen, jeden Tag woanders. Ich erinnere mich, dass wir im Baselbiet einmal zufälligerweise eine ganze Woche Bohnen und Cordon-Bleu assen. Kein Problem für mich, aber ein Teamkollege hasste das Menu und beklagte sich bitterlich.
Wichtiger noch als Essen und Unterkunft: Die Jünger sind nicht zu einen unverbindlichen Reisedienst unterwegs. Sie gründen Hausgemeinden, indem sie – wie später Paulus bei Priscilla und Aquila[2] – mit ihren Gastgebern zusammen den Glauben im Alltag leben und einüben.

Man hat behauptet, Christus habe die Jünger wie Bettler auf die Strassen geschickt. Ob sich Petrus wohl als Bettler vorkam, als er einige Jahre später dem Gelähmten an der schönen Tempeltüre die Hand hinstreckte mit den Worten: „Silber und Gold habe ich nicht, aber was ich habe, gebe ich dir: Stehe auf und gehe“? Bettelarm, und doch so reich! Der Waisenvater Georg Müller führte ein äusserst einfaches Leben mit bescheidener Garderobe und Lebensstil; aber Millionen an Spendengeldern gingen durch seine Hand.

---

[1] 5. Mose 19,15
[2] Apostelgeschichte 18, 2

4. Kein Leistungsdruck
Die Abgesandten sollen das Evangelium schlicht vorleben und präsentieren. Damit ist ihr Auftrag erfüllt. Die Entscheidung muss dem Hörer überlassen werden. Also kein Überschwatzen oder Drängen! Kein Krampf! - die Jünger vertrauen, dass Gottes Wort nicht leer zurückkommt. Das ist wohltuend für die Boten wie auch für die Empfänger. Wenn der Boden hart ist, können die Jünger unbelastet weiterziehen, weil sie die Verantwortung den Hörern überlassen dürfen.

5. Sie sind nur Wegbereiter
„Sie predigten, man solle Busse tun.“ „Herolden“ sollen die Jünger. Das heisst, sie bereiten Jesus den Weg (wie schon Johannes der Täufer), indem sie zur Umkehr einladen, Vergebung der Altlasten anbieten und Menschen mit Jesus bekannt machen. Er ist der Inhalt des Evangeliums. Nicht die Jünger schaffen das Werk der Erlösung. Sie sind nur Vorboten und Wegweiser zum Retter. Sie tun einfache Handlangerdienste. Der Messias übernimmt die eigentliche Schwerarbeit. Ist diese Tatsache etwa nicht leichtes Gepäck?

6. Die Beglaubigung
Wie sind die Jünger wohl ausgezogen? Mit schlotternden Knien oder selbstsicher, zweifelnd, zögernd oder begeisternd vorwärts stürmend? Soviele Charaktertypen, soviele Verhaltensweisen. Wichtig war, dass sie die Herausforderung annahmen und gehorchten. Und siehe, ihr Dienst wurde bestätigt und beglaubigt durch Wunderzeichen. Sie waren ausgerüstet mit der Kraft von oben. Teufel gehorchten ihnen und mussten ihre Opfer freigeben, Kranke wurden gesund. Sie konnten und durften durch Handauflegung Segen und heilende Kraft weitergeben. Der Segen und die Kraft von Jesus selbst wirkten durch sie.

Unterwegs mit leichtem Gepäck – ist das nicht Mut machend? „Wir wollen‘s gerne wagen, in unsern Tagen der Ruhe abzusagen, die‘s Tun vergisst...“[1]

---

[1] N.L. v Zinzendorf, Reformiertes Gesangbuch Nr. 811

Die unbesiegbare Stimme

25. Predigt

Das Ende Johannes des Täufers
Und es kam dem König Herodes zu Ohren; denn der Name Jesu war nun bekannt. Und die Leute sprachen: Johannes der Täufer ist von den Toten auferstanden; darum tut er solche Taten. Einige aber sprachen: Er ist Elia; andere aber: Er ist ein Prophet wie einer der Propheten. Als es aber Herodes hörte, sprach er: Es ist Johannes, den ich enthauptet habe, der ist auferstanden.
Denn er, Herodes, hatte ausgesandt und Johannes ergriffen und ins Gefängnis geworfen um der Herodias willen, der Frau seines Bruders Philippus; denn er hatte sie geheiratet. Johannes hatte nämlich zu Herodes gesagt: Es ist nicht recht, dass du die Frau deines Bruders hast. Herodias aber stellte ihm nach und wollte ihn töten und konnte es nicht. Denn Herodes fürchtete Johannes, weil er wusste, dass er ein frommer und heiliger Mann war, und hielt ihn in Gewahrsam; und wenn er ihn hörte, wurde er sehr unruhig; doch hörte er ihn gern.
Und es kam ein gelegener Tag, als Herodes an seinem Geburtstag ein Festmahl gab für seine Grossen und die Obersten und die Vornehmsten von Galiläa. Da trat herein die Tochter der Herodias und tanzte und gefiel Herodes und denen, die mit am Tisch sassen. Da sprach der König zu dem Mädchen: Bitte von mir, was du willst, ich will dir's geben. Und er schwor ihr einen Eid: Was du von mir bittest, will ich dir geben, bis zur Hälfte meines Königreichs.
Und sie ging hinaus und fragte ihre Mutter: Was soll ich bitten? Die sprach: Das Haupt Johannes des Täufers. Da ging sie sogleich eilig hinein zum König, bat ihn und sprach: Ich will, dass du mir gibst, jetzt gleich auf einer Schale, das Haupt Johannes des Täufers. Und der König wurde sehr betrübt. Doch wegen des Eides und derer, die mit am Tisch sassen, wollte er sie keine Fehlbitte tun lassen. Und sogleich schickte der König den Henker hin und befahl, das Haupt des Johannes herzubringen. Der ging hin und enthauptete ihn im Gefängnis und trug sein Haupt herbei auf einer Schale und gab's dem Mädchen, und das Mädchen gab's seiner Mutter.
Und als das seine Jünger hörten, kamen sie und nahmen seinen Leichnam und legten ihn in ein Grab.
Markus 6, 14-29

König und Gefangener

Diese Episode ist in den Siegesbericht der frohen Botschaft eingeschoben. Sie zeigt rückblendend, dass nichts, auch gar nichts das Kommen des Reiches Gottes aufhalten kann.
Wenn Gott für uns ist, wer kann gegen uns sein?
Zwei Männer stehen sich gegenüber, und mit ihr zwei Kräfte. Der Monarch Herodes kann sich mit Staatsgewalt viele Freiheiten erlauben. Er macht, was er will! So hat er sich von seiner Frau scheiden lassen, damit er dem eigenen Bruder die seine ausspannen konnte. Schrankenlose Selbstverwirklichung, kann man sagen! Allerdings zeigt sich, dass seine Freiheit fadenscheinig ist. Er wird getrieben von Leidenschaften, muss ängstlich Rücksicht auf die Volksmeinung nehmen, und wird von Herodias und ihrer Tochter beschämend übertölpelt. Da sieht der Mächtige richtig dumm aus. Es fragt sich, wer der Gefangene ist und wer der Freie.

Dem Herodes gegenüber steht Johannes. Er steht furchtlos für die Wahrheit ein. Er bezahlt dafür zuerst mit seiner Freiheit und dann mit dem Kopf. Aber es ist besser, einen Kopf wie Johannes zu haben und ihn zu verlieren, als einen ganz gewöhnlichen und ihn zu behalten.
Im Grunde genommen sehen wir den Gefangenen als König, als den mit der wahren Freiheit, der seinen Rock nicht nach dem Wind hängen muss.

Wir alle haben das Potenzial zum König, aber auch zum Gefangenen. Jedem von uns ist als Gabe des Schöpfers ein freier Wille gegeben. Ich kann tun, was ich will und gut finde. Aber das funktioniert nicht in einem absoluten Sinn: nur dort, wo ich mich der Schöpfermacht Gottes verantwortlich weiss und mich ihr freiwillig unterordne. Die Folge einer absoluten Eigenherrschaft wird bei Herodes erschütternd deutlich.

Gott oder ich?

Als Johannes der Täufer das Gnadenreich Gottes einläutete, stellte er die Menschen vor eine Entscheidung. Wer sitzt bei dir auf dem Stuhl? Wer ist der König? Du selbst oder Gott? Du selbst oder Jesus? Man könnte einwenden, Herodes musste in seinen Entscheidungen sein Volk, seine Stellung oder seine Familie berücksichtigen. Oder sein leidenschaftliches Libido, die vererbten Neigungen hätten sein Handeln vorprogrammiert. Das mag so sein, wenn einmal die Macht der Sünde die Oberhand über einen Menschen gewonnen hat. Aber am Anfang steht immer der freie Wille, und das Gewissen als mahnende Stimme. Nehme ich die Wahrheit an oder weise ich sie zurück? Will ich das Sagen haben oder höre ich auf Gott? Kehrt um von euren selbstsüchtigen Wegen!
Herodes hört wohl, ist jedoch nicht bereit, Konsequenzen zu ziehen. Er wird hin- und her gerissen. Johannes fasziniert ihn, aber er will das andere nicht loslassen. Er meint, auf zwei Hochzeiten tanzen zu können, wird aber mehr und mehr herum geschoben und übers Ohr gehauen. Das passiert noch manchem, der meint, er sei König und könne sich seine Freiheiten herausnehmen. Er kommt immer tiefer in die Tinte. Unbequeme Stimmen werden ins dunkelste Kellerverlies gesperrt und zum Schweigen gebracht, und damit der Weg zur Umkehr mehr und mehr verbaut.

Auferstehung der Taten

Es gibt nicht nur eine Auferstehung der Toten, sondern auch eine der Taten. Die Schuld verfolgt Herodes. Die zum Schweigen gebrachte Stimme redet weiter! Jetzt ist es nicht nur eine, sondern der Messias und seine Jünger. Ist er der auferstandene Johannes? Die Frage lässt ihm keine Ruhe. Jede neue Nachricht über Jesus erinnert ihn an seine Schuld: „Es ist Johannes, den *ich* enthauptet habe“. Zu den andern Ketten kommt nun noch die des Gewissens.

In meiner Jugendzeit spielten wir in der Theatergruppe ein Laienspiel, dem diese biblische Begebenheit zugrunde lag. Der Titel: Die unbesiegbare Stimme[1].
In der Schlussszene bringt Salome ihrer Mutter Herodias auf einer Schale den Kopf des Johannes.

---

[1] Payod, Armand: **Die unbesiegbare Stimme**. (Aus dem Französischen übertragen von Drescher, Karl-Heinz). Bärenreiter Laienspiele, Nr. 258

„Komm her und schau dir ein letztes Mal seine Augen an. Nun – komm und sage mir, wer das Spiel gewonnen hat, wir oder er – wir alle oder er!"
Sie hebt das Tuch, Herodias nähert sich.
„Nein! Deck das Gesicht zu! Hörst du, deck das Gesicht zu! Es macht mir Angst. Diese Augen, diese ungeheuren Augen! Sie reden lauter noch als seine Stimme. Diese Augen! Sie richten nicht mehr, sie verkünden die Gegenwart Gottes. Salome, deck diese Augen zu! Willst du denn, dass diese Vision mich verfolgt bis zum Jüngsten Tage und uns toll macht? Toll und verzweifelt! Wir müssen leben, Salome! Wir müssen noch leben. Deck doch die Augen zu!"
Später, als Herodes dazugekommen ist, sagt Salome - sie verkörpert im Spiel die Stimme des Gewissens - : „Er ist unser Opfer und von nun an unser Ankläger, denn wir haben nicht verstanden, ihn zu hören, als es noch Zeit war, zu hören und zu antworten".
Herodes: „O diese Augen!" *(Stille)* „Schliesst ihm die Augen! Ich will, dass man ihm die Augen schliesst. Sofort!"
Salome: „Ja, schliesst ihm die Augen! Damit es ganz deutlich wird, dass er uns verlassen hat und dass wir die Gefangenen sind, wenn er in die ewige Freiheit eingeht."

Herodes hatte die Gespräche mit Johannes geschätzt. Gern wäre er auch mit Jesus zusammengekommen. Kurz vor seinem Tod am Kreuz kam es noch zu der Begegnung. Herodes freute sich über die Gelegenheit, Jesus eine Menge Fragen stellen zu können. Aber er bekam keine Antworten. Die hatte ihm Johannes gegeben. Der hatte ihm schon alles gesagt, worauf es ankam. Jesus schwieg. Erschütternd!

Die unbesiegbare Stimme
Was zunächst nach Niederlage aussah, erweist sich auf die Dauer als das Gegenteil. Das Evangelium läuft weiter seinen Siegeszug durch die Welt. Die Wahrheit lässt sich weder unterdrücken noch totschlagen. Das Reich Gottes kann nicht aufgehalten werden. Bei Johannes und bei Jesus selbst nicht, und schon vorher und nachher bei Tausenden von Mahnern und Zeugen, die um des Evangeliums willen verfolgt, gefangen oder getötet wurden. Das Blut der Märtyrer ist der Same der Kirche. „Ihr Ende schauet an"[1], ermutigt der Apostel die bedrängten Hebräer.

Ein Beispiel aus dem Emmental
In den Sommerferien habe ich mich mit der Geschichte der Täufer beschäftigt. Diese Bewegung von schlichten Christen in den hintersten „Chrächen" (unwegsame Bergtäler) des Emmentals distanzierte sich vor 400 Jahren von einer entarteten Kirche, die sich zum Werkzeug des Staates hatte missbrauchen lassen (und daran sehr reich wurde!). Es kam zu massiver, gemeiner Verfolgung.
Ein Schicksal von vielen:
„Jakob Habegger war ein schlichter Bauer von Hasle-Rüegsau. Seine Frau Annemarie gebar ihm 7 Kinder. Jakob kam durch seinen Nachbarn Kurt Lüthy zum Glauben an den Herrn Jesus Christus. Beim Weide zäunen hatte Kurt ihm von der Liebe Gottes erzählt und von der Möglichkeit, sein Leben ganz bewusst in die Hände Gottes zu legen. Durch Wanderprediger und

[1] Hebräer 13, 7

das lebendige Zeugnis einfacher Glaubender kamen viele Menschen in seinem Dorf zum Glauben.
Die reformiert geprägte Obrigkeit wurde bald einmal auf die schnell um sich greifende Bewegung aufmerksam. In unzähligen Disputen erstaunte den Kirchenrat vor allem die fachkundigen Bibelkenntnisse der einfachen Leute. Am 25. September 1593 wurde auch Jakob Habegger von seinem Hof abgeführt. In Langnau wurde er zu einem Disput ins Rathaus gebracht. Jakobs einfacher und kindlicher Glaube machte seine Gesprächspartner derart rasend, dass sie ihn sogleich nach Bern ins Marzili-Zuchthaus deportierten.
Unter schwerer Folter sagte Jakob aber am 29. Dezember seinem Glauben ab. Zwei Tage später war er wieder in Hasle bei seiner Familie. Schon am Sonntag darauf aber gingen seine ganze Familie in die Hausversammlung auf den Hof Ebnet in Ramsei. Auch Jakob war mitgekommen, denn sein Sohn Hans liess sich an diesem Tag taufen. In der Versammlung stand Jakob auf und bat Gott um Vergebung, dass er nicht standhalten konnte. Der Wanderprediger Willhelm Grüssi nahm Jakob vor die versammelte Gemeinde, segnete ihn und bat Gott, ihm, dem Jakob doch Treue ins Herz zu legen. Hinfort war diese Gottestreue Jakob Habeggers Markenzeichen.
Zuerst werden Jakob und Annemarie zwei Kinder weggenommen und als Verdingkinder in die Ostschweiz verkauft. Unbekannte zünden am 14. Februar 1601 sein Heimetli (kleines Bauerngut) an. Es brennt bis auf die Grundmauern nieder. Seine Frau Annemarie wird 4 Jahre später auf Schloss Trachselwald während 8 Monaten gefangen gehalten und gefoltert. Trotz grösster Bedrängnis hält sie an ihrem Glauben fest. Am 30. März 1605 stirbt sie an einer Lungenentzündung auf Trachselwald. Ungeachtet all dieser Schicksalschläge bleibt Jakob treu. Sein Glaube festigt sich sogar noch, und er beginnt als Laienprediger Hausversammlungen zu leiten.
1614 beginnt eine lange Gefängniszeit für Jakob. Auf Schloss Trachselwald wird er während 7 Jahren in der Folterkammer festgehalten. Trotz schwerster Misshandlung, Typhus und Pest überlebt Jakob. Fröhlich kann er an seinem Jesus festhalten. Immer wieder hört man in den Gefängnismauern lautes Singen und Bibelzitate, die Jakob inbrünstig von sich gibt. Während der ersten 7 Jahre seiner Gefangenschaft wird Jakob Habegger alle Jahre aufgefordert, seinem Glauben abzuschwören, doch er bleibt standhaft. Nach weiteren Jahren grossen Leidens wird Jakob 1619 zu lebenslänglicher Haft auf Trachselwald verurteilt.
Während seinen letzten Jahren wird Jakob erlaubt zu schreiben. So entstehen zahlreiche Schriften, welche die Täuferbewegung ermutigten und aufforderten, Gottes Treue auch im eigenen Leben umzusetzen. 1629 stirbt Jakob auf Trachselwald. Sein geschwächter Körper überlebt den kalten Winter in jenem Jahr nicht. Noch über Jahrzehnte hinaus ist das Treuezeugnis von Jakob Habegger in vielen Hausversammlungen des Emmentals weitererzählt worden.
aus www.mysunrise.ch/users/reto.beeler/de/taeufer.htm

Gottes Wort ist nicht gebunden![1]

[1] 2. Timotheus 2, 9

Botschaft – Brotschaft?

26. Predigt

Und die Apostel kamen bei Jesus zusammen und verkündeten ihm alles, was sie getan und gelehrt hatten. Und er sprach zu ihnen: Geht ihr allein an eine einsame Stätte und ruht ein wenig. Denn es waren viele, die kamen und gingen, und sie hatten nicht Zeit genug zum Essen. Und sie fuhren in einem Boot an eine einsame Stätte für sich allein.
Und man sah sie wegfahren, und viele merkten es und liefen aus allen Städten zu Fuss dorthin zusammen und kamen ihnen zuvor. ***Und Jesus stieg aus und sah die grosse Menge; und sie jammerten ihn, denn sie waren wie Schafe, die keinen Hirten haben. Und er fing eine lange Predigt an.***
Als nun der Tag fast vorüber war, traten seine Jünger zu ihm und sprachen: Es ist öde hier, und der Tag ist fast vorüber; lass sie gehen, damit sie in die Höfe und Dörfer ringsum gehen und sich Brot kaufen. Er aber antwortete und sprach zu ihnen: Gebt ihr ihnen zu essen! Und sie sprachen zu ihm: Sollen wir denn hingehen und für zweihundert Silbergroschen Brot kaufen und ihnen zu essen geben? Er aber sprach zu ihnen: Wieviel Brote habt ihr? Geht hin und seht! Und als sie es erkundet hatten, sprachen sie: Fünf und zwei Fische. Und er gebot ihnen, dass sie sich alle lagerten, tischweise, auf das grüne Gras. Und sie setzten sich, in Gruppen zu hundert und zu fünfzig.
Und er nahm die fünf Brote und zwei Fische und sah auf zum Himmel, dankte und brach die Brote und gab sie den Jüngern, damit sie unter ihnen austeilten, und die zwei Fische teilte er unter sie alle. Und sie assen alle und wurden satt. Und sie sammelten die Brocken auf, zwölf Körbe voll, und von den Fischen. Und die die Brote gegessen hatten, waren fünftausend Mann..
Markus 6, 30-44

Schon wieder dieser Text?

Diese Begebenheit, oder die anderen Speisungsberichte aus den Evangelien erscheinen regelmässig auf unserm Predigtplan. Ausserdem „predigt“ der Text jeden Sonntag, immer wenn wir in unserer Kirche sitzen, weil vorne im Chor eines der Glasfenster ihn darstellt. Ich habe auch schon darüber gesprochen.
Deshalb möchte ich diesmal nur einen einzigen Vers herausstellen. Er sprang mir beim Lesen in die Augen.

Typisch Christen!

„*Er fing an eine lange Predigt*“: Typisch Kirche, viel Worte und kaum Taten, höre ich den Kommentar des kritischen Hörers. Für die Probleme der heutigen Welt brauche es handfeste, tatkräftige Aktionen, nicht fromme Phrasen. Die seien ja bloss Opium fürs Volk. Ich erinnere mich noch gut an die erste Zeit hier in Brittnau. Damals begegneten die Dorfleute uns, den ehemaligen Missionaren, mit Zurückhaltung, ja einem gewissen Misstrauen, weil sie annahmen, wir wollten sie gleich bekehren. Vielleicht gar nicht so ohne Grund! Wir Menschen scheinen eine empfindliche Haut gegen blosse Predigten zu haben.
Leute, die praktische Hilfe favorisieren, liegen gar nicht falsch. Der Verlauf des Berichts zeigt nämlich, dass Jesus keineswegs nur verbalen Trost und Ratschläge austeilte. Er füllte auch die

hungrigen Magen, und zwar grosszügig. Alle wurden satt, und es blieb noch übrig. Doch was war der Grund, dass sie zuvor so sehr nach seinen Worten gehungert hatten?

Schafe ohne Hirten

Sie erschienen Jesus wie Schafe ohne Hirten. Wenn der Hirt fehlt, zerstreut sich die Herde. Weil Schafe nun einmal Schafsköpfe haben, folgen sie dumm, kurzsichtig und gedankenlos jedem spontanen Impuls, ohne sich etwelcher Gefahren bewusst zu sein. Ein Schafhirte sagte mir einmal, im Gegensatz zu den Ziegen fresse das Schaf wahllos alles, was ihm unter die Nase kommt! Eine sich selbst überlassene Schafherde bewegt sich ziellos und durcheinander. So ist sie wilden Tieren, Räubern und andern Gefahren ausgeliefert.

Schafe brauchen zur Sicherheit und zum Schutz einen Hirten. Sie benötigen eine lenkende Hand, sie brauchen Ordnung, sie sind auf eine Autorität über sich angewiesen. Schafe sind, anders als gewisse zweibeinige Herdentiere, nicht so dumm, dass sie diese sanfte, aber doch bestimmte Führung abweisen.

Der Hirt bestimmt ja nicht nur, wo's lang geht. Er sorgt auch für Nahrung und Wasser. Er gibt Acht auf die individuellen Bedürfnisse der Tiere. Fürsorglich hält er die zarten Lämmer im Auge. Er weiss sture Böcke bei der Stange zu halten. Mit besonderer Rücksicht achtet er auf die gestressten Muttertiere, damit sie nicht überfordert werden, und er pfeift wenn nötig die übermütigen Jährlinge zur Vernunft. Er beobachtet, holt Verirrte und Zurückgebliebene zurück, er verbindet, verarztet, versorgt, hält zusammen und verteidigt.

Bis heute kann nichts die Person des Hirten ersetzen, auch der beste Zaun und elektrische Viehhüter-Systeme nicht. Schafe wie Menschen brauchen persönliche Zuwendung.

Zur Zeit Jesu hatten die Führer der Juden ihre Hirtenaufgabe vernachlässigt. Sie hatten mit ihrer Auslegung des alttestamentlichen Gesetzes und hunderten von zusätzlichen Geboten einen Zaun aufgestellt, den Elektrohüter (die Drohung) der Strafe daran gehängt, und das Volk darin sich selbst überlassen. Denen blieben eine starre Lebensform statt einer lebendigen Lehre, Lehrsätze und Regeln statt einem persönlichen Begleiter, Angst statt Vertrauen, äussere Form statt dem Geist. Eine Herde ohne Hirt! Hier tritt Jesus in die Lücke. Er setzt sich für die Wehrlosen, Unwissenden, Kranken, Ausgestossenen und allein Gelassenen ein. Er gibt ihnen die nötige Leitung, Fürsorge und Liebe. Nicht dass ihm die Starken und Gesunden egal wären, aber er nimmt besonders Partei für die, welche sonst niemand haben, und wird ihr Fürsprecher und Heiland. „Ich will das Verlorene wieder suchen und den Schwachen aufhelfen“[1]. Das ist echte Hirtenart.

Auf dem Rückzug vor Herodes lässt Jesus die Gefahr ausser Acht, die ihm selbst droht, und wendet sich der Menge zu. Die haben nichts zu bieten, sie haben ja nicht einmal Proviant bei sich. Trotz der dringend nötigen Ruhepause, die er für seine Jünger und sich sucht, stellt er sich den Wartenden. Der gute Hirte opfert sich auf für die Schafe, weil er zutiefst mit ihnen leidet.

[1] Hesekiel 34, 16

Hilfe für Geist und Leib

Jesus hält eine lange Predigt. Zuerst packt er die geistliche Not an. Seine Rede wird eher ein Gespräch als ein reiner Monolog gewesen sein. Er wird getröstet, ermutigt und aufgerichtet haben. Er weiss, dass der Mensch nicht nur von Nahrung und Brot lebt. Zuwendung, Zuspruch, echte Anteilnahme, und gerade die ewigen Worte von der Liebe Gottes sind viel wichtiger. Was hilft es dem Menschen, die ganze Welt zu besitzen, wenn seine Seele dabei verkümmert? Was nützt es, wenn ein Kind das Zimmer voll Spielzeug hat, aber keine Zuwendung bekommt? Was nützt es, wenn ein Mensch einen Haufen Geld besitzt, aber weder Prinzipien, Führung, noch Vorbild mitbekommen hat, um die gängigen Wertmassstäbe, Versprechen und Lockvögel richtig einstufen zu können und Wahrheit von Trug zu unterscheiden? Wir brauchen Führung, innere Führung. Die gibt uns Jesus mit seinem Wort und Geist. Sein Rat ist verlässlich: Worte ewigen Lebens! Die bauen den Menschen auf.

Aber er sorgt auch für den Leib. Interessant, wie er die kleine Spende wert schätzt und vermehrt. Es gibt also weder für die Jünger, noch für dich oder mich die Ausrede, ich hätte zu wenig zu bieten, mein Beitrag reiche ja nirgends hin. Das Mehl im Topf wird nicht ausgehen, und das Öl wird weiter aus dem Krug fliessen.[1] Das wenige, das wir Jesus willig in die Hand geben, wird sich wunderbar vermehren, bis alle genug haben. Und es wird noch übrig bleiben!

Botschaft und Brotschaft

Ob zuerst Herz oder Magen, die geistliche oder die leibliche Not gestillt werden soll, lässt sich diskutieren. Die Heilsarmee hat den praktischen Grundsatz „Suppe, Seife, Seelenheil". Wir wissen von Jesus, dass er oft als erstes die Kranken geheilt hat, und erst dann auf ihre inneren Nöte einging. Ich wage zu behaupten, wenn die 5000 schon mit knurrenden Magen zu ihm gekommen wären, hätte er sie zuerst gespeist!

Über die Gewichtung der beiden Arten von Hilfe jedoch besteht kein Zweifel. Blosse Essenshilfe hält nicht an. Jeder Mensch wird wieder hungrig. Spenden und Aktionen wirken nur nachhaltig, wenn sie von hingebenden Hirten weitergegeben und begleitet werden, die auch innere Hilfe vermitteln. Die Botschaft ist wichtiger!

Vor 40 Jahren hatte eine grosse Schweizer Warenkette ein Entwicklungsprojekt in Afrika gesponsert und betrieben. Es wurden viele Mittel, Zeit und Effort investiert, eine wirklich gute Sache. In der Kundenzeitung wurde damals fast in jeder Nummer darüber berichtet.

Der damalige Generaldirektor des Konzerns war ein Studienkollege meines Schwiegervaters gewesen. Während der Zeit unseres ersten Heimaturlaubs lud er uns einmal zu sich ein. Er fragte nach unseren Erfahrungen mit Hilfsprojekten, und räumte ein, sie hätten in Afrika ernüchternde Enttäuschungen erlebt. Die Einheimischen wüssten die Hilfe zwar zu schätzen, aber sie wirke nicht dauerhaft. Gelder versickerten, Maschinen rosteten dahin, Projekte versandeten, sobald die Entwicklungshelfer sich zurückzogen. Es sei deprimierend, wie so viel Goodwill und Einsatz wenig bleibende Veränderungen brachten (Später wurde das Projekt sang- und klanglos begraben).

Wir konnten auch nicht von grossen Erfolgen erzählen. Wir halfen zwar nach Kräften dort, wo die Leute wirklich der Schuh drückte. Unsere Mittel waren jedoch begrenzt. Aber nicht

[1] 1. Könige 17, 14

nur deswegen hatte unsere Mission den festen Grundsatz, kein Geld zu verteilen, ohne eine Gegenleistung zu fordern. Wenn Soforthilfe, dann nur Naturalgaben. Warum? Weil blosse Spenden die Leute von uns abhängig machten und sie nicht von ihren verhängnisvollen Gewohnheiten weg brachten, im Gegenteil! Sie förderten Müssiggang und Laster.

Aber dort, wo das Wort von Jesus, das Evangelium angenommen wurde, begann ein Umschwung. Da veränderten sich die Menschen von innen heraus. Männer hörten auf zu rauchen und zu trinken. Statt herumzusumpfen blieben sie zu Hause! Egoismus und Lüge wurden durch Gottes Wort entlarvt und verdrängt. Liebe und Rücksicht begannen im Haus zu regieren. Streit und Übervorteilung zogen den Kürzeren. Wir erlebten, wie durch den Glauben (mit biblischer Unterweisung und Jüngerschaftsschulung) schlechte Gewohnheiten weichen mussten. Die Familien begannen nicht nur um Gottes Segen für ihre Ernte zu beten, sie arbeiteten auch so, dass die Felder gut standen! Mit verblüffender Regelmässigkeit schaffte sich eine Bauernfamilie, die sich zu Jesus gekehrt hatte, innert einem Jahr aus lebenslangen Schulden heraus. Mit Gottes Hilfe, betonten sie jeweils. Und das ohne jede finanzielle Schützenhilfe unsererseits.

Botschaft ist also auch Brotschaft. Das eine zieht das andere nach sich. Im Hören auf das Evangelium wird der Hunger im Herzen gestillt. Wenn dann für Jesus die rechte Zeit kommt, wird er auch den äussern, körperlichen Hunger, oder andere Bedürfnisse befriedigen. Vielleicht geht es nicht immer so schnell wie im Bericht des Markus. Dann gilt es, nicht vorzeitig ungeduldig zu werden oder ihm gar aus der Predigt, sprich Schule zu laufen.

Hey, mach mal Pause!

27. Predigt (zum Beginn der Aktion „Lohnender Verzicht“ in der Fastenzeit)

Und die Apostel kamen bei Jesus zusammen und verkündeten ihm alles, was sie getan und gelehrt hatten. Und er sprach zu ihnen: Geht ihr allein an eine einsame Stätte und ruht ein wenig. Denn es waren viele, die kamen und gingen, und sie hatten nicht Zeit genug zum Essen. Und sie fuhren in einem Boot an eine einsame Stätte für sich allein.
Markus 6, 31,32

Es ist fast so, als ob uns Gott selbst dies zurufen würde: Ruht ein wenig! Spannt einmal aus! Mach mal Pause!

Pause - unverdientes Geschenk aus Gottes Gnade

Am Ende der Schöpfungstage, am Anfang der Menschheitsgeschichte steht eine Pause, und auf den letzten Seiten der Offenbarung, bei der Weltvollendung, wird wieder gefeiert, diesmal ohne Ende. Es ist dies eine ewig währende Pause. Dazwischen finden wir immer wieder Hinweise von dem, was Gott für uns getan hat und tut. Wir sind eingeladen, uns darüber zu freuen und es zu geniessen. Die Feierstunden sind Angebot Gottes. Nie verdienen wir sie aus eigenem Tun. Sie sind immer unverdiente Gabe aus seiner gütigen, grosszügigen Hand.
Gleich am Abend des ersten Tages von Adam und Eva begann für sie der Sabbat, der Ruhetag. Sie dürfen und sollen feiern, was Gott, ganz ohne ihr Zutun für sie geschaffen hat. Später darf das Volk Israel „zur Ruhe eingehen in ein Land, wo Milch und Honig fliesst“. Dieses Land hat ihnen Gott schon zum Voraus gegeben.
Wenn wir den Predigttext näher ansehen, zeigt sich die gleiche Spur: Jesus hatte seine Jünger mit Vollmacht ausgerüstet und sie ausgesandt, damit sie das Werk weiterführten, das er an den Armen, den nach Gerechtigkeit Hungernden, den von Krankheit Gezeichneten, den von bösen Geistern Geplagten begonnen hatten.
Nun waren sie zurückgekommen. Wie viel hatten sie erlebt! Sie berichteten voll Freude darüber. Ohne Geld, ohne Proviant waren sie losgezogen, und doch hatten sie keinen Mangel gelitten. In seinem Namen hatten sie gepredigt, gebetet, geheilt, bösen Geistern befohlen, und dabei manches Wunder erlebt. Es war nicht ihre Kraft, nicht ihr Verdienst. Es war schöpferische Kraft Gottes, die durch sie wirkte.

Pause für den Herrn

Die grosse Freude darüber, die Dankbarkeit, das Staunen, dürfen nun nicht in der Geschäftigkeit des Alltags und den Hilfe suchenden Menschenmassen verloren und vergessen geraten. Jesus geht mit seinen Jüngern abseits, damit sie feiern und danken können. Sie sollen die Grosstaten Gottes würdigen und innerlich verarbeiten können.
Aus dem gleichen Grund und Verständnis hat die christliche Gemeinde sofort nach Ostern den Tag der Auferstehung als den Tag des Herrn zu feiern begonnen. Am Sonntag, dem ersten Tag der Woche, hat Gott durch die Auferweckung seines Sohnes das Werk des Erlösers bestätigt und vollendet. Zum Geschenk des neuen, ewigen Lebens haben wir so wenig beigetragen wie Adam und Eva zur Weltschöpfung.

Aber wieder sind wir eingeladen und aufgefordert, Kenntnis zu nehmen von dem, was Gott für uns getan hat, für dich und für mich! Staune darüber, danke Gott dafür und bete ihn an!
Wenn nach dem Feiertag der Alltag dich wieder einholt, dann denke daran: Du lebst nicht von dem, was du verdienst hast und erreicht hast. Du lebst von dem, was Gott für dich getan hat! Du lebst von dem, was Christus für dich gelitten und erworben hat durch seine Schwerarbeit am Kreuz.
Was Gott geschenkt hat durch Jesus Christus, führt in die Anbetung. Die Christen von heute, besonders die junge Generation, haben richtig erkannt: Nicht nur die Predigt gehört in den Sonntagsgottesdienst, sondern auch ganz bewusst das Staunen über Gottes Güte und Gnade, der Lobpreis für das, was Er uns ganz aus Gnaden zukommen lässt. Wir dürfen und müssen das wieder ganz bewusst lernen und pflegen: Innehalten, in seiner Gegenwart verweilen, Ihn anschauen und das, was er für uns bereithält. Daraus wächst Dankbarkeit und Liebe zum Herrn. Und eine grosse Freude wird sich in einer anbetenden Gottesdienstgemeinde ausbreiten, die Freude, aus der Kraft wächst für den Dienst an den Mitmenschen und an der Welt.

Pause für dich selbst

Mit dem Ruhetag zu Beginn des Lebens und am Anfang der Woche will dir Gott sagen: „Ich habe Zeit für dich. Ich will dir wohltun."
Ich kann mir gut vorstellen, wie die Jünger nach ihrer ersten Predigtreise fast platzten vor lauter Erlebnissen, die sie nun einander und vor allem ihrem Meister erzählen wollten. Wahrscheinlich waren sie richtig in Hochstimmung, aufgezogen vor lauter Erschöpfung und ob der Fülle der Eindrücke. Wie wohl hätte es getan, wenn sie ihre Worte losgeworden wären, so wie ein Kind, das gerade von der Schulreise heimgekehrt ist und kaum warten kann mit Reden. Viel Schönes gab es da zu berichten, aber vielleicht auch Fragen zu stellen, auf die sie gerne Antwort bekommen hätten.
Für die Jünger blieb dazu keine Gelegenheit. Schon wieder drängten sich die Leute um Jesus und um sie. Die Bewegung hatte um sich gegriffen! Es ist nun wirklich erstaunlich, dass Jesus die Volksmenge stehen lässt zugunsten der Zwölf. Er will sich Zeit nehmen für sie! Er will sie aus dem Getriebe herausnehmen, weil er weiss: Ruhe müssen sie jetzt haben. Gerade das brauchen sie jetzt! Wie wohl tut es doch, wenn jemand Zeit hat, wenn jemand wirklich zuhört, wenn man abseits gehen kann, wo es still ist, und ungestört miteinander reden kann! Das sollten, das müssten wir auch untereinander noch mehr pflegen!
So wendet sich der Meister den Seinen zu: Gehen wir an einen einsamen Ort! Sicher will er, dass wir sein Reich und seine Botschaft in der Welt verbreiten. Aber es gibt immer wieder Zeiten, wo er mit uns allein sein will. Sammlung und Sendung wechseln sich ab. Wer nicht regelmässig Luft schöpft, wirkt ausgepumpt. Wer nicht ans Nachtanken denkt, steht in Gefahr, auf halbem Weg stecken zu bleiben. Wird kein Holz nachgelegt, brennt das Feuer schliesslich aus.
Jesus ehrt die Arbeit seiner Jünger, indem er sich Zeit für sie nimmt..
Am Ende will er Zeit haben für uns, auch ganz zuletzt, wenn einmal unsere Zeit abgelaufen ist. Wenn unsere Arbeitstage zu Ende sind, will Gott Zeit haben für uns. „Es ist noch eine Ruhe vorhanden für das Volk Gottes"[1].

---

[1] Hebräer 4, 9

Dem Menschen, der mit Gott lebt, steht nicht einfach ein Einschlafen oder Verlöschen bevor: Nein, das ist der Anfang, der Anbruch eines ewigen, unaufhörlichen Feiertags, das Fest bei Gott und grosse Freude ohne Ende.
Einmal Pause machen hilft uns, mitten in der Arbeit, mitten im Stress, in den Sorgen und umgeben von den schreienden Nöten der Welt uns zu besinnen: Nicht die Mühe und Arbeit sind die Hauptsache, sondern die Gemeinschaft miteinander und mit Gott. Schauen wir doch vom Schweiss und den schweren Beinen, vom Rücken- und Kopfweh, den verspannten Muskeln und den schmerzenden Augen, ja, und vom übervollen Terminkalender bis zur Sorge um den Arbeitsplatz weg hin zur Hoffnung auf die endgültige Feier und Freude!
Israels Weg durch die Wüste hat ein Ziel. Das Land steht für sie bereit, mit allem Guten im Überfluss. Die Erfüllung der Verheissung steht bevor. Es gilt, im Vertrauen auf Gott an der Hoffnung festzuhalten. Es gilt, ohne Auflehnung und Murren den eingeschlagenen Pfad weiter zu gehen und das Ziel ins Auge zu fassen. In dieser Haltung sind sogar langweilige, mühsame, heisse und öde Strecken besser zu ertragen. Jeder von uns hat dann und wann solche Durststrecken zu überwinden, die einen mehr, die andern weniger. Wer durchhält, findet Erfüllung, sagt Jesus. Darauf können wir uns verlassen, er steht zu seinem Wort.

Pause für die Mitmenschen

Die Ruhezeit allein mit dem Meister blieb begrenzt. Die Menschenmenge folgte ihnen auf dem mühsameren Landweg. Warum wohl? Sie wussten, wenn Jesus mit seinen Jüngern zusammen war, bedeutete das Segenszeit. Es lohnte sich, dabei zu sein! Tausende hatten das erkannt. Jetzt liess Jesus sie nicht mehr stehen. Er stillte ihren geistlichen, und am Abend den leiblichen Hunger. Dir Jünger halfen mit, die Menge zu speisen. Eine erneute unvergessliche Erfahrung machten sie: 5 Fladenbrote und 2 kleine Fische reichten für alle!
Der Tag der Ruhe wurde so unversehens wieder zu einem Tag der Austeilung, zum Weitergeben des von Jesus empfangenen Segens. Nicht nur der innere Kreis um Jesus; *alle* profitierten von seiner Zuwendung. Alle durften nehmen, wurden gestärkt an Leib und Seele. Die Jünger waren daran aktiv beteiligt. So darf der Segen des Ruhetages immer weitere Kreise ziehen.
Schon in den 10 Geboten steht, dass den Mitarbeitern und Knechten, auch den Sklaven, ja sogar dem Ochs und Esel die Wohltat des Sabbats nicht vorenthalten werden darf. Auch ihnen steht die allwöchentliche Ruhepause zu. Sie sollen auch einmal aufatmen können!
Jesus ging noch weiter. Er war oft gerade am Sabbat für den bedürftigen Menschen da. Für manchen wurde der Feiertag zum Tag der Hilfe, des Wohltuns, der Heilung, der Erleichterung und der Befreiung.
So dürfen auch wir uns am Tag des Herrn Zeit nehmen füreinander. Er ist Geschenk Gottes gerade dafür: Zeit für die Kinder, für den Partner, für Nachbarn, Kranke, Einsame, ja ganz allgemein: Zeit für den Nächsten.
Aber es darf nicht so sein, dass die Ruhezeit allein für die Mitmenschen sein soll.
Gott ist dann vor allem *für uns* da, für uns alle, die wir alle ohne Ausnahme seine Zuwendung, sein hörendes Ohr, seine wohltätige Hand, seine ermutigenden, helfenden Worte nötig haben.
Mach mal Pause! - Gott will uns seine Zeit schenken. Er möchte uns sachte wegführen aus dem Gedränge und den Aufgaben, die uns gefangen nehmen wollen. Die Jünger dachten wohl: Wir können doch diese Gelegenheit nicht vorbeigehen lassen! Aber Jesus nahm sie an der Hand und führte sie ins Boot.

Er hat Zeit für uns: Nehmen wir uns Zeit für ihn! „Lohnender Verzicht“ will uns dazu ermutigen.

Dass sich das lohnt, kann ich aus eigener Erfahrung vom Bildungsurlaub bezeugen. Vorher fühlte ich mich doch recht müde und abgespannt. Auf Anregung der Kirchenpflege plante ich in die 4 Monate bewusst eine Zeit der Stille ein: Einmal heraus aus der gewohnten Umgebung, weg vom Betrieb! Für die drei Wochen verzichtete ich auf Zeitung, Radio und Fernsehen und alle Unterhaltungsliteratur. Besinnung und Sammlung war dran. Wie wohltuend war es, Ruhe und Zeit zum Beten, zum Bibellesen und zum Nachdenken zu haben. Dazu kam die Gemeinschaft mit andern Christen, zusammen arbeiten und feiern, austauschen, diskutieren, aufeinander hören und Gott loben. Es wurde die beste Zeit meines Urlaubs. Ich wünsche jedem Einzelnen von Ihnen eine ähnliche Erfahrung. Es müssen nicht drei Wochen sein. Für Sie könnte es zum Beispiel der Gemeindegebetstag sein (für mich übrigens auch). Gott hat Zeiten des Segens, der Erfrischung , des Auftankens und einer neuen Ausrichtung für uns bereit. Der Prospekt der Aktion „Lohnender Verzicht“ enthält viele, zum Teil sehr originelle Vorschläge, wie wir Freiraum für Gott gewinnen können.

Gott schenkt uns Pausen zum Zeichen, dass er für uns da ist. Er schenkt die Zeit, damit wir Zeit haben für ihn, damit wir unsere Schritte mit ihm überdenken können und Neues planen und wagen. Wo wir uns miteinander von Jesus an einen einsamen, stillen Ort führen lassen, da wird Segen fliessen. Es wird sich herumsprechen, dass dies wertvolle, kostbare Zeiten sind. Menschen von nah und fern werden davon hören, werden kommen und auch daran teilhaben wollen. Dann dürfen wir auch ihnen Zeit schenken und vom empfangenen Segen weitergeben.

Gegenwind – eine neue Gottesbegegnung

28. Predigt

Jesus kommt zu seinen Jüngern auf dem See

Und alsbald trieb er seine Jünger, in das Boot zu steigen und vor ihm hinüberzufahren nach Betsaida, bis er das Volk gehen liesse. Und als er sie fortgeschickt hatte, ging er hin auf einen Berg, um zu beten. Und am Abend war das Boot mitten auf dem See und er auf dem Land allein. Und er sah, dass sie sich abplagten beim Rudern, denn der Wind stand ihnen entgegen. Um die vierte Nachtwache kam er zu ihnen und ging auf dem See und wollte an ihnen vorübergehen. Und als sie ihn sahen auf dem See gehen, meinten sie, es wäre ein Gespenst, und schrien; denn sie sahen ihn alle und erschraken. Aber sogleich redete er mit ihnen und sprach zu ihnen: Seid getrost, ich bin es; fürchtet euch nicht! Und er trat zu ihnen ins Boot, und der Wind legte sich. Und sie entsetzten sich über die Massen; denn sie waren um nichts verständiger geworden angesichts der Brote, sondern ihr Herz war verhärtet.
Markus 6,45 – 52

Zwei Aufgaben, gegensätzliche Erfahrungen

Die vorangehende Geschichte der Speisung und dieser Bericht haben einen Zusammenhang. Zuerst spannt Jesus die Jünger ein in sein Werk und bestätigt sie; es ist schön und wunderbar mit dem Meister zu leben. Jetzt kommt eine weitere Anweisung: „Rudert auf die andere Seite des Sees!“

Jesus hat seine Jünger eingeladen, sie möchten in allen Situationen des Lebens ihm zur Verfügung stehen, ob er sie zu Schönem braucht oder ob zu Schwerem. Hier packen sie auf Geheiss ihres Meisters etwas Neues an. Es wird mühsam. Scheinbar war diese Aufgabe sinnlos: Auf der Stelle rudern, ohne vorwärts zu kommen. Manchmal heisst uns Jesus etwas tun. Wir mögen dabei etwas wie einen Durchbruch erleben, wie ein göttliches Ja über unserm Leben. Aber es gibt Zeiten, da hat er einen Auftrag mit steifem Gegenwind gegeben. Wir können diese Blockaden nicht erklären. Zuerst wurden die Jünger gebraucht von Gott, und jetzt kämpfen sie mit Widerstand.

Eine schwere Lektion

Jesus will Treue lehren im Erfüllen eines göttlichen Auftrags, auch wenn er schwer ist! Wir verstehen dabei nicht recht, warum es nicht zum Durchbruch kommt oder nicht vorwärts geht. Unbegreiflich, eine solche Situation! Ich arbeite im Auftrag Gottes und es bringt nichts, führt mich höchstens an meine Grenzen. Dies ist ein Geheimnis, das ich nie lüften kann: Warum lässt Gott seine Leute über zehn Stunden lang Not leiden? Warum ist er ihnen nicht sofort übers Wasser zu Hilfe geeilt? Als Allwissender und Allmächtiger wäre ihm das doch ein Kleines gewesen?!

Die Wellen – furchterregend und nützlich zugleich

Was machte den Jüngern Mühe? Die Wellen! Aber Jesus gebrauchte genau diese Wellen um zu ihnen zu gelangen. Er ist nämlich über die Wellen gegangen, schön von Kamm zu Kamm. Er benutzte das, was den Jüngern Schwierigkeiten bereitete, um sie zu erreichen (Hier rede ich nur von den Problemen, in die uns Gott hineinstellt, nicht von denen, die wir selbst ver-

schulden). Jesus lehrt uns, in der Nachfolge die richtigen Prioritäten zu setzen in Abhängigkeit von ihm. Die wahren Dinge, die offensichtlichen Tatsachen mussten der Wahrheit selbst Platz machen. Jesus ist der Weg, die Wahrheit und das Leben!
Wenn wir so schöne Dinge mit Jesus erleben, haben wir manchmal den Eindruck, wir brauchten Jesus fast nicht mehr. Jesus braucht mich, das ist die Hauptsache, das ist flott und das wichtigste. Aber plötzlich zeigt Jesus mir: „Nein, es ist umgekehrt: Du brauchst mich!"

„Ich bin für euch da"

Wir brauchen Jesus. Das wird uns hier gezeigt. Genau am Tiefpunkt der aussichtslosen Plackerei des Ruderns hat Jesus durch Wind und Wellen ‚hindurchgerufen': „Seid guten Mutes, Ich bin es (EGO EIMI – JAHWE), fürchtet euch nicht!" Fasst Mut, ich bin für euch und nicht gegen euch! Auch wenn ich euch scheinbar sinnlos leiden liess, bin ich für euch, weil ich an euren Herzen arbeiten möchte. Seid guten Mutes! Bitte denkt daran. Erfüllt weiterhin euren Auftrag, denn euer Mühen ist nicht sinnlos. Die Jünger haben gemeint, ihr Rudern bringe sie nicht weiter. Aber Jesus hat gesagt, seid guten Mutes, es ist nicht sinnlos. Auch wenn es euch sinnlos erschienen ist, ist es nicht sinnlos in den Augen von Jesus Christus!

Eine Verklärung von Jesus

Ausgerechnet als die Jünger am Ende ihrer Möglichkeiten waren, schenkte Gott ihnen eine überwältigende Demonstration der Herrlichkeit von Jesus. Später[1], auf dem Berg der Verklärung, waren nur drei Jünger dabei, aber hier war die ganze Jüngerschar beisammen. Keiner von ihnen konnte sagen, er wäre nie in eine solche ausweglose Situation gekommen, er wüsste, wie man bei stürmischem Wellengang rudert. Ausnahmslos alle waren am Ende ihrer Möglichkeiten. In so einem Moment kommen wir staunend vor Christus und sagen zu ihm: „Jetzt verstehe ich, dass du nicht mich brauchst, sondern dass ich dich brauche!" Diese Lektion wollte Jesus den Jüngern tief einprägen. Im tiefsten wollte er durch die Erfahrung sagen: „Hör mal, du bist angewiesen auf mich!" Oder wie es kurz und bündig im Johannesevangelium steht: Ohne mich könnt ihr nichts tun![2] Ihr könnt nicht einmal über den See rudern, und dies als Berufsfischer! Ohne Glauben ist es unmöglich Gott zu gefallen! steht in Hebräer 11,6 und in 2.Korinther 12,9: Meine Kraft kommt in Schwachheit zur Vollendung! Und weiter in Sacharja 4,6: Es soll nicht durch Heer oder menschliche Kraft, sondern durch meinen Geist geschehen, spricht der Herr Zebaoth!

Etwas falsch gemacht?

Wenn es bei uns nicht vorangeht, meinen wir manchmal, dass mit uns etwas nicht mehr stimmt. Aber es stimmt alles. Nur sind wir manchmal im Gegenwind Gottes, wie es auch Hiob, Joseph, Abraham, Daniel und andere erfahren haben. Er kann manchmal verzweifelt lange warten lassen! Doch plötzlich wird er in die Nöte und Schwierigkeiten unseres Lebens hineinrufen: „Sei guten Mutes, ich bin es!" Ich bin der Herr, der das zulässt. Du bist nicht schutzlos der Macht des Bösen ausgeliefert, meine Hand ist mit im Spiel. Ich habe alles unter Kontrolle. Meine Mühlen mahlen langsam, aber trefflich fein. Bitte halte durch, hab keine

[1] Markus 9, 2
[2] Johannes 15, 5

Angst und sei unbesorgt. Ich werde zu meiner Zeit helfend eingreifen. Ich will dich brauchen. Du sollst vorwärts gehen. Du sollst ein Segen werden für andere Menschen. Du bist Licht und Salz in diesem Dorf. Jedoch nicht mehr nur mit deinen menschlichen Möglichkeiten oder Fähigkeiten, sondern in meiner Kraft wirst du es sein. Meine Kraft will in dir zur Vollendung gebracht werden. Darum sei nur getrost, und vertraue dass ich es bin. Fürchte dich nicht mehr!

Auf Jesus schauen

Durch dieses Ereignis passierte in den Herzen der Jünger etwas ganz Wichtiges und Nachhaltiges. Sie lernten von sich selbst weg schauen hin auf die Fähigkeiten ihres Meisters. Jesus pflanzte die Glaubensgewissheit in ihre Herzen, dass er der Messias sei. Damit würden sie auch später fähig sein, um seinetwillen Verfolgung und Folter auf sich zu nehmen. Jesus bereitete sie auf ihren geistlichen Dienst vor. Er wird sie von Jerusalem bis ans Ende der Welt senden. Jahre später hatten sie die Lektion gelernt: Wir müssen durch viele Bedrängnisse in das Königreich Gottes eingehen![1] Im Sturm auf dem See hatte die existenzielle Not ihre ganze Kraft und Leistung als Ohnmacht und Leerlauf ans Licht gebracht. Dadurch passierte etwas in ihren Herzen und in ihrer Gottesbeziehung. Ich glaube, dass hier die drei G gepflanzt wurden: Glaube, Gebet und Gehorsam (Gottesfurcht). Wir kennen das Sprichwort: „Not lehrt beten!“ Anschliessend an diese Begebenheit lesen wir nämlich von vielen Heilungen. Das war wohl eine Auswirkung der veränderten Haltung der Jünger. Sie haben den Christus ihrer jüdischen Vorstellungen und Wünsche losgelassen. Durch diese Gegenwind- und Gotteserfahrung haben sie Jesus gegenüber eine unvoreingenommene neue Erwartungshaltung eingenommen!

Was wir wirklich brauchen

Die wirkliche Hilfe lag weder bei den Jüngern noch in einer neuen Strategie, sondern ganz einfach in der neuen Gottesbegegnung. Die Beschämung, die Blossstellung ihrer Kraftlosigkeit, die damit verbunden war, haben sie zugegeben und akzeptiert. Dadurch sind sie gewachsen in ihrer Würde als Königskinder Gottes. Paulus hat formuliert: Wenn wir mit ihm leiden, werden wir auch mit ihm zur Herrlichkeit erhoben werden![2] Nur eine neue Gottesbegegnung kann uns das geben, was wir im Leben wirklich brauchen. Damit meine ich: „Seid guten Mutes, ich bin es, fürchtet euch nicht!“ Jesus spricht seinen Jüngern in diesen Worten Annahme, Liebe und Wertschätzung zu. Er öffnet ihnen eine neue Perspektive und beschenkt sie mit neuer Hoffnung. Gegenwind hat viele Männer und Frauen, die mit Gott lebten, auf staunenswerte Höhen getrieben. Sie hatten gelernt, von sich weg hin auf den Gekreuzigten zu schauen. In Demut und Selbstlosigkeit glaubten sie mehr an die Grösse und Möglichkeiten Gottes als an ihre eigene Person und ihr menschliches Können! Ein gesundes Selbstbewusstsein ist nur im Christusbewusstsein gegeben. Paulus hat verstanden, was Jesus mit dieser Begebenheit sagen wollte: Ich habe mir vorgenommen nichts anderes zu wissen als allein Christus und diesen als Gekreuzigten![3]

---

[1] Apostelgeschichte 14,22
[2] Römer 8, 17
[3] 2. Korinther 2, 2

Er heilte alle

29. Predigt (zum Reformationssonntag)

Und als sie hinübergefahren waren ans Land, kamen sie nach Genezareth und legten an.
Und als sie aus dem Boot stiegen, erkannten ihn die Leute alsbald und liefen im ganzen Land umher und fingen an, die Kranken auf Bahren überall dorthin zu tragen, wo sie hörten, dass er war.
Und wo er in Dörfer, Städte und Höfe hineinging, da legten sie die Kranken auf den Markt und baten ihn, dass diese auch nur den Saum seines Gewandes berühren dürften; und alle, die ihn berührten, wurden gesund.
Markus 6,53-56

Das wäre ja grossartig!

„*Alle, die ihn berührten, wurden gesund*", war das nicht wunderbar? Jesus heilte alle. Wir besuchen regelmässig die Kranken im Spital und in den Pflegeheimen. Dabei treffen wir viel Schwäche und Krankheit an, oft bis zum Sterben. Wie viel Leid gibt es doch! Und nicht nur physisches, auch seelisches. Ich wage zu behaupten, alle von uns sind irgendwie mit betroffen. Wenn hier steht: „*Alle wurden gesund*", könnten wir neidisch werden. Das ist ja Paradieszustand! Unsere Realität sieht nicht so grossartig aus. Es steigen viele Fragen hoch. Ist der Bericht wahr? Lebt Jesus noch? Ist seine Wunderkraft erschöpft? Oder sind ihm die Leiden der Menschheit gleichgültig geworden?

Erklärungsversuche

Heilungen sind in unseren Kirchen und Gemeinden nicht das Alltägliche. Es gibt dafür verschiedene Erklärungsversuche. Die Messiaszeit vor 2000 Jahren sei eben eine einmalige Gnadenzeit gewesen. Die Wunder hätten nach der Himmelfahrt langsam aufgehört. Das stimmt aber überhaupt nicht. Lest einmal die Apostelgeschichte durch! Ausserdem hat Jesus seinen Nachfolgern ausdrücklich den Auftrag zur Krankenheilung gegeben. Er versprach, dass sie in seinem Namen dieselben, ja noch grössere Werke als er tun würden[1]. Es gibt da überhaupt keine Zeitlimite.

Andere führen an, wir hätten heute die Bibel als Fundament und Quelle für unsern Glauben. Wunder seien überflüssig geworden. Sie wären unnüchterne Sensationshascherei und dürften höchstens Einstieg zum Glauben sein. Dieses Argument wurde bis vor etwa 40 Jahren in den meisten Kirchen und Freikirchen vertreten. Wer Heilungsdienst anbot und offen für Kranke betete – vor allem die Pfingstgemeinden – wurde als Sekte abgestempelt. Gott sei Dank ist das nicht mehr so. Falls wir das Charisma der Krankenheilung ablehnen, bringen wir uns nämlich um viel Segen. Ausserdem missachten wir den Sendungsbefehl unseres Meisters.

Es stimmt zwar, dass der Glaube, der sich auf Wunder stützt, vom tiefer gegründeten Wortglauben gefolgt sein soll. Aber deswegen sind Heilungswunder doch nicht ein Ding der Vergangenheit!

Eine dritte Meinung: Wir Christen und die Kirchen seien zunehmend kraftlos geworden. Man müsse die Taufe mit dem Heiligen Geist erleben, dann würden wir alle Tage Krankenheilun-

[1] Johannes 14, 12

gen erleben. Wie bei den vorher genannten Argumenten ist daran etwas Wahres. Wir dürfen und sollen um ein volles Mass des Heiligen Geistes bitten. Aber hüten wir uns vor Verallgemeinerungen! Kein Christ hat das Recht, Jesus nach Belieben als Heiler einzuspannen, und wenn er noch so reif und vollmächtig wäre. *Er* ist der Herr, wir nur seine Diener.
Der Bericht fordert uns ohne Zweifel heraus. Wie viel erwarten wir von Jesus? Was trauen wir ihm zu? Es passieren heute noch Wunder, wieder viel mehr als vor 10 oder 20 Jahren. Nicht nur in andern Gemeinden oder Ländern, auch bei uns! Aber ich muss gestehen: Ich sehne mich nach mehr.
In dem knappen Bericht des Markus finden sich Hinweise und Bedingungen, die das Klima für Heilungswunder begünstigen.

Jesus „landet" an unserm Ufer

Es gibt Zeiten, wo Jesus einer Region oder einer Kirchgemeinde nahe kommt. Er offenbart sich besonders deutlich, so wie damals das abgelegene Bergland Galiläa mehr von ihm sah und erlebte als andere Provinzen des Heiligen Landes.
Anfang des letzten Jahrhunderts gab es in unserer Gegend solche Gnadenzeiten, zum Beispiel im oberen Wynental und im Suhrental. Mein Gross- oder Urgrossonkel war damals in Kirchleerau Pfarrer. Er hat - leider zum Schaden seiner Kirche - erbittert gestritten gegen Prediger Moschberger und besonders gegen den Evangelisten Jakob Vetter, dessen Dienst die Bewegung ausgelöst hatte. Kirchen und Kapellen waren voll. Scharen von Leuten, junge und alte, bekehrten sich. Säufer, Nichtsnutze und Tunichtgute fingen ein neues Leben an, verkrachte Beziehungen wurden heil, und Unrecht bereinigt. Es wurde viel gesungen und gebetet. In den Häusern gab es kaum mehr verstaubte Bibeln, die wurden jetzt eifrig gelesen und diskutiert. Solch ein Klima ist günstig für Heilungen! Denn da entsteht und wächst der Glaube an den Heiland, da ist Er präsent und zeigt sich gern in seiner Macht.
Laden wir doch Jesus ein, bei uns zu „landen"! *„Dein Name werde geheiligt, dein Reich komme, dein Wille geschehe"*

„Als die Leute Jesus erkannten, ..."

nämlich weil sie ihn schon vorher gehört und erlebt hatten. Es braucht persönliche Kenntnis, Nähe und Vertrauen, um Christus in seiner Wundermacht zu erleben. Interessanterweise nicht einmal immer in erster Linie von den Kranken selbst. Ist Jesus nicht grosszügig, dass er den stellvertretenden Glauben der Zuträger ehrt und sie erhört? Sie sind Fürbitter und Fürglauber. Wo Christen diese Bahrenträgerfunktion wahrnehmen, kann Jesus Wunder tun.
Unsere Gemeinden brauchen solche Schlepper! Sie leben die Liebe des Herrn aus und lassen andere daran teilhaben. Dies ist Diakonie, Glaube, der in der Liebe tätig wird. Ich kann Ihnen versichern, es gibt kaum etwas Aufregenderes und Schöneres, als wenn wir als Bahrenträger Augenzeugen werden, wie ein Mensch von Jesus Hilfe erfährt. Wir sind gerufen, mit den Mitmenschen zu teilen, was er uns bedeutet, ihnen Liebes zu tun und sie vor ihn zu tragen, sei es im fürbittenden Gebet oder ganz praktisch dorthin, wo er durchkommt, um uns zu dienen.
Der Schlepperdienst setzt eine gewisse Demut voraus. Ein Arzt steht mehr im Rampenlicht. Träger kommen und gehen. Die hier trauen Jesus zu, dass die blosse Berührung mit seinem Mantelsaum zur Heilung führt. Wer viel von ihm erwartet, erlebt auch viel.

„Alle, die ihn berührten, wurden gesund“

Das ist in diesem Bericht Tatsache. Wer möchte nicht dabei gewesen sein? Du kannst mit Wehmut und Bedauern darüber lesen. Du kannst ins Jammerhorn stossen, dass die Kraft, die Jesus besass, uns weitgehend fehlt, und dass die Zeit vorbei sei für solches Geschehen.

Oder du traust Jesus zu, dass er heute noch derselbe ist, und aus diesem Glauben heraus das Deine leisten: Jesus rühmen, von seinen Wundern erzählen und Schlepperdienst tun. Das Heilen darfst du getrost dem grossen Arzt überlassen.

Dann möchte ich den Satz noch mit anderer Betonung lesen: „Alle, die ihn *berührten,* wurden gesund“. - Gab es welche, die ihn *nicht* berührten? Die sagten vielleicht: Auf dieses Spektakel lasse ich mich nicht ein, ich will mich doch nicht blamieren. Der Doktor hat mir ja auch nicht helfen können. Lasst mich doch liegen. Es ist nicht der Mühe wert, ich habe sowieso alle Hoffnung verloren. Das ist eine weitere Herausforderung an uns. Gerade das Hoffen und Handeln trotz negativen Erfahrungen, oft sogar gegen die Vernunft, sieht Jesus besonders gern und belohnt es auch. Glaube ist ein Wagnis.

Und noch ein Wort für jene, die bis jetzt noch keine Heilung oder Erhörung erlebt haben: Im Urtext steht für das „Gesundwerden“ das gleiche Wort wie für “heil werden“ oder „gerettet werden“.

Heilung umschliesst demnach weit mehr als körperliches Wohlbefinden. Es geht da um das ewige Leben, um das neue Leben aus Gott, um das Heimatrecht in seiner Gegenwart, das er, und nur er schenken kann und will. Vielleicht bleibt die Krankheit, aber du erfährst innere Heilung. Er erfüllt dich mit einem tiefen Frieden, mit der Gewissheit, dass Gott dich liebt und du in seinen Händen sicher bist. Das ist weit mehr als gesunde Glieder oder Organe. Eine körperliche Heilung ist immer nur ein Aufschub. Wenn der „Retter“ rettet, hat das hingegen seine Auswirkungen bis in die Ewigkeit.

Kosmetik oder Herzchirurgie?

30. Predigt

Von Reinheit und Unreinheit

Und es versammelten sich bei ihm die Pharisäer und einige von den Schriftgelehrten, die aus Jerusalem gekommen waren. Und sie sahen einige seiner Jünger mit unreinen, das heisst: ungewaschenen Händen das Brot essen. Denn die Pharisäer und alle Juden essen nicht, wenn sie nicht die Hände mit einer Handvoll Wasser gewaschen haben, und halten so die Satzungen der Ältesten; und wenn sie vom Markt kommen, essen sie nicht, wenn sie sich nicht gewaschen haben. Und es gibt viele andre Dinge, die sie zu halten angenommen haben, wie: Trinkgefässe und Krüge und Kessel und Bänke zu waschen.

Da fragten ihn die Pharisäer und Schriftgelehrten: Warum leben deine Jünger nicht nach den Satzungen der Ältesten, sondern essen das Brot mit unreinen Händen? Er aber sprach zu ihnen: Wie fein hat von euch Heuchlern Jesaja geweissagt, wie geschrieben steht: „Dies Volk ehrt mich mit den Lippen; aber ihr Herz ist fern von mir. Vergeblich dienen sie mir, weil sie lehren solche Lehren, die nichts sind als Menschengebote." Ihr verlasst Gottes Gebot und haltet der Menschen Satzungen.

Und er sprach zu ihnen: Wie fein hebt ihr Gottes Gebot auf, damit ihr eure Satzungen aufrichtet! Denn Mose hat gesagt „Du sollst deinen Vater und deine Mutter ehren", und: „Wer Vater oder Mutter flucht, der soll des Todes sterben." Ihr aber lehrt: Wenn einer zu Vater oder Mutter sagt: Korban - das heisst: Opfergabe soll sein, was dir von mir zusteht -,

so lasst ihr ihn nichts mehr tun für seinen Vater oder seine Mutter und hebt so Gottes Wort auf durch eure Satzungen, die ihr überliefert habt; und dergleichen tut ihr viel. Und er rief das Volk wieder zu sich und sprach zu ihnen: Hört mir alle zu und begreift's! Es gibt nichts, was von aussen in den Menschen hineingeht, das ihn unrein machen könnte; sondern was aus dem Menschen herauskommt, das ist's, was den Menschen unrein macht.

Und als er von dem Volk ins Haus kam, fragten ihn seine Jünger nach diesem Gleichnis.

Und er sprach zu ihnen: Seid ihr denn auch so unverständig? Merkt ihr nicht, dass alles, was von aussen in den Menschen hineingeht, ihn nicht unrein machen kann? Denn es geht nicht in sein Herz, sondern in den Bauch, und kommt heraus in die Grube. Damit erklärte er alle Speisen für rein. Und er sprach: Was aus dem Menschen herauskommt, das macht den Menschen unrein; denn von innen, aus dem Herzen der Menschen, kommen heraus böse Gedanken, Unzucht, Diebstahl, Mord, Ehebruch, Habgier, Bosheit, Arglist, Ausschweifung, Missgunst, Lästerung, Hochmut, Unvernunft. Alle diese bösen Dinge kommen von innen heraus und machen den Menschen unrein.

Markus 7, 1-23

Was muss ich tun?

Während unserer Zeit als Missionare wurde uns immer wieder eine Frage gestellt. „Was muss ich tun, um Christ zu werden?" Bald einmal merkten wir, dass dabei nicht die Frage nach dem Weg zum Glauben gemeint war wie beim Kerkermeister in Apostelgeschichte 16. Die Leute wollten wissen, was der christliche Weg an Leistungen fordert. Was ist verboten, welche

Übungen zu absolvieren, welche Verdienste aufzuweisen, welche Qualität zu erreichen, um Eintritt zu bekommen?
Dieser Gedanke ist anscheinend tief im Menschen verwurzelt, und nicht nur in Beziehung zu Gott. Schon die Kinder geben sich Mühe, den Eltern zu gefallen. Sich des andern Anerkennung, Gunst oder Liebe verdienen kann zu richtigen Zwängen führen. Schulbeispiel dafür sind die Schriftgelehrten in diesem Zusammenstoss mit Jesus.

Der Umgang mit dem Gesetz
Gesetze sind notwendig und gut. Sonst hätte Gott den Israeliten sicher keine gegeben. Doch es kommt sehr darauf an, wie man damit umgeht. Verschiedenen Möglichkeiten bieten sich an.

1. Die Sicherheitszone: Die Juden schufen um das Gesetz herum eine Sicherheitszone, ein Gesetz um das Gesetz herum, damit dies wirklich geschützt blieb. Sie entwickelten dabei eine ungeheure Ehrfurcht für die Gebote. Und wie es ist, wenn man kleinlich und genau Paragraphen reitet, dann wird man pedantisch, unerträglich pedantisch.
Wie konnte es zu dieser Entwicklung kommen? Die Juden hatten die persönliche Beziehung zu Gott verloren. Er war ihnen nicht mehr Vater; er war zum gefürchteten Gesetzgeber geworden. Offenbar hatten die Schriftgelehrten die einleitenden Worte zu den 10 Geboten ganz vergessen: „Ich bin der Herr, dein Gott, der ich dich aus Ägypten, aus dem Diensthaus geführt habe“[1]. Jahwe war nicht mehr der Erlöser-Gott. Kadavergehorsam hatte die dankbare Liebe abgelöst. Anstelle des Vertrauens war Furcht getreten. Schlussendlich wurden die Gesetze zum Gott, sie wurden das Zentrum des Glaubens. Eine ähnliche Entwicklung lässt sich bei den meisten Religionen beobachten, sobald die Nähe zum Gründer verloren geht. Dies gibt es auch im Christentum! Wo Gott tot erklärt wird oder zum Mythos, degeneriert der Glaube zu intellektueller Akrobatik, oder zu einem religiösen Aktivismus.

2. Ein eigenes Gesetz entwickeln: Jesus zeigte den Schriftgelehrten, wie sie schliesslich Gesetze schufen nicht mehr um der ethischen Reinheit willen, sondern für den eigenen Vorteil. Es ging ihnen um Ansehen, Macht und Bereicherung. Dabei hatten sie keine Skrupel, die ursprünglichen Regeln über Bord zu werfen!
Schlimm, nicht wahr? Das gibt es doch bei uns nicht? Aber der Ausspruch: „Ich lebe nach meinem eigenen Gesetz, ich tue recht und scheue niemand“, kommt verdächtig nahe an die Pharisäer heran. Eine Eigenart von guten Gesetzen ist, dass sie von einer übergeordneten Stelle stammen und diese geachtet wird.

3. Das Gesetz überhaupt über Bord werfen ist die Konsequenz der Entwicklung. Das geschah, als Jesus verurteilt und gekreuzigt wurde.
Wie beginnt dieser Pfad von Gott weg? „Dies Volk ehrt mich mit seinen Lippen, aber ihr Herz ist fern von mir“[2]. Was ist das erste und höchste Gebot? „Gott lieben von ganzem Herzen...“[3] Wo das vergessen geht, ist der Tod im Topf.

---

[1] 2. Mose 20, 1
[2] Jesaia 29, 13
[3] Matthäus 22, 37

Jesus schaut durch

Jesus entlarvt den religiösen Aktivismus als Kosmetik. Die ganze Hässlichkeit der menschlichen Wesensart wird wie mit einer dicken Schicht Make-up überdeckt. Zuviel davon wirkt auch wieder hässlich und verrät die Wirklichkeit darunter.

Darf ich es noch mit einem andern Bild zeigen: Krankheiten haben eine Grundursache mit sekundären Symptomen. Auslöser kann ein Virus sein, sichtbar ist aber nur ein Hautausschlag. Hautsalbe nützt da nicht viel. Das Grundübel muss behandelt werden!

In unserm Fall hier: Bitte keine Kosmetik! Herzchirurgie ist nötig! „Aus dem Herzen kommen arge Gedanken..."[1] Gedanken werden zu Gelüsten, Gelüste zur Tat, und vergiften schliesslich das ganze Wesen und die Beziehungen zueinander.

Die Geister scheiden sich

An dieser Stelle wandten sich die Schriftgelehrten ab. Jesus rief das Volk wieder zu sich und lud sie ein, die Freiheit anzunehmen, die er anbot. Aber nicht einmal die Jünger begriffen, was Jesus meinte. Gut, dass sie weiter fragten, als sie mit dem Meister allein waren. Das ist genau der Weg! Da ging ihnen wohl das Licht auf. Ich lese das aus der wunderbar befreienden und erlösenden Feststellung: „Damit erklärte er alle Speisen für rein". Ach, liebe Freunde, wie herrlich ist das, wenn wir merken, es liegt nicht an meinem Rennen und Laufen und Mühen, sondern an Gottes erbarmender Liebe! Ich erinnere mich gut daran, als mir das vor über 40 Jahren aufging, nachdem ich jahrelang dem aufquellenden Schmutz selbst beizukommen versucht hatte und immer wieder scheiterte!

Die Wasserpumpe

Zum Abschluss möchte ich eine Geschichte erzählen. Es ist eine christliche Parabel aus dem Fernen Osten.

Ein Dorf auf dem Land hatte ein grosses Problem mit dem Sodbrunnen. Es war ihre einzige Wasserquelle. Tief hinunter gegraben bis aufs Grundwasser, ausgemauert, mit einer Deckplatte versehen und einer gusseisernen Pumpe, hatte er die vielen Familien seit jeher mit dem nötigen Wasser versorgt. Doch seit einiger Zeit waren die Leute nicht mehr zufrieden. Wenn der Schwengel bewegt wurde, lief das Wasser zwar wie eh und je, aber es war unsauber und roch faulig! Das Dorf gab viel auf Reinlichkeit. Sie wussten, dass schmutziges Wasser Krankheiten nach sich zog. Ganz abgesehen davon, dass Abkochen mühsam war und dem Trinkwasser den ganzen Geschmack nahm. Es musste Abhilfe geschafft werden.

Was tun? Guter Rat war teuer. Die Dorfbewohner setzten sich um den Brunnen und berieten.

Herr Sauber vermutete, es liege an der Pumpe. „Seht nur einmal, wie rostig das Ding geworden ist. Es muss geputzt werden!" Mit einer Drahtbürste fegte er den Rost weg und gab dem Ding einen neuen Anstrich: „Sieht das nicht gut aus? Es ist wie neu!" Aber als er pumpte, rümpften die Leute die Nasen wie zuvor. Es stank!

Nun meldete sich ein zweiter Mann. Herr Vernunft war bekannt für sein gutes Mundwerk. Er meinte, man müsse mit der Pumpe reden. „Ja, mach das!" rief das Dorf im Chor, weil sie wussten, wie witzig seine Vorträge waren. Nun setzte er der Pumpe das ganze Problem vor. Er fand eine ganze Reihe überzeugender Gründe. Der Zweck einer Pumpe sei, Wasser zu

[1] Matthäus 15, 19

spenden. Wenn sie versage, bringe das die Leute in Schwierigkeiten. Sie soll doch einmal an die kleinen Kinder denken! Und an die Frauen, die sonst das Wasser von weit her schleppen müssten und zudem die Wäsche nicht mehr sauber brachten. Und die Mühe mit dem Kochen, die nutzlose Verschwendung von Brennmaterial! Die Pumpe soll sich doch das logisch überlegen und vernünftig werden. Er schilderte die Kalamität so lebensnah, dass den Frauen die Tränen kamen. Alle Register der Beredsamkeit wurden gezogen. Er bat und legte nahe, wechselte von Spass zu bitterem Ernst, er beschwor und überzeugte und drohte, bis er schliesslich nichts mehr wusste. Aber die Pumpe nahm es sich so wenig zu Herzen wie zuvor. Sie weigerte sich, sauberes Wasser zu liefern.
Jetzt stand Herr Prügel auf. Er war der Dorflehrer. „Ich hätte euch gleich sagen können, dass dies nichts bringt. Ich sehe das an meinen Schülern. Mit Worten erreicht man nichts, und wenn man sich den Kopf vom Hals reden würde. Man muss es sie fühlen lassen!" Es war eben ein unaufgeklärtes Dorf, so nach der alten, rückständigen Schule. Er liess sich einen Stock geben, trat vor die Pumpe und begann sie zu verdreschen. Die Buben in der Zuschauerrunde nickten vielsagend. Einige griffen sich unwillkürlich an die Hinterseite. Die Jüngeren schauten vor Entsetzen weg oder verdeckten ihre Augen. Der Pädagoge hörte erst auf, als das Bambusrohr zersplittert war. Dann trat er zur Seite. Während er zufrieden den Schweiss von der Stirn wischte, nickte er einem seiner Schüler zu. Der sprang auf und hängte sich an den Schwengel. Welche Enttäuschung: Die Pumpe hatte die Lektion nicht gelernt! Sie lieferte unverändert ihre stinkende, trübe Brühe: Unbrauchbar!
Guter Rat war teuer. Aber nun stand der Dorfälteste auf. Er war ein geachteter, weiser Mann, Als solcher machte er gewöhnlich wenig Worte. „Es liegt nicht an der Pumpe und schon gar nicht am Äusseren". Damit stand er auf, winkte seinem Sohn und ging nach Hause. Bald kamen sie wieder mit einem Seil, mit Eimern und Werkzeug. Die Pumpe wurde abmontiert und der Deckel weggeschoben. Oha, da war in der Umrandung der Mörtel zerbröckelt, und ein Stein hatte sich sogar gelöst. Dann liess er den Sohn in den Brunnen hinunter. Als er ihn wieder heraufzog, brachte der einen Eimer voll Unrat hoch: Verfaulte Schuhe, rostige Büchsen, sogar eine tote Ratte und den halbverwesten Kadaver eines jungen Hundes!
Als der Brunnen gesäubert war, wurde der Deckel wieder zurechtgerückt, das Loch unter dem Rand zugemauert, und die Pumpe betätigt. Jetzt war das Problem behoben.
„Das hätte uns eigentlich auch in den Sinn kommen sollen", brummten einige... „Es ist so logisch. Warum sind wir nicht vorher darauf gekommen?"

Ganz abgesehen davon, dass ich der Ursache meiner üblen Ausstrahlung nicht auf die Spur kam, allem Möglichen die Schuld gab und Kosmetik anzuwenden versuchte: Ich selbst konnte nicht in die Tiefen meines Herzen hinuntersteigen. Meine Reinheit ist zu tief begraben, als dass ich sie auf natürlichem Weg freilegen könnte. Erst als mir Jesus durch sein Wort die Wahrheit zeigte und ich mich ihm rückhaltlos öffnete, wurde es anders. Wenn ich ihm mein Innerstes ausliefere, brauche ich die furchtbaren Möglichkeiten, die in meinem Herzen sind, nicht in die Tat umzusetzen. Dann nimmt er sie heraus und bringt durch seinen Heiligen Geist ein neues Wesen – von seiner Art – zum Leben. „Wenn jemand mit Christus verbunden ist, so ist er ein neues Geschöpf"[1]. Kosmetik bringt es nicht, du musst ihm dein Herz aufdecken!

---

[1] 2. Korinther 5, 17

Parteiischer Jesus!?

31. Predigt

Die Frau aus Syrophönizien

Und Jesus stand auf und ging von dort in das Gebiet von Tyrus. Und er ging in ein Haus und wollte es niemanden wissen lassen und konnte doch nicht verborgen bleiben, sondern alsbald hörte eine Frau von ihm, deren Töchterlein einen unreinen Geist hatte. Und sie kam und fiel nieder zu seinen Füssen - die Frau war aber eine Griechin aus Syrophönizien - und bat ihn, dass er den bösen Geist von ihrer Tochter austreibe.

Jesus aber sprach zu ihr: Lass zuvor die Kinder satt werden; es ist nicht recht, dass man den Kindern das Brot wegnehme und werfe es vor die Hunde. Sie antwortete aber und sprach zu ihm: Ja, Herr; aber doch fressen die Hunde unter dem Tisch von den Brosamen der Kinder.

Und er sprach zu ihr: Um dieses Wortes willen geh hin, der böse Geist ist von deiner Tochter ausgefahren.

Und sie ging hin in ihr Haus und fand das Kind auf dem Bett liegen, und der böse Geist war ausgefahren.

Markus 7, 24-31

Diese Predigt wurde am Sonntag nach der Bestattung eines jungen Familienvaters gehalten, der nach schwerer Krankheitszeit an einem Hirntumor starb.

Erfahrungen mit Fürbitte

In unserer Kirchgemeinde pflegen wir Gebet und Fürbitte für Menschen, die in irgendwelchen Notsituationen stecken. Die vielen biblischen Berichte von Kraftwirkungen und Heilungen geben uns dazu Mut. Wir tun es auch, weil Jesus der Kirche diesen seinen Dienst übertragen hat. Jedermann darf seine Anliegen mit uns teilen, damit wir gemeinsam dafür beten können.

Diese Gebetspraxis ist nichts Neues. Aber durch verschiedene Umstände ist sie in letzter Zeit belebt worden. Einmal durch die Alphalive-Kurse, und auch, weil wir uns bemühen, offen voreinander zu sein. Wir verstehen uns als Familie, als Leib von Jesus Christus. Darum teilen wir Nöte miteinander und helfen einander tragen. Schon das tut wohl. Noch mehr befreit, wenn wir erdrückende Lasten an die höhere Instanz weitergeben können.

Wir haben dabei viel erlebt: Bitten wurden erhört. Manchmal passierte dies auf ganz natürliche Weise, aber auch durch kleine oder grössere Wunder. Auch das andere kam vor. Wir beten intensiv, rufen sogar den ganzen Kreis der Mitarbeitenden dazu auf, und doch kommt es anders, als wir wünschen. Anliegen werden nicht sofort, oder scheinbar gar nicht erhört. Es scheint, als ob Gott schweigen würde.

Leben und Tod

Die Krankheit und der Heimgang von Peter Knecht[1] haben uns alle bewegt. Viele von uns haben mit ihm und seiner Familie gebangt und gebetet. Wir erlebten ein Wechselbad von Hoffnung und Enttäuschung. Wohl alle haben wir uns über das Warum und Wieso gefragt.

---

[1] Namen abgeändert

Vor einem guten Jahr hatten wir in gleicher Weise um das Leben eines älteren Mannes gebetet. Nach menschlichem Ermessen hatte er noch eine Woche zu leben. Gott schenkte es, dass er wider Erwarten gesund wurde. Ihm wurde eine Zugabe Lebenszeit geschenkt. Das offensichtliche Wunder hat uns Auftrieb und Hoffnung gegeben, trotz der schlechten Diagnose ebenso für Peter zu beten. Wir wurden nicht erhört. Oder sagen wir besser, Gott hat *anders* erhört, auf seine Art, wie er es für gut befand?
Ich wurde letzte Woche wiederholt darauf angesprochen: Der eine bekommt nach einem langen und erfüllten Leben die Gesundheit zurück, den andern mussten wir in der Blüte seiner Jahre losgeben. Ist das gerecht? Ist das nicht brutal? Zeigte sich Jesus unbarmherzig? Ist das fair? Ist Jesus parteiisch?

Die kanaanäische Frau

Ähnlich empfinden wir beim Lesen des Predigttextes. Eine nichtjüdische Frau kommt zu Jesus. Sie bringt ihn mit ihrem Geschrei um wohlverdiente Ruhetage. „Mein Kind wird von einem Dämon geplagt: Hilf mir!" – Die Tochter wurde von einer fremden, bösen Macht beherrscht. Sie nahm ihr die menschliche Würde und zerstörte ihr Leben, und wohl auch das Leben ihrer Mutter und Mitmenschen.
Die Mutter hatte von Jesus und seinem Befreiungsdienst gehört. Wahrscheinlich hatte sie schon Ärzte oder Geisterdoktoren konsultiert, sie kannte ja Gott nicht. Nun kommt sie zu Jesus.
Er wies sie grob und hart ab. Nach der damaligen jüdischen Wertung anderer Volksgruppen stufte er sie als Hund ein. Es sei nicht recht, Gottes Kindern das Brot wegzunehmen und vor die Hunde zu werfen. Sein Auftrag beschränke sich auf das Volk der Juden. Sollte er etwa aus dem harten, unfruchtbaren Dienst an ihnen drauslaufen und dort predigen und heilen, wo sich weniger Widerstand und Ärgernis regte, und man dankbar dafür war? Es muss für Jesus eine Versuchung gewesen sein. Darum wohl seine schroffe Abfuhr.
Wie würden wohl wir auf so verletzende, diskriminierende Aussagen reagieren?
Nun geschieht ein Wunder, das mindestens ebenso gross wie eine Heilung ist. Die Frau antwortet anders, als wir es erwarten würden. Kein empörter Protest, keine erhobenen Fäuste, kein Aufbegehren! Sie gibt Jesus Recht! Aber, fügt sie hinzu, fallen nicht meistens ein paar Krümel vom Tisch der Reichen, die dann von den Hunden aufgeputzt werden?
Jesus staunt über die Frau. Sie hält trotz dem negativen Bescheid daran fest, dass er etwas für sie übrig hat. Sie zweifelt nicht an seinem Erbarmen.

Die Gerechtigkeit Gottes

Soweit der Bericht. Ich könnte nun anführen, was *wir* falsch machen können bei unserm Bitten und Hoffen (Es schadet nichts, wenn wir in dieser Hinsicht mit uns selbst ins Gericht gehen).
Oder ich könnte den Spiess umdrehen und den Rest der Predigt darüber reden, warum *Gott* einmal so, dann anders handelt. Weshalb er einmal hilft, dann wieder nicht. Ich könnte viele Gründe nennen, warum er erhört oder eben nicht. Ich könnte Gott verteidigen oder auch anklagen. Ich könnte meiner Frust Luft geben, ich könnte klagen und Gott Vorwürfe machen. (Das dürfen wir übrigens, lesen Sie dazu einmal die Klagepsalmen der Bibel).

Aber das hilft letztlich nicht weiter. Ich fürchte, ich könnte Sie nicht überzeugen. Nur schon darüber zu reden fällt mir nicht leicht, weil so leicht pauschale Antworten daraus werden, die dann doch nicht „verheben“ (überzeugen). Ausserdem nehme ich an, ich würde Ihnen wenig Neues bringen. Ich masse mir nicht mehr Weisheit an als andere, die sich intensiv mit diesen Fragen auseinandergesetzt haben. Sie sind oft gestellt und erörtert worden. Trotzdem brechen sie immer wieder auf, und der Schmerz auch.
Wichtiger und hilfreicher ist es, die Reaktion der Frau zu untersuchen. Nämlich, wie sie mit der Abfuhr umgeht. Das hilft uns, mit unerklärlichen Schicksalsschlägen umzugehen. Dazu gehören auch nicht erhörte Gebete. In der Hinsicht können wir von der Frau lernen. Warum gibt ihr Jesus so hohes Lob? Was zeichnet sie aus?

1. Ihr Glaube

Sie hat von Jesus gehört und glaubt, dass er ihrer Tochter helfen kann. Was sich in ihrem Kopf an Hoffnung entwickelt hat, setzt sie in die Tat um. Sie sucht den Messias und legt ihm ihr Problem vor. Als er sie abweist, hält sie daran fest, dass er trotzdem einen Segen bereithält. Sie weiss, sie hat kein Recht zu befehlen. Aber sie vertraut auf die Brosamen.
Macht das nicht Mut? Was Gott betrifft, ist die Frau eine Analphabetin. Sie kennt keinen einzigen Bibelvers und weiss überhaupt nicht, was in der Kirche so alles abgeht. Vom Beten hat sie kaum eine Ahnung. Ihre Glaubenserfahrung beschränkt sich auf ein paar Gerüchte. Aber das war für Jesus genug! Ach, dass wir so unkompliziert und einfach mit Jesus rechnen wie sie!
Einer Gruppe von Christen, die durch unerträglich schwere Zeiten gehen mussten, wurde zur Ermutigung geschrieben: „In dem Augenblick, wo Gott zulässt, dass euch Schmerz zugefügt wird, seid ihr unglücklich und unzufrieden. Aber später zeigt sich, dass es gut war, und ihr zu Menschen geworden seid, die Frieden mit sich selbst haben und diesen Frieden verbreiten“[1].
Gott hat eben manchmal andere Ziele im Auge als wir. Das sind dann die Brosamen.
Die hält sie ihm mit bewundernswerter Zähigkeit vor. Sie lässt Jesus nicht los. Sie will einen Segen. Sie gibt nicht auf. Es ist ihr nicht wichtig, wie Gott hilft, sondern dass er hilft. Das Wie, und das Mass seines Eingreifens müssen wir ihm freistellen.

2. Demut

Sie hat gar nichts vorzuweisen. Sie bittet um Erbarmen. Sie gibt zu, dass sie kein Recht hat, um einen Gefallen zu bitten. Sogar als Jesus sie mit einem bettelnden Hund vergleicht, wirft sie nicht den Kopf herum.
Sie wirft sich vor Jesus nieder und nennt ihn Herrn. „Ich habe nichts zu bringen. Ich bin auf deine Barmherzigkeit angewiesen.“
Sie überwindet allen Stolz. Sie lässt sich vor allen Leuten abputzen. Sie spricht ihr Problem aus. Das ist manchmal unheimlich schwer, nicht wahr? Ihr Beispiel will Mut machen zur Offenheit. Lasten und Sorgen brauchen wir nicht allein zu verwerken (bewältigen). Wir dürfen sie offenlegen vor Gott und vor Menschen. Geteilte Last ist halbe Last. Matthäus berichtet in seiner Version derselben Geschichte, dass die Jünger sich für die Frau einsetzten. In unserm Fürbittedienst tun wir dasselbe.

---

[1] Hebräer 12,11

3. Die Gewissheit von Gottes Überfluss

Die Courage der Frau schöpfte aus Gottes Liebe. Wenn Jesus so grosse Dinge für die Juden getan hat, fällt sicher auch noch etwas für sie ab. Gott mag den einen sofort und nachhaltig helfen, andere lässt er aber warten und erspart ihnen Prüfungen nicht. Aber er meint es gut mit *allen,* und ist für alle ohne Ausnahme da!

Wenn Gott nicht antwortet, oder gar verletzend reagiert, lehrt uns das Beispiel der Frau, nicht aufzugeben. Es wäre falsch, mit dem Beten aufzuhören, weil es scheinbar nichts nützt. Wir können erleben, dass Jesus schweigt. Die Not hat uns zu ihm getrieben, wir haben demütig gebetet, aber keine Hilfe erhalten. Es hätte doch genügt, wenn er nur einen Finger gerührt hätte. Aber er tat es nicht!

Aus der Geschichte lässt sich herauslesen, dass Jesus die harten Worte schwer gefallen sind. Es wäre für ihn leichter gewesen, augenblicklich aus den Schwierigkeiten zu helfen. Aber die Frau liess sich die Abweisung gefallen. Trotz der verletzenden Worte rang sie sich zur Überzeugung durch, dass Jesus recht handelte.

„Ja, Herr, aber doch!" Ich sage Ja, wenn es hart tönt und weh tut. Aber ich halte gleichzeitig daran fest, dass Jesus Segen für mich bereit hat. Wie es das Lied ausdrückt:

„Er kennt die rechten Freudenstunden;
Er weiss wohl, wann es nützlich sei.
Wenn er uns nur hat treu erfunden
Und merket keine Heuchelei,
so kommt Gott, eh wir's uns versehn,
und lässet uns viel Guts geschehn!"[1]

Die Brosamen werden kostbarer als der Überfluss auf dem Tisch sein!

[1] Reformiertes Gesangbuch 681: Wer nur den lieben Gott lässt walten, Strophe 4

Eine Predigt in Zeichensprache

32. Predigt

Die Heilung eines Taubstummen

Und als er wieder fortging aus dem Gebiet von Tyrus, kam er durch Sidon an das Galiläische Meer, mitten in das Gebiet der Zehn Städte. Und sie brachten zu ihm einen, der taub und stumm war, und baten ihn, dass er die Hand auf ihn lege. Und er nahm ihn aus der Menge beiseite und legte ihm die Finger in die Ohren und berührte seine Zunge mit Speichel und sah auf zum Himmel und seufzte und sprach zu ihm: Hefata!, das heisst: Tu dich auf! Und sogleich taten sich seine Ohren auf, und die Fessel seiner Zunge löste sich, und er redete richtig. Und er gebot ihnen, sie sollten's niemandem sagen. Je mehr er's aber verbot, desto mehr breiteten sie es aus. Und sie wunderten sich über die Massen und sprachen: Er hat alles wohl gemacht; die Tauben macht er hörend und die Sprachlosen redend

Markus 7, 32-37

Viele Heilungen und Wunder!

Bei Markus fällt auf, wie viele Wunder und Krankenheilungen er berichtet. Zwei Drittel des ganzen Buches machen sie aus! Es begegnet uns darin eine grosse Vielfalt: Verschiedene Heilungen bis zur Auferweckung eines verstorbenen Mädchens, Befreiung von gesetzlichen Zwängen bis hin zur Austreibung von Dämonen. Dabei geht Jesus nicht stereotyp nach dem gleichen Muster vor. Er handelt individuell. Er achtet auf die besonderen Umstände und auf die Persönlichkeit seines Gegenübers. So besonders bei diesem Taubstummen.

Zeichensprache – nicht nur für Gehörlose

Jesus geht auf ihn ein, indem er ihm eine Predigt ohne Worte hält. Wir kennen das auch – etwa aus den Pro Christ-Veranstaltungen Mitte dieses Monats, die in Essen stattfanden und per Satellit an über 1300 Orte übertragen wurden. Da wurde in vielen der Säle eine Ecke eingerichtet, wo simultan in die Gebärdensprache übersetzt wurde.

Als der Taubstumme lebte, gab es diese tonlose Sprache noch nicht. Jesus schafft es trotzdem, mit dem Mann zu kommunizieren. Er musste und sollte wissen, was mit ihm geschah. Jesus ist eben nicht ein Zauberkünstler, der Menschen als Objekte für Demonstrationszwecke benützt oder gar missbraucht. Anschaulich und verständlich „redet" er mit ihm, und auch mit uns! In der Bibel, und besonders bei Jesus finden wir viele solcher Anschauungslektionen. Denken Sie nur an die Gleichnisse! Ich staune immer wieder, wie unkonventionell direkt, logisch und praktisch die Bibel ist. Um sie zu verstehen, braucht es weder Doktortitel, Theologiestudium noch einen Diplomabschluss in Literatur.

Was Jesus dem Taubstummen predigt

Zuerst nimmt er ihn beiseite, aus dem Gedränge und von den Begleitern weg. Damit bedeutet er ihm, dass er etwas mit ihm persönlich vorhat. Das geht nur dich und mich an, und du bist mir wichtig. Dann legt er ihm die Finger in die Ohren. Dort am Ohr will er etwas für ihn tun. Als nächstes netzt er seine Finger mit Speichel und rührt dem Behinderten die Zunge an. Damit sagt er ihm zweierlei: Er will nicht nur das Ohr, auch die Zunge anrühren, und er will ihm etwas von sich selbst geben. Weiter schaut er zum Himmel auf. Weisst du, die Hilfe, die ich

dir gebe, kommt von oben. Dazu seufzt er, weil er mit leidet und die Not des Mannes ihn bewegt. Erst dann spricht er ein Wort (das aber der Mann noch nicht hört): „Tu dich auf!“
Im Augenblick wird der Behinderte gesund und kann reden. Seine Begleiter sind erstaunt und erschüttert über so viel einfühlsames Verstehen, so viel zarte Menschlichkeit.

Wenn wir taub und stumm sind

Manchmal, wenn Jesus etwas tun will, nimmt er uns *besonders.* Er sucht uns heim. Es mag mir besonders schlecht gehen, oder ich bin besonders hart betroffen. Sieh es so an, dass er dich besonders nimmt, weil er Besonderes mit dir vorhat, dir einen besonderen Segen, oder eine besondere Erfahrung seiner Gnade geben will. Lass dich nur zur Seite führen!
Als zweites legt Jesus *den Finger auf den Schaden* (Markus berichtet, dass Jesus kräftig in die Ohren stiess). Es kann schmerzhaft bis zum Drauslaufen sein, wenn er das Gewissen an den kranken, empfindlichen Stellen berührt. Er tut das durch den Heiligen Geist. Es kann in einem Gottesdienst oder in einem persönlichen Gespräch sein. Jesus hat viele Wege! Wenn es sticht, dann lass es zu und denk daran: Jesus will nicht plagen, er will immer heilen!
Weiter brachte er an die Zunge des Taubstummen *etwas von seinem Speichel.* Das mag uns unhygienisch und sinnlos vorkommen, hat aber eine tiefe Bedeutung. Speichel gehört zu den wichtigsten und unentbehrlichsten Säften, die der Körper produziert. Von diesem Lebenssaft gibt Jesus etwas: ein Zeichen seines aufopfernden, hingebenden Dienstes. Einmal sagte Jesus: „Es ist Kraft von mir ausgegangen“[1]. Die Wunder waren nicht Kunststücke, die er mühelos hin zauberte. Es war ein inneres Aufnehmen der Leiden und Krankheiten (darum sein Seufzen), und ein Spenden seiner Schöpferkraft. Wenn Jesus heilt, ist das immer ein Nehmen und Geben, ein Tausch sozusagen. Zuletzt hat er ja sein Blut, den eigentlichen Lebenssaft, für uns hergegeben.

Neue Wege der Verkündigung

Es ist erstaunlich, wie viele Wege und Mittel die göttliche Liebe fand, um Einzug zu gewinnen bei den Menschen, bei Bedürftigen und bei den Selbstzufriedenen. Und dieser Jesus sollte nicht auch heute neue Ideen benützen, um die alte frohe Botschaft verständlich zu übermitteln, heute, wo die alten immer weniger ankommen? Wenn man überlegt, wie viel Mühe der Heiland schon auf sich genommen hat, um unsere Ohren aufzutun und unsere Zungen zu lösen zu freudigen Bekenntnis, dann möchte man traurig werden.
Das Evangelium ist uns tatsächlich gesagt. Es ist jedem, auch dem schwerhörigsten Schweizer zugänglich. Wir haben ja das Jahr der Bibel! Der Sämann hat bei uns schon seit fast 2 Jahrtausenden den Samen ausgestreut. Keiner hat die Ausrede, er habe keine Gelegenheit bekommen, Gottes Wort zu hören. Wie viel wendet Jesus an, um Heilung anzubieten! Welche Liebe, wie viel Einfühlen, welche Kreativität! Sein Beispiel spornt an, neue schöpferische Wege zu suchen, um die alte und doch ewig gültige Wahrheit zu kommunizieren. So, dass sie den heutigen Menschen in seiner Umgebung, Sprache, seinen Problemen und Freuden anspricht. Darum bieten wir verschiedene Gottesdienste an. Die Botschaft soll „hinüber kommen“ wie bei dem Taubstummen.

[1] Markus 5, 30; Siehe 22. Predigt

Das bedeutet eine grosse Verantwortung. Für uns, die wir die Aufgabe haben, die Botschaft so zu kommunizieren, dass sie ankommt und verstanden wird, und für unsere Hörer ebenso. Vielleicht wäre es besser, nie eine Kirche betreten zu haben, nie eine Sonntagsschule besucht, nie das „Fenster zum Sonntag“ eingeschaltet, weder einen Lobgottesdienst erlebt noch vom Alphalive-Kurs gehört zu haben, und nie eine Bibel oder ein christliches Buch im Regal besessen zu haben. So aber können wir uns nicht herausreden, wir haben keine Entschuldigung

Er hat alles wohl gemacht

Nachdem der Behinderte sprechen konnte, begegnen wir glücklichen Leuten. Begeistert reden sie von Jesus und können nicht aufhören damit. Viele sagen nie etwas von Jesus. Sie denken vielleicht an ihn, aber sie reden nie von ihm zu andern. Das sei doch Privatsache, sagen sie. Andere reden über ihn, oder schreiben auch über ihn, aber nie: „Er hat alles wohl gemacht“. Zwar schätzen sie viel an ihm: Seine Menschlichkeit, sein tatkräftiges Erbarmen, sein Einstehen für die Kranken, Schwachen und Ausgegrenzten. Aber sie sind doch nie ganz zufrieden mit ihm. Manches von ihm hören sie nicht gern: Seine Geburt aus einer Jungfrau, die unmissverständlich klaren Worte der Bibel, was Homosexualität, ethische Grundsätze der Bibel, und die Verbindlichkeit des Gotteswortes selbst betrifft. Sie hören gar nicht gern, wenn Jesus von Sünde, dem Teufel, dem ewigen Gericht und der Hölle redet, und dass wir ohne ihn verloren sind. Man macht ihm Vorwürfe, weil er nichts gegen Krieg und Unrecht unternimmt. Und was wird nicht alles an der Kirche und den Christen kritisiert! Es gibt an Jesus viel, das nicht allen passt.
Er ist eben nicht nur der grösste Mensch, er ist auch der grösste Stolperstein. Schon zu seinen Lebzeiten musste er viel Argwohn und Zweifel über sich ergehen lassen. Seine guten Taten wurden in Frage gestellt und in den Dreck gezogen. Wir kennen seine traurigen Worte: „Selig ist, wer sich nicht an mir ärgert“[1].

Lass dir dienen von ihm, lass dich beiseite nehmen, lass ihn dir nahe kommen und dich berühren. Wie? „Naht euch zu Gott, so naht er sich zu euch. Sucht, dann werdet ihr finden“[2]. Wir sind gern bereit, Zubringerdienst zu leisten wie die Freunde des Taubstummen. Denkt euch, was für eine Freude, was für ein aufregendes Erlebnis war es für sie, Zeugen seiner Heilung zu werden! „Er hat alles wohl gemacht!“

[1] Matthäus 11, 6

[2] Jakobus 4, 8; Matthäus 7, 7

Worüber Jesus seufzt

33. Predigt

Die Speisung der 4'000

Zu der Zeit, als wieder eine grosse Menge da war und sie nichts zu essen hatten, rief Jesus die Jünger zu sich und sprach zu ihnen: Mich jammert das Volk, denn sie haben nun drei Tage bei mir ausgeharrt und haben nichts zu essen. Und wenn ich sie hungrig heimgehen liesse, würden sie auf dem Wege verschmachten; denn einige sind von ferne gekommen. Seine Jünger antworteten ihm: Wie kann sie jemand hier in der Wüste mit Brot sättigen? Und er fragte sie: Wieviel Brote habt ihr? Sie sprachen: Sieben. Und er gebot dem Volk, sich auf die Erde zu lagern. Und er nahm die sieben Brote, dankte und brach sie und gab sie seinen Jüngern, damit sie sie austeilten, und sie teilten sie unter das Volk aus. Und sie hatten auch einige Fische, und er dankte und liess auch diese austeilen. Sie assen aber und wurden satt und sammelten die übrigen Brocken auf, sieben Körbe voll. Und es waren etwa viertausend; und er liess sie gehen.

Die Zeichenforderung der Pharisäer

Und alsbald stieg er in das Boot mit seinen Jüngern und kam in die Gegend von Dalmanuta. Und die Pharisäer kamen heraus und fingen an, mit ihm zu streiten, versuchten ihn und forderten von ihm ein Zeichen vom Himmel. Und er seufzte in seinem Geist und sprach: Was fordert doch dieses Geschlecht ein Zeichen? Wahrlich, ich sage euch: Es wird diesem Geschlecht kein Zeichen gegeben werden! Und er verliess sie und stieg wieder in das Boot und fuhr hinüber.

Warnung vor den Pharisäern und vor Herodes

Und sie hatten vergessen, Brot mitzunehmen, und hatten nicht mehr mit sich im Boot als ein Brot. Und er gebot ihnen und sprach: Schaut zu und hütet euch vor dem Sauerteig der Pharisäer und vor dem Sauerteig des Herodes. Und sie bedachten hin und her, dass sie kein Brot hätten. Und er merkte das und sprach zu ihnen: Was bekümmert ihr euch doch, dass ihr kein Brot habt? Versteht ihr noch nicht, und begreift ihr noch nicht? Habt ihr noch ein verhärtetes Herz in euch? Habt Augen und seht nicht, und habt Ohren und hört nicht, und denkt nicht daran: als ich die fünf Brote brach für die fünftausend, wieviel Körbe voll Brocken habt ihr da aufgesammelt? Sie sagten: Zwölf. Und als ich die sieben brach für die viertausend, wieviel Körbe voll Brocken habt ihr da aufgesammelt? Sie sagten: Sieben. Und er sprach zu ihnen: Begreift ihr denn noch nicht?

Markus 8, 1-21

Jesus zeigt Emotionen

Markus erzählt drei Begebenheiten. Sie bauen aufeinander auf. Es tritt mir aber noch ein anderer Zusammenhang entgegen. Jesus gibt sich nicht als Lehrer oder Dozent, der kühl und theoretisch Wissen vermittelt. Wir spüren hier sein Herz für die zweifach hungrigen Volksmassen, in seinem Ringen um die herrschende Clique, und schliesslich in der Enttäuschung über die Jünger, die sein warnendes Wort missverstanden. Jesus zeigt Emotionen.

Es ist noch gar nicht so lange her, dass von den meisten Kanzeln rein sachlich und vortragsmässig gelehrt wurde. Gefühle waren verpönt. Sie wurden als seelisch und schwärmerisch gebrandmarkt und zum Teil bekämpft. Die Verfolgung der Täuferbewegung durch die Staats-

kirche bis ins 18. Jahrhundert hinein ist dafür ein Beispiel. Es ist gut, dass dieses für die reformierte Kirche beschämende Kapitel nun endlich aufgearbeitet wird. Eine ähnliche Bereinigung geschieht in den letzten 20 Jahren zwischen evangelikalen Christen und der Pfingstbewegung.
Jesus äussert Gefühle: Erbarmen, Schmerz und Enttäuschung. Also ist es für seine Nachfolger kein Zeichen von Schwäche, wenn wir nicht über allem stehen, unsere Emotionen einmal nicht im Griff haben, nicht immer alles stoisch ruhig schlucken und sogar einmal ausrufen. Wir dürfen und sollen Herz zeigen. Das macht uns als Gemeinde echter, menschlicher, glaubwürdiger und damit auch anziehender.

Der erste Seufzer: Über den Hunger der Volksmenge
betrifft die Menge der 4000. Drei Tage schon waren sie bei Jesus in der Einöde und hatten ihm zugehört. Ihr Proviant waren längst aufgezehrt - wenn sie überhaupt welchen mitgenommen hatten. Und doch wollten sie noch mehr hören. Das möchte ich auch mal erleben! Jesus war tief bewegt darüber. Es jammerte ihn: Wörtlich heisst es: Seine inneren Organe gerieten in Bewegung. Wir würden sagen: Es drehte ihm das Herz um. Darum will er sie noch nicht entlassen. Er wird neben dem seelischen, geistlichen Hunger auch den körperlichen stillen. Wusste er doch von seiner Versuchungszeit her, was ein leerer Magen bedeutet.

Ich möchte nicht näher auf diesen Speisungsbericht eingehen und verweise auf die Predigt „Botschaft –Brotschaft?“[1] Aber ich habe meinen und unsern Dienst mit dem von Jesus verglichen, und musste mir dann ein paar Fragen stellen. Sehen wir unsere Pflicht erfüllt an, wenn wir das Wort gesagt haben, wenn die Predigt gehalten ist? Die Unterrichtsstunde vorbei ist? Der Besuch im Krankenhaus abgehakt? Dreht es mir das Herz um, wenn jemand hungert, obdachlos ist, krank und schwach, oder wenn er in einer schwierigen Lebenssituation steckt? – Oder muss Jesus seufzen wie über die Jünger, die keine Möglichkeit zu praktischem Helfen sahen? Wollen wir doch bitten um das Erbarmen des Heilands, um seine Emotionen!
Ich denke an ein Erlebnis im Bunker in Aarau zurück. Im Keller einer Kirche bieten dort Christen aus Kirchen und Freikirchen einen Treffpunkt für Randständige an. Arbeitslose, Ausgesteuerte, Alkohol- und Drogenkranke, Obdachlose, Prostituierte: Jedem wartet eine warme, reichliche Mahlzeit und Zuwendung. Ich war im Rahmen eines Praktikums dabei und versuchte die Typen anzusprechen, da 10 Minuten, dort ein kurzes Gespräch. Dann fiel mir Hanspeter Lang auf. Er ist der Gründer und Leiter der Stiftung „Wendepunkt“ (Ein grosser, sozialdiakonisch ausgerichteter Betrieb mit hunderten von Angestellten). Hanspeter hatte sich mit einem traurigen jungen Mann in eine Ecke gesetzt. Kein Wunder, der hatte einen Absturz hinter sich! Den ganzen Abend verbrachte der vielbeschäftigte Chef mit dem Burschen, litt mit ihm, tröstete, riet, ermutigte ihn. Als hätte er sonst nichts um die Ohren, nahm er sich stundenlang Zeit nur für ihn. Es jammerte ihn eben!
Jesus hatte ihm wie damals den Jüngern das Herz geöffnet und das Erbarmen in ihn hineingelegt. Der Heiland will, dass wir so denken, fühlen und handeln wie er.

[1] 26. Predigt

Der zweite Seufzer: Über die Verhärtung der Oberschicht

Die religiöse Oberschicht forderte ein Zeichen vom Himmel. Es macht den Anschein, sie wünschten nach der hitzigen Diskussion den letzten Beweis, Jesus sei wirklich der Messias. Darauf stöhnt er auf. Er verweigert ihnen das Wunder. Hatten sie es mit der Brotvermehrung nicht schon bekommen? Ihre Bitte ist mehr Ausflucht als der Wunsch nach Überzeugung. Darum seufzt er über sie. Deshalb wird ihre Sensationslust nicht befriedigt.

Die Pharisäer hatten ihre festgesetzte Meinung über Gott und Kirche. Jesus passte nicht in dieses Schema. Je länger desto mehr verhärteten sie sich ihm gegenüber. Die Herodianer pflegten ein Gemenge von Juden- und Heidentum. Ihnen war alles erlaubt, solange die Fassade der Frömmigkeit erhalten blieb. Beide Gruppen beherrschten die Kunst, zugleich heilig und gottlos zu sein.

An sie verschwendet Jesus kein Wunder! Sie haben schon eines, dass Jesus und sein Wort bei ihnen wohnte. Sie brauchen Busse, Umkehr von Ihrem überlegenen Hochmut und Heuchelei. Mit ihrem Begehren stellen sie sich jedoch über Jesus.

Ich habe mir wieder ein paar Fragen gestellt: Der Wunsch nach Wunderzeichen lebt auch in uns. Ich glaube, wir dürfen darum bitten. Passen wir bloss auf, dass er nicht Ausflucht wird aus der ersten, grundlegenden Forderung: „Tut Busse, denn das Reich des Himmels ist nahe herbei gekommen!“ Dieser erste Anspruch kann nicht umgangen werden Wer sein Herz Jesus öffnet, dem wird sich auch der Himmel öffnen mit Wundern. Wer sich ihm verhärtet, dem bleiben dieselben Zeichen verschlüsselt und verborgen. Verstehen wir, wie das Jesus so sehr schmerzt, dass er aufstöhnt und weggehen muss?

Der dritte Seufzer: Das Misstrauen der Jünger

Anders als die Pharisäer bekamen die Jünger ihre Wunder. Doch es scheint, die Augen blieben ihnen dafür verschlossen! (Ähnlich wie den Emmausjüngern). Sollte etwa der, welcher für 4‘000 sorgte, für 12 nicht genug haben? Wir mögen über so kurzsichtiges Rechnen den Kopf schütteln, doch sind wir nicht viel besser in unserer Sorge für die kleinen Notwendigkeiten unseres Lebens. War ihr Vertrauen auf der Strecke geblieben?

Nun argwöhnen sie gar, der Meister wolle sie zurechtweisen, weil sie bei der überstürzten Flucht vor den wundersüchtigen Gegnern nicht an den Proviant gedacht hatten. Als Jesus sie vor dem gefährlichen, weil ansteckenden Sauerteig der Pharisäer warnt, sehen sie darin einen versteckten Vorwurf für das fehlende Brot. Aber warum sollte er auf einmal verblümt reden, wo er doch zu den Jüngern immer offen gewesen war, ihnen sogar die Gleichnisse ausgelegt hatte? Woher kam das plötzliche Misstrauen? Ich denke, das ist ein Zug, der in uns immer wieder hochkommen will seit dem Sündenfall, seit göttliche Aussagen in Zweifel gezogen wurden. Satan wartet immer dort auf seinen Auftritt, wo wir miteinander nicht offen reden, und wo wir hinter Äusserungen Vorwürfe und Seitenhiebe argwöhnen.

Jesus plädiert hier für Vertrauen, dass er es gut meint und ehrlich spricht, ohne versteckte Seitenhiebe. Wenn er tadeln musste, dann konnte er es unverblümt und direkt tun.

Ja, unsere Gesprächskultur! Können wir offen miteinander reden? Oder müssen wir immer aufpassen, dass nicht jemand es falsch versteht und sich betupft fühlt? Vertrauen statt Misstrauen! Glaube statt Argwohn! Sonst leidet Jesus.

Erforsche mich Gott, prüfe und erfahre, wie ich's meine.

Von Gottes Reich zu hören und zu Jesus kommen ist eine gute Entscheidung. Aber dann müssen wir mit ihm leben lernen. Es ist nicht einfach, Gott in seinem Reich so zu dienen, ohne den Geist der Welt mit hinein zu bringen. Es ist möglich, Verhaltensweisen und Praktiken einzuschmuggeln, die mit Gottes Welt unvereinbar sind. Das ist der Sauerteig. Wenn er uns infizieren und durchsetzen kann, hält er Gottes Bestes von uns ab.

Wie die Juden im Brauchtum ums Passahfest sollen wir den versteckten Sauerteig aufspüren und wegschaffen. Jesus zeigt wie. Er stellt Fragen. Mit ihnen fordert er die Jünger heraus, Rückschau zu halten und ihr Herz zu prüfen. Dieselben Fragen sollen auch wir uns von ihm stellen lassen. Sie führen in die Busse, in die Reinigung und in die Dankbarkeit Jesus gegenüber.

Verstanden sie ihn? - Jedenfalls nahmen sie die Kritik an. Menschen, die weder Widerspruch noch Korrektur vertragen, sind hochmütig, doch dem Demütigen gibt Gott Gnade[1].

Die Jünger liessen sich von Jesus zurechtweisen und lernten aus der Vergangenheit. Dabei sahen sie ihren Unglauben ein. Sie lernten den Herrn noch besser kennen. So wurden sie zu dem grossen Bekenntnis befähigt, von dem Markus gegen Ende des Kapitels berichtet.

„Erforsche mich Gott, prüfe mein Herz und erfahre, wie ich's meine, Und siehe ob ich auf bösem Wege bin, und leite mich auf ewigem Wege."[2]

---

[1] Jakobus 4, 6

[2] Psalm 139

Erleuchtung

34. Predigt

Als sie nach Betsaida kamen, brachten die Leute einen Blinden und baten Jesus, den Mann zu berühren. Jesus nahm ihn bei der Hand und führte ihn aus dem Ort hinaus. Er spuckte ihm in die Augen, legte ihm die Hände auf und fragte: „Kannst du etwas erkennen?"
Der Blinde blickte auf und sagte: „Ja, ich sehe die Menschen; sie sehen aus wie wandelnde Bäume."
Noch einmal legte ihm Jesus die Hände auf die Augen. Danach blickte der Mann wieder auf - und war geheilt. Er konnte jetzt alles ganz deutlich erkennen. Jesus befahl ihm: „Geh nicht erst nach Betsaida hinein, sondern geh gleich nach Hause!"
Markus 8, 22-26

Zweierlei Blinde, zweierlei Heilung

Ein Blinder wird zu Jesus gebracht und geheilt. – Bei den vielen Heilungen, die in den Evangelien berichtet werden, scheint das fast Routine. Weit gefehlt! Markus will mehr sagen.
In den Versen vorher hat Jesus über die Jünger geseufzt, weil sie hinter seinen Worten Seitenhiebe wegen ihrer Vergesslichkeit vermuten. Sie misstrauen ihm. Er ist darüber enttäuscht: „Versteht ihr noch nicht, begreift ihr noch nicht?" Und dann weiter „Habt ihr Augen und seht doch nicht, und habt Ohren und hört nicht? Begreift ihr noch nicht?" Jesus spricht also eine andere Art Augenkrankheit an. Ich möchte sie innere Blindheit nennen. Der geheilte Mann ist Anschauungslektion dafür, wie sie geheilt wird. Das Thema ist aber damit noch nicht fertig abgehandelt. Jesus fragt einige Verse weiter die Jünger, für wen sie ihn halten. Petrus antwortet mit der schlichten Feststellung: „Du bist Christus, der von Gott versprochene Retter." Da war einem offenbar ein Licht aufgegangen. Da war einer sehend geworden!

Augenöffner

Auf Rätselseiten gibt es diese Vexierbilder. In einer Zeichnung ist ein Bild versteckt. Man guckt dann aus allen möglichen und unmöglichen Winkeln darauf, um dahinter zu kommen, und freut sich, wenn man es findet. Bei kniffligen mathematischen Problemen kann es ähnlich gehen. Jedenfalls erinnere ich mich an Erfolgserlebnisse beim Lösen von Gleichungen. Die sind mir wahrscheinlich geblieben, weil sie in meiner Schülerkarriere eher dünn gesät waren. In Algebra war ich eben nicht gerade herausragend...
Von Augenöffnern spricht man auch in verschiedenen Religionen. In der Zeit nach Christus gab es in der griechischen Welt eine Bewegung, die sich Gnosis, „Erkenntnis" nannte. Geheime Opferrituale sollten Einblick in die Rätsel des Lebens und Zugang zu übernatürlichen Kräften garantieren. Die Buddhisten und andere fernöstlich orientierte Philosophien empfehlen Meditation, Mantras oder andere Techniken, um „Hellblick" zu bekommen. Das Fachwort dafür ist Erleuchtung.
Die Bibel hat auch einen Fachausdruck: Offenbarung. Es wird etwas aufgedeckt oder offengelegt. Der Apostel Johannes zum Beispiel sah auf der Insel Patmos eine grossartige Schau über die letzten Kapitel der Welt- oder Heilsgeschichte und schrieb sie dann nieder.
Das letzte Buch der Bibel steht als Offenbarungsdokument nicht einzig da. Jesus, überhaupt die ganze Bibel, ist ein einziger Augenöffner für Gottes Wirklichkeit. Die vorliegende Ge-

schichte ist nur ein kleiner Teil davon. Aber anscheinend haben die Jünger verstanden: Jesus muss der von Gott gesandte Retter sein.

Der Wert der Erleuchtung

In verschiedenen Religionen ist das Erlebnis des „Sehens" die höchstmögliche Erfahrung. Um sie zu erlangen, wird kein Opfer und keine Anstrengung gescheut. Buddha verzichtete deswegen auf den Königsthron. Mittels völliger Besitz- und Hauslosigkeit versuchte er zuerst als Bettelmönch, später mit Yogapraktiken dem Geheimnis auf die Spur zu kommen. Dann plagte er als Asket seinen Körper 5 Jahre lang mit dem gleichen Ziel. Er fastete bis zum Geht-Nicht-Mehr. Haarscharf vor dem Hungertod gab er das Experiment enttäuscht auf und ass wieder. Seine 5 Kollegen fassten dies als Verrat an der Sache auf. Als er einigermassen zu Kräften gekommen war, praktizierte er Meditation, und gelangte nach seiner Überzeugung zur Erleuchtung.

Mich beeindruckt sein ungeheurer Einsatz. Der Mann hat sich fast alles kosten lassen, um die letzte Erkenntnis zu bekommen. Da kann man ihn nur bewundern. Er hat bis heute viele Nachfolger. Nicht nur was seine Lehre betrifft, sondern auch in Sachen Konsequenz und Fleiss. Wie weit wird nicht gereist, wie viel Geld eingesetzt, wie viele Kurse und Seminare besucht, wie viele Gurus konsultiert, um das fast Unmögliche möglich zu machen. Die meisten sind sich bewusst, dass die Verheissung sofortiger Resultate unrealistisch ist und nach Betrug riecht.

Wie viel setzen wir ein, um Gewissheit über die unbeantworteten Rätsel der Welt, unsere Herkunft und Zukunft zum Beispiel, den Sinn des Lebens, und vor allem über Gott zu erhalten? Die kurze Episode mit dem Blinden enthält hilfreiche Hinweise und macht Mut dazu.

1. Erleuchtung kommt nicht blitzartig

Der Blinde bekommt sein Augenlicht nicht sofort zurück. Erst sieht er nur verschwommen. Jesus muss ihm nochmals die Hände auflegen.

So ist es auch mit der Erkenntnis über Jesus und den Glauben. Wir bekommen sie stückweise geschenkt. Es gibt dafür viele Beispiele in der Bibel. Paulus redet von einem trüben Spiegel oder einer Brille, durch die wir jetzt nur ein unklares Bild sehen[1]. Erst wenn wir einmal Gott gegenüberstehen, werden wir völlig sehen und begreifen..

Schade, dass wir hingehalten werden? Man kann das negativ ansehen. Ich freue mich darüber, weil das Schönste noch bevorsteht!

Es ist ähnlich wie beim Lernen einer Sprache. Am Anfang sieht man leidliche Fortschritte. Dann wird ein sogenanntes Plateau erreicht. Es scheint, man kommt nicht weiter. Das stimmt aber nicht. Wer dran bleibt, konsolidiert seine Kenntnisse, obwohl er meint, er trete am Ort. Und plötzlich geht es dann wieder einen Ruck weiter. Du merkst, aufgeben wäre falsch gewesen. So ist es auch mit Jesus. Es gibt viel zu gewinnen. Er ermutigt in der Bergpredigt: „Bittet, dann wird euch gegeben, sucht, und ihr werdet finden, klopft an, und es wird euch aufgetan."

---

[1] 1. Korinther 13,12

2. Du brauchst sehende Leute, die dich herführen

Ob die Freunde den Blinden einfach an der Hand nahmen und zu Jesus brachten, oder ob er sie darum bat, ist egal. Allein hätte er ihn wahrscheinlich verpasst. Jesus braucht Schlepper, Helfer, die Blinde ermutigen und zu ihm weisen. Er hat ausdrücklich den Auftrag dazu gegeben. Ganz selten findet jemand im Alleingang zu Jesus. Ein grosser Theologe hat gesagt, Christen seien Bettler, die andern Bettlern sagen, wo es Brot gibt. Scheue dich nicht, Hilfe anzunehmen!

3. Um dir die Augen zu öffnen, nimmt dich Jesus beiseite.

Niemand lernt Jesus im Gedränge kennen. Dazu braucht es eine persönliche Begegnung. Jesus nimmt den Blinden bei der Hand und führt ihn aus dem Dorf hinaus. Ein erster Kontakt mag in der Menge sein. Vielleicht in einem grossartigen Gottesdienst oder an einer Konferenz mit vielen Leuten! Doch dann nimmt er dich abseits. Er will dir in die Augen und in die Seele schauen. Das mag vielleicht peinlich sein, aber anders gibt es keine Beziehung zu ihm. Er *will* uns nahe kommen. Ein Hauskreis, das Insight (Jugendgruppe) oder ein Gedankenaustausch zu zweit bietet dazu Hilfe.

Vielleicht haben Sie sich gewundert, wieso wir seit einiger Zeit einladen, nach dem Gottesdienst zurückzubleiben, um Ihre Anliegen gemeinsam vor Gott zu legen oder um Sie zu segnen. Das ist nicht einfach eine neue Masche.

Das ist, weil Jesus Ihnen persönlich helfen will und gerade Ihre Nöte, Ihre Krankheit, Ihre Blindheit heilen will. Er interessiert sich für den Einzelnen! Nicht eine einzige Massenheilung wird uns von ihm berichtet. Es geht ihm ja auch nicht nur um Gesundheit. Er will innerlich zurecht helfen. Er will Glauben wecken, Vertrauen zu ihm, und uns damit Zugang zu ewigem Leben schaffen.

Damit er das tun kann, muss ich mich von ihm in die Augen schauen lassen. Dem Blinden spie er sogar hinein (Das war damals Brauch so, Speichel galt als Heilmittel). Solche Nähe mag unangenehm wirken, aber nur zuerst.

Alleinsein mit Jesus heisst aber nicht immer, dass jemand anders dabei sein müsste. Jesus hält unsichtbar Audienz mit dir, wenn du in der Bibel liest, wenn du betest, über ihn nachdenkst und mit ihm sprichst. Kostbare, unvergessliche Begegnungen!

4. Lass dich von Jesus berühren

Es gibt ein Bild von dieser Begebenheit. Der Blinde hält die Hände erhoben wie ein Soldat, der sich gefangen gibt, während Jesus ihm mit beiden Händen den Kopf anfasst. Er legt sie auf die kranken Augen, die Augen, die ihm weh taten (Er hatte wohl sein Augenlicht durch eine Entzündung verloren, eine sehr schmerzhafte Sache). Auf das Gesicht malte der Künstler die ganze Entbehrung, die Enttäuschung und die Qualen des Leidens.

In der Handauflegung liegt die Retterliebe von Jesus, sein Erbarmen, sein Trost. Es sind dieselben Hände, die später von Nägeln durchbohrt wurden: „Ich nehme dein Leiden auf mich, durch meine Wunden bist du geheilt. Ich bin gekommen, um dir wahres Leben zu geben, damit du mich, die Wahrheit erkennst und den Weg siehst. Ich bin das alles für dich“, sagt Jesus. Er bestätigt mir: „Fürchte dich nicht, ich habe dich bei deinem Namen gerufen: Du bist mein."[1] Er legt seine Hand auf mich und versichert mir: „Ich bin gekommen, dass du das Leben, und zwar im Überfluss, haben sollst."[2] Er nimmt alle Verzweiflung aus meinem Herzen, wenn er mir sagt: „Hab keine Angst; Glaube nur!"

Das sind ganz persönliche, heilige Augenblicke. Die kann man nicht in der Öffentlichkeit breit schlagen. Wohl darum rät Jesus dem Geheilten, nicht mehr zurück ins Dorf zu gehen, sondern direkt nach Hause.

Das Schönste an der Erleuchtung, die aus der Begegnung mit Jesus kommt

Sie ist kein Krampf, keine unmenschliche Anstrengung, die nur ein besonders begabter und entschlossener Mensch wie Buddha schaffen konnte. Hier gab sich ein Kranker in die Hand von Jesus, und bekam das Licht geschenkt. Ist das nicht grossartig? Ich wünsche uns allen Begegnungen, wo uns Jesus berührt und wir wahrhaft sehend werden. Warum sich nicht zu ihm führen lassen, warum nicht gemeinsam um Licht, um Heilung bitten, warum nicht die Hände auflegen lassen? Jesus wartet darauf, und er wird deinen Glauben segnen!

---

[1] Jesaia 43, 1
[2] Johannes 10, 11

Vom Hörensagen zur Gewissheit

35. Predigt

Jesus zog mit seinen Jüngern weiter in die Dörfer bei Cäsarea Philippi. Unterwegs fragte er sie: „Für wen halten mich eigentlich die Leute?" Die Jünger gaben zur Antwort: „Einige halten dich für den wieder auferstandenen Täufer Johannes, andere halten dich für den wiedergekommenen Elia, und noch andere meinen, du seist einer von den alten ten." „Und ihr", wollte Jesus wissen, „für wen haltet ihr mich?" Da sagte Petrus: „Du bist Christus, der versprochene Retter!"
Aber Jesus schärfte ihnen ein, mit niemand darüber zu reden.
Markus 8, 27-30

Die Mitte des Markus-Evangeliums

In der Markus-Predigtreihe sind wir jetzt in der Mitte angelangt. Der heutige Abschnitt steht kapitelmässig im Zentrum. Aber er ist auch inhaltlich ein Angelpunkt. Jesus beschliesst seinen Dienst in Galiläa. Wunder und Heilungen treten jetzt in den Hintergrund. Der Opfergang ans Kreuz liegt voraus.
Er will die Jünger mitnehmen als Zeugen. Das kann er nur, wenn ihr Glaube fest geworden ist. Sie müssen sich über die Bedeutung seiner Person klar sein. Sonst können sie seinen Weg nicht verstehen. Darum fragt er:

„Für wen halten mich eigentlich die Leute?"

Darüber diskutierten die Juden schon lebhaft. Die einen glaubten, Jesus sei der wieder auferstandene Täufer Johannes. König Herodes hatte ihn ja seiner unbequemen Worte wegen hinrichten lassen. Tatsächlich, was Jesus sagte, ging ebenso unter die Haut wie die Busspredigt des Täufers!
Andere verglichen ihn mit dem Propheten Elia. Der war einer der vollmächtigsten Boten Gottes gewesen. Auf sein Gebet hin wurden sogar Tote auferweckt. Und er hatte mit dem Götzendienst und andern Missständen aufgeräumt, potz Blitz, der hat es ihnen gezeigt! Wie Jesus mit den korrupten Pharisäern abrechnete, erinnerte wohl daran.
Heute gibt es nicht weniger Meinungen über Jesus. Manche nehmen an, er habe überhaupt nicht existiert. Was über ihn geschrieben wurde, sei nur Legende. Doch, er hat gelebt, wird darauf entgegnet; er ist historisch so gut bezeugt, dass es kein vernünftiger Mensch bezweifeln kann. Aber er sei ein ganz normaler sterblicher Mensch gewesen wie wir. Sein Leichnam liege in einem leider unbekannten Grab.
Andere behaupten, er sei ein aussergewöhnlicher Mensch gewesen, mit einer einzigartigen Beziehung zu Gott, wie es vorher kein anderer geschafft hatte. Seine Reinheit, sein Mut zur Wahrheit, und seine Bereitschaft, Opfer zu bringen machen ihn zum idealen Vorbild in Sachen Moral und Religion, und zum unbestrittenen Führer der Menschheit. Wir sollten ihm folgen, und er wird uns zu Gott führen. Aber er selbst sei nicht Gott gewesen. Das hätten nur seine übereifrigen Freunde behauptet.
Alle diese Meinungen sind Urteile aus der Distanz. Sie wurden entweder von andern übernommen oder sind aus einer reinen Zuschauerperspektive heraus gefasst worden. Jesus gibt sich mit solchen Antworten nicht zufrieden.

Er will mehr als unbeteiligte Zuschauer. Er will Bekenner. Aus diesem Grund kann es gefährlich, brandgefährlich werden, wenn einer am Sonntagmorgen in die Kirchenbank sitzt, um sich die verschiedenen Ansichten anzuhören, die so über Religion und Glauben zirkulieren. Es kann dann geschehen, dass sich Jesus plötzlich zu ihm dreht, ihm tief in die Augen schaut und fragt:

„Und ihr, für wen haltet ihr mich?“

Der Jünger Petrus antwortet darauf in der für Markus typischen Kürze und Knappheit: „Du bist der Christus“.

Damit wollte er sagen: Du bist der Mann, auf den hin alle bisherigen Propheten mit den Fingern zeigten. Du bist der längst angekündigte König des Friedens und der Gerechtigkeit. Du bist der Retter, auf den die Welt schon immer gewartet hat. Du hast keinen mehr anzukündigen, der noch kommen könnte, denn du bist der Letzte und Endgültige. Nach dir kommt keiner mehr. Du bist der Mann Gottes. Und das heisst: Bei dir kommt meine Suche nach einem Retter zur Ruhe.

Matthäus berichtet, Jesus habe an dieser Stelle gesagt: „Diese Erkenntnis hat dir mein Vater im Himmel gegeben; von sich aus kommt niemand zu dieser Einsicht“. Bekenntnisse schüttelt man nicht aus dem Ärmel. Wo sie ausgesprochen werden, ist der Heilige Geist am Werk, da ist Jesus persönlich nahe getreten. Es geschieht dort, wo wir uns ihm und seiner Botschaft öffnen. Da offen-bart er sich.

Eine kurze Geschichte der Bekenntnisse

Dem Bekenntnis des Petrus sind andere gefolgt. Meist entstanden sie an Scheidewegen der christlichen Geschichte, in Notzeiten, oder wenn Streitpunkte über Christus oder über Lehrmeinungen Klärung forderten. Bekenntnisse können einfach oder theologisch fundiert daher kommen, oder sogar in Versform. In unserm Gesangbuch sind einige der schönsten Lieder Bekenntnislieder!

Eine der ältesten Fassungen ist das Apostolicum. Es ist als Credo im Text der katholischen Messe aufgenommen worden. Um 325 wurde das nicäische Bekenntnis formuliert. Es wandte sich gegen eine Sekte, welche die Gottheit von Jesus Christus ablehnte. Die lutherische Kirche setzte während der Gegenreformation einige feste Pflöcke mit dem Augsburgischen Bekenntnis. Heinrich Bullinger tat dasselbe für die Schweizer Reformierten mit der 2. Helvetischen Konfession. Eine der bekanntesten Bekenntnisschriften der Neuzeit ist das Barmer Bekenntnis. Mit ihm bezogen Theologen Stellung gegen die Nazikirche.

Interessant, dass unsere Aargauische Landeskirche kein Bekenntnis für verbindlich erklärt hat. Das hat eine gute und eine weniger gute Seite. Ein Bekenntnis kann zur Verknöcherung führen, zu einem Glauben, der wohl auf dem Papier steht, aber nicht im Herzen verankert ist. Das vor allem, wo die Nähe zu Jesus verloren geht. Andererseits kann ohne verpflichtende Grundlage jeder Pfarrer und Kanzelredner predigen, was ihn gut und recht dünkt. Aus diesem Grund gibt es in unseren Kirchen von Ort zu Ort krasse Unterschiede in der Lehre und Ausrichtung.

Ein innerer Weg

Petrus und die andern Jünger hatten in den fast drei Jahren mit Jesus einen inneren Weg zurückgelegt. Ihr Glaube war gereift zu dem schlichten Bekenntnis. Das darf auch bei uns so

werden. Eindrücke von der Kindheit her, aus dem persönlichen Umgang mit Jesus und der Bibel, aus Gottesdiensten und dem Zusammenleben mit Christen, Gebetserhörungen, erfahrene Durchhilfe bis hin zu kleinen und grossen Wundern; kurz: was wir hören und erleben, wächst und kondensiert heran zur Gewissheit: Du bist der Christus, du bist mein Heiland.
Bekenntnisse werden immer wieder neu formuliert, weil unsere Erfahrungen und Erkenntnisse sich vertiefen. Ich hoffe sehr, dass unser Glaube nicht seit 20 oder 40 Jahren auf dem gleichen Stand geblieben ist! Dann wäre unsere Botschaft und Christsein altbackenes, müffelndes und schimmeliges Brot. Gott behüte uns davor!
Paulus wünscht den Epheserchristen etwas anderes:
„Der himmlische Vater möge euch aufgrund des Reichtums seiner Herrlichkeit schenken, dass ihr in eurem Innern durch seinen Geist an Kraft und Stärke zunehmt. Durch den Glauben wohne Christus in eurem Herzen. In der Liebe verwurzelt und auf sie gegründet, sollt ihr zusammen mit allen Heiligen dazu fähig sein, die Länge und Breite, die Höhe und Tiefe dieses Reichtums auszuloten und die Liebe Christi zu verstehen, die alle Erkenntnis übersteigt“[1].
Der Allerwelts- oder Volksglauben, der sich auf die Meinung anderer abstützt, läutert sich zur persönlichen Erfahrung und Gewissheit: Du bist mein Heiland. Das wünscht Jesus für seine Jünger und für uns alle.

Zwei Vorschläge zur Vertiefung

1. Denken Sie über den Weg nach, den Sie in Sachen Glauben zurückgelegt haben. Sind Sie von der Peripherie in Richtung Zentrum gerückt? In welcher Hinsicht haben sich Ihr Verständnis der christlichen Botschaft und Ihre Beziehung zu Jesus entwickelt und vertieft?
2. Schreiben Sie Ihr eigenes Bekenntnis. Tun sie sich zu zweit oder im Hauskreis zusammen und besprechen Sie es gemeinsam.

Ein Bekenntnis ist zunächst eine ganz persönliche, intime Angelegenheit zwischen mir und Jesus. Darum durften es die Jünger vorerst nicht an die grosse Glocke hängen. Aber es kommt die Zeit, wo es nicht mehr Verschlusssache bleibt, wo wir Farbe bekennen und bezeugen: „Du bist der Messias“. Denn „wer mich bekennt vor den Menschen, den will ich auch bekennen vor meinem himmlischen Vater“[2]. Mehr darüber am nächsten Sonntag!

---

[1] Epheser 3
[2] Matthäus 10, 32

Menschenweg und Gottes Weg

36. Predigt

Erste Leidensansage

Und er fing an, sie zu lehren: Der Menschensohn muss viel leiden und verworfen werden von den Ältesten und Hohenpriestern und Schriftgelehrten und getötet werden und nach drei Tagen auferstehen. Und er redete das Wort frei und offen. Und Petrus nahm ihn beiseite und fing an, ihm zu wehren. Er aber wandte sich um, sah seine Jünger an und bedrohte Petrus und sprach: Geh weg von mir, Satan! Denn du meinst nicht, was göttlich, sondern was menschlich ist.

Von der Nachfolge

Und er rief zu sich das Volk samt seinen Jüngern und sprach zu ihnen: Wer mir nachfolgen will, der verleugne sich selbst und nehme sein Kreuz auf sich und folge mir nach. Denn wer sein Leben erhalten will, der wird's verlieren; und wer sein Leben verliert um meinetwillen und um des Evangeliums willen, der wird's erhalten. Denn was hülfe es dem Menschen, wenn er die ganze Welt gewönne und nähme an seiner Seele Schaden? Denn was kann der Mensch geben, womit er seine Seele auslöse? Wer sich aber meiner und meiner Worte schämt unter diesem abtrünnigen und sündigen Geschlecht, dessen wird sich auch der Menschensohn schämen, wenn er kommen wird in der Herrlichkeit seines Vaters mit den heiligen Engeln. Und er sprach zu ihnen: Wahrlich, ich sage euch: Es stehen einige hier, die werden den Tod nicht schmecken, bis sie sehen das Reich Gottes kommen mit Kraft.

Markus 8, 31 - 9, 1

Kann ich über diesen Abschnitt predigen?

Diese Predigtvorbereitung ist mir die bisher schwerste der ganzen Markusreihe geworden, und zwar aus zwei Gründen: Jesus redet so rücksichtslos streng. Stösst das Sie als Hörer und Hörerinnen nicht ab, bekommen Sie da nicht Widerwillen vor der Guten Botschaft? Sich selbst verleugnen, das Kreuz aufnehmen, das Leben aufgeben, sich wegen Jesus beschämen lassen, tönt das nicht reichlich negativ? Wo bleibt da der Trost, die Freude, die Ermutigung? Es könnte sein, dass Sie sagen: Auf eine so harte Predigt kann ich verzichten. Dafür brauche ich am Sonntagmorgen nicht früher aufzustehen.

Weiter habe ich mich gefragt: Kann ich, der Walter Lüscher, über diesen Abschnitt predigen? Kommen diese Ansprüche nicht reichlich überheblich daher, so von der Kanzel herab? Verlange ich da nicht etwas von der Gemeinde, an dem ich selbst noch herumbuchstabiere, geschweige denn ihm nachlebe?

Aber dann sah ich plötzlich das Wort „nachfolgen" in einem neuen Licht. Das heisst ja „Jesus geht voran"! Er gibt hier nicht allgemeine Lebensregeln weiter. Er spielt nicht den Berater. Alles, was er den Jüngern abfordert, hat er vorher selbst durchgemacht. Er ist vorangegangen, und zwar nicht zwangsweise, sondern ganz bewusst. Er sagt voraus, dass dies sein Weg ist. Er „muss" verworfen werden, leiden, das Kreuz tragen und getötet werden. Aber er wird auch auferstehen.

Damit macht er uns das unendlich Schwere leichter. Er selbst ist der Garant, und der einzige, dass die Nachfolge kein Reinfall wird. Es hat ja bei ihm funktioniert. Er ist der Erstling. Er geht uns voraus.

Er wurde „verworfen“. Die Geistlichkeit erklärte mit seinem Rausschmiss (Exkommunikation!) für ihn alle Verheissungen und Versprechen Gottes für null und nichtig. Sie wurden ihm abgesprochen. „Verflucht ist, wer am Kreuz hängt“[1]. Aber gerade dadurch öffnete er sie für uns. Die einzige Bedingung ist Nachfolge. Damit wird das Minus zum Plus! Gewinn statt Verlust, Festfreude statt Verzicht! Das hat mich froh gemacht. Ich hoffe, Sie spüren etwas davon, wenn ich mich nun trotzdem an diesen Predigttext wage.

Die Parabel von der Blüte

Mein Honig und mein Blütenstaub gehören mir und keinem andern! sagte eine Blume und liess weder Biene noch Schmetterling davon naschen. Dafür welkte sie zwecklos dahin und starb ohne Frucht und Samen.

In der Nachfolge ist nicht Selbstzweck und -mitleid, sondern Selbstverleugnung und Opferbereitschaft bis zur Hingabe des Lebens an der Tagesordnung. Wer sein Dasein als eigenen Besitz mit aller Gewalt für sich behalten will, wird es zuletzt doch verlieren. Wer nur mit sich selbst beschäftigt ist, dem verdirbt das Leben. Fruchtlos welkt es dahin. Je mehr einer bestrebt ist, möglichst viel davon festzuhalten, desto schneller und sicherer rinnt es ihm durch die Finger. Dies ist eines der grossen Geheimnisse in Gottes Welt. Im Festhalten wird uns genommen, im Loslassen wird uns gegeben. Gewinnen durch Verlieren ist nicht die Sprache der Geschäftsleute, und auch nicht die Sprache der Vernunft.

Die Versuchung geht weiter

Eben hatte Petrus das grosse Bekenntnis ausgesprochen: „Du bist der Messias“. Grossartige Träume von berühmt werden, vom Mitfahren auf dem Siegeswagen und von allen möglichen andern Vorteilen müssen da in der Fantasie der Junger hochgestiegen sein. „Das alles wird er uns geben!“ Waren diese Bewunderung, diese Erwartungen nicht schmeichelhaft für den Meister? („Endlich haben sie gemerkt, wer ich bin“). Hier wurde von Petrus die gleiche Tonart angeschlagen, die Satan nach der Taufe von Jesus in der Wüste gespielt hatte. „Das alles gebe ich dir, wenn du vor mir niederkniest, wenn du auf Menschenart Karriere machst.“[2] Durch das ganze Leben des Heilands versuchte der Böse immer wieder, ihn von seinem Weg abzubringen. Sogar noch, als er schon am Kreuz hing! Er wurde versucht wie wir, doch ohne Sünde. Er geht gehorsam weiter. Hier spricht er erstmals offen über den Weg ans Kreuz.

Das ist so unverständlich und so entgegen allem menschlichen und logischen Denken, dass Petrus es ihm vehement ausreden will. Er meint es gut: Die Stimme des Versuchers tönt eben meist vernünftig, human und überzeugend. Ist es deswegen, dass Jesus dem Petrus so grob übers Maul fährt und in ihm Satan persönlich sieht?

Der hatte bei Jesus noch lange nicht aufgegeben, bei den Jüngern nicht und auch bei uns nicht. „Hoch, hoch hinaus!“ sagt er. „Baut eure Türme!“. Doch der Weg des Jesus geht tief, tief hinab. Im passiven Leiden geschieht aktiver Sieg. Im Verworfen werden wird er gekrönt. Im Sterben wirkt er ewiges Leben.

Ob die Jünger das verstehen? Es ist eine harte Lektion. Gottes Weg ist anders ist als die menschlichen Wege. Jesus musste die Worte vom Leidensweg mehrmals wiederholen, und

---

[1] 5. Mose 21, 23, zitiert in Galater 3,13

[2] Matthäus 4, 9

selbst dann waren sie immer noch nicht begriffen worden. Er erklärt ihnen, wieso er verzichten muss, und wieso ihnen das gleiche blüht. Für die Jünger tönte das beim ersten Hören furchtbar negativ und abstossend. Erst später werden sie die positiven, Mut machenden Gründe dahinter sehen.

Nachfolge heisst sich selbst verleugnen.

Weil das Verb weitgehend aus unserm alltäglichen Sprachschatz verschwunden ist, musste ich lange daran herumstudieren, was „sich verleugnen“ überhaupt bedeutet (solche Begriffsklärungen sind eine Bonuszulage der Predigtvorbereitung). Es ging mir ein Licht auf, als ich nachschlug, wo es sonst noch vorkommt.

Da landete ich natürlich bald bei Petrus – beim selben Petrus kaum 14 Tage später. Er beteuerte in jener Nacht: „Ich kenne den Menschen nicht!“ Wenn wir uns selbst verleugnen, müssen wir zum eigenen Ich sagen: Ich kenne dich nicht! Ich will von dir nichts mehr wissen. Ich distanziere mich von dir, denn ich weiss jetzt einen andern, dem zuliebe ich dich aufgeben muss. Manche denken, Glaube sei eine Sache des Kopfes, oder des Verstandes; so eine Art Glaubensbekenntnis, wie es Petrus ausgesprochen hatte. Jesus sagt: Darauf kommt es nicht in erster Linie an. Ein Bekenntnis macht noch nicht selig. Glaube ist viel mehr Willenssache.

Wie weit geht die Selbstverleugnung?

Eine Mutter kann erklären: Ich gebe alles für meine Kinder, ich verzichte zu ihren Gunsten auf meine eigenen Wünsche, ich verleugne mich selbst. Oder ein Manager nimmt sich vor: Das Geschäft steht an erster Stelle. Und doch, bei aller Selbstverleugnung kann sich ihr Selbst doch sehr egoistisch zurückmelden. Dieselbe Mutter kann sich nachtragend, bitter und beherrschend geben. Und derselbe Manager kann sich als eigennützig, rücksichtslos und raffgierig herausstellen.

Nichts gegen die Selbstverleugnung der beiden Beispiele, aber die christliche steht höher, weil sie tiefer gräbt. Da schlägt die Axt den Baum an den Wurzeln ab. Da fallen die Hiebe gegen das eigene Ich, bis schliesslich der alte Baum umkracht und der Herr einen neuen pflanzen kann.

Dann merken wir, dass – wie bei Jesus – zuerst eine grosse Grundentscheidung gefordert ist. Aber dann sind tausend kleine Schritte nötig, die uns tagtäglich Entscheidung abfordern. Die sind manchmal schwerer abzuringen als die eine grosse.

Lohnt sich das?

Nur das nicht! sagt Petrus. Er sieht nur den Verzicht. Doch, sagt Jesus. Er kehrt den Verzicht in Gewinn.

1. *Petrus*: Ich will doch etwas vom Leben haben!
Jesus: Wer sein Leben erhalten will, verliert es. Wer sein Leben verliert, wird's gewinnen

Im Raffen werde ich arm. Im Schenken hingegen reich. Ich brauche das gar nicht zu erklären, wir wissen, dass zum Glücklich sein mehr gehört, als dass alle Wünsche erfüllt werden.

Die Frage ist nur: Was bringt mich so weit, mich selbst zu verlieren? Hier steht das Wort „um meinetwillen“. Es ist unmöglich, diesen Weg zu gehen, wenn man nicht vorher Jesus als den erlebt hat, der sich selbst für uns gegeben hat. Wenn er mir alles geworden ist, kann ich alles hergeben. Die Liebe zu ihm verleiht die Kraft zur Selbstverleugnung

2. *Petrus*: Ich will doch Geld und Einfluss haben!
Jesus: Die ganze Welt wiegt das ewige Leben nicht auf

Petrus denkt nur an das irdische Dasein, an das, was die Welt zu bieten hat. Jesus richtet den Blick darüber hinaus. Die Frage ist: Was bleibt einmal von meinem Leben? Mitnehmen kann ich nichts, hingegen nimmt ER mich mit. Das ist die letzte Konsequenz der Nachfolge: Niemand kann mich aus seiner Hand reissen. Jesus hat das in der Leidensankündigung angetönt, indem er schon dort die Auferstehung erwähnt hat. Er sagt hier auch, dass es neben ihm keine Alternative zum ewigen Leben gibt: „Der Mensch kann nichts geben, womit er seine Seele auslöse". Nur Jesus hat das Lösegeld in der gültigen Währung.

3. *Petrus*: Ich will doch nicht, dass über mich gelacht wird!
Jesus: Der Verlust der Ehre ist nur zeitlich und wird reich kompensiert

Wer sich zum Herrn bekennt, macht damit nicht mehr gross Staat. Kirche ist nicht mehr in. Es gibt mir zu denken, wenn Familien lieber im Waldgottesdienst taufen, weil am Sonntagsmorgen nur wenige Leute anwesend sind und demzufolge angeblich die Ambiance nicht stimmt. Man kann sich seiner schämen, kann sagen, „das ist mir nicht gut genug, ich kenne diesen Menschen nicht".
Wir wissen, was sich gehört. Die bürgerliche Ehrbarkeit ist uns wichtiger geworden als das Evangelium der Zöllner und Huren. Ich will mich doch im Gottesdienst wohl fühlen! Das geht soweit, dass Worte über Sünde und Verlorenheit ungern gehört werden, und deshalb von den Kanzeln her kaum mehr geäussert werden. Wer es noch wagt, dem dreht man den Spiess um und verdächtigt ihn, selber Dreck am Stecken zu haben. In jeder guten und anständigen Gesellschaft ist es schliesslich eine Geschmacklosigkeit, von der Notwendigkeit eines Heilands zu reden. Aber aufgepasst, solches Schämen ist gefährlich, Petrus. Du fürchtest negative Auswirkungen. Aber es hat positive Folgen bei den Engeln im Himmel, wenn du dich dessen nicht schämst, der sich nicht schämte, dich Bruder zu heissen.

Am Schluss spricht Jesus noch einen geheimnisvollen Satz aus: „Es stehen einige hier, die den Tod nicht schmecken werden, bis sie das Reich Gottes kommen sehen in Kraft. Das ist schwer zu erklären. Etwas kann man jedenfalls begreifen, und das genügt. Er stellt seinen Nachfolgern nochmals vor Augen, was sie zu gewinnen oder zu verlieren haben: Den Tod nicht schmecken! Das ist der Schatz, dem gegenüber aller Verlust des diesseitigen Lebens, der ganzen Welt und aller Ehre ein Dreck ist. So drückt es Paulus einmal aus[1]. Diesem Kleinod jagt er nach, dass er's ergreifen möchte. Wenn Jesus den Petrus scharf angefasst hatte, ging es ihm nicht ums Verurteilen oder Blossstellen, vielmehr auch um das freundliche Einladen. Wer mir nachfolgen will, der verleugne sich selbst. Im Etat des Messias gelten andere Gewinn- und Verlustrechnungen!

Als Gebet: „Mir nach, spricht Christus, unser Held..." (Lied 812)
„Jesu, geh voran auf der Lebensbahn... (Lied 690)

[1] Philipper 3, 8

Gipfelerlebnisse

37. Predigt

Sechs Tage später nahm Jesus die drei Jünger Petrus, Jakobus und Johannes mit sich und führte sie auf einen hohen Berg. Sonst war niemand bei ihnen. Vor den Augen der Jünger ging mit Jesus eine Verwandlung vor sich: Seine Kleider strahlten in einem Weiss, wie es niemand durch Waschen oder Bleichen hervorbringen kann.
Und dann sahen sie auf einmal Elia und dazu Mose bei Jesus stehen und mit ihm reden.
Da sagte Petrus zu Jesus: „Wie gut, dass wir hier sind, Rabbi! Wir wollen drei Zelte aufschlagen, eins für dich, eins für Mose und eins für Elia." Er wusste nämlich nicht, was er sagen sollte, denn er und die beiden andern waren vor Schreck ganz verstört. Da kam eine Wolke und warf ihren Schatten über sie, und eine Stimme aus der Wolke sagte: „Dies ist mein Sohn, ihm gilt meine Liebe; auf ihn sollt ihr hören!" Dann aber, als sie um sich blickten, sahen sie niemand mehr, nur Jesus allein war noch bei ihnen.
Während sie den Berg hinunterstiegen, befahl ihnen Jesus, mit niemand über das zu sprechen, was sie gesehen hatten, bevor nicht der Menschensohn vom Tod auferstanden wäre. Dieses Wort griffen sie auf und diskutierten darüber, was denn das heisse, vom Tod auferstehen.
Markus 9, 2-10

Aussicht

Eine Ferienwohnung mit schöner Aussicht gehört zur Erholung des Lebens. Vorletzte Woche verbrachte ich einige Tage zum Ausspannen und auch zur Vorbereiten der Seniorenwoche im „Läbeshuus" hoch über dem Thunersee. (Sagte zwar einer, das Panorama wäre ganz schön, wenn nicht diese Berge, die Blüemlisalp, Eiger, Mönch und Jungfrau vor der Aussicht stehen würden). Spass beiseite: Ich geniesse jedes Mal die wunderbare Rundsicht. Sie ist neben andern Vorzügen des Hauses mit Grund, dass ich mindestens zwei Mal pro Jahr dort eine Auszeit verbringe. Übrigens sehr zu empfehlen, auch nur für ein paar Tage. Ich gebe gern nähere Auskunft! (oder direkt über www.laebeshuus.ch)
Die Natur, wenn wir sie recht erleben und sie nicht von Menschenhand entstellt wurde, hat bewahrende, helfende und heilende Kraft.
Wie arm sind die Menschen, die in einengenden Mauern, in Mietskasernen der Grossstädte oder gar in Slums auf wenigen Quadratmetern ohne beglückende Weitsicht mehr vegetieren als leben müssen! Ein Leben ohne Aussicht ist kein Leben. Gott hat uns das Suchen nach der Ferne ins Herz geschrieben.
Aussicht brauchen wir nicht nur in Sachen Natur. Wir suchen sie auch in der beruflichen Erfüllung. Freilich, Erfolg, Titel und Würden bedeuten wenig, wenn im Lebensraum die Frische und Unmittelbarkeit der Langeweile und Farblosigkeit den Platz geräumt hat. Am gefährlichsten wird die Einengung des Menschen, wenn er die Aussicht auf die Würde und Weite der göttlichen Berufung verliert. In dieser Gefahr steht heute besonders die Jugend. Der Feind malt ihr ein fernes Ziel als erfüllbar nahe; trügerische, schillernde und verschwommene Luftbilder, die sich beim Näherkommen auflösen und einen dabei nur tiefer in die Wüste locken. Sehnen wir uns nicht alle nach wirklicher Aussicht, nach Gipfelerlebnissen?

Für die drei Jünger war die Zeit mit Jesus auf dem Berg der Verklärung ein Höhepunkt. Sie prägte sich ihnen unauslöschlich ein. Können Sie auch von solchen „Hoch-zeiten" berichten, wo der Himmel sich öffnete und die Herrlichkeit Gottes sichtbar wurde, wo Sie „niemanden als Jesus allein sahen"? Ich denke gern zurück an Gottesdienste, an Begegnungen, oder auch an Gemeindewochenenden oder Konferenzen. Nicht zuletzt habe ich die göttliche Majestät in Sterbezimmern erlebt.
Jesus nimmt die Jünger abseits auf einen Berg.

Jesus will dich mitnehmen
Meist ruft er uns dafür weg an einen Platz, wo Gott nahe ist. Berge sind in der Bibel immer Orte, wo er sich besonders offenbart. Es kann wie beim Bergsteigen Mühe und Schweiss kosten, bis man die Aussicht geniessen kann. Die sollten wir nicht scheuen, und bitte nicht auf halbem Weg aufgeben!
Wenn er uns in die Höhe führt, ist das ein Beweis seiner Liebe, und ein Vorrecht. Geistliche Höhenwanderungen sind immer Gnadenerweise. Nur die drei vertrautesten Jünger nahm er mit.

Immer nur Alltag?
Das Leben als Christ ist nicht immer Höhenflug. Wir bewegen uns in einer angeschlagenen Umwelt, im Nebel und Schatten des Alltags. In unserm Dorf, in unserer Umgebung begegnet uns viel Elend, Gebundenheit und Unrecht. Wir beobachten, wie die Entfremdung von Gott und damit auch die Gesetzlosigkeit immer mehr an Boden gewinnt. Wir spüren den lähmenden, krankmachenden Hauch von Aberglauben und Okkultismus, und das nicht nur in unserm Emma-Kunz-Dorf!
Jesus will uns von Zeit zu Zeit an die Hand nehmen und hinaus in die Weite führen, um vor uns andere Horizonte zu öffnen.
Wie in der vergangenen Woche. Wir waren besorgt, dass der Frauenverein eine Reise nach Würenlos in die Emma Kunz-Grotte plante, weil ihre Philosophie, ihre Diagnostik und ihre Heilpraktik deutlich okkulte Züge tragen. Mehrere unserer Gebetsgruppen begannen zu beten, dass Gott diesen Ausflug verhindere. Und nun hörten wir, dass er nicht zustande kommt, es hatten sich zu wenig Interessierte angemeldet.

Ein Blick in Gottes Herrlichkeit
Was bringt eine Auszeit mit Jesus? Stärkung des Glaubens vor allem!
Die drei Jünger erlebten Jesus auf eine ganz neue Art: Nicht mehr als Menschensohn, sondern als Gottessohn in seiner ganzen Herrlichkeit und Grösse stand er vor ihnen. Die Beschränkungen, die er sich bei der Menschwerdung selbst auferlegt hatte, fielen von ihm ab. Vorher hatte Petrus sein grosses Bekenntnis abgelegt. Nun bestätigte der Vater selbst seinen geliebten Sohn. Die Jünger wurden in ihrem Glauben bestärkt. Wie gut tut das!
Die drei erlebten Gemeinschaft mit dem Himmel. Mit den zwei grossen Gestalten aus dem Alten Testament wurde die unsichtbare Welt, die Ewigkeit für sie sichtbar. Unvergessliche

Momente! Johannes schrieb noch 60 Jahre danach: „Wir sahen seine Herrlichkeit“[1]. Das half ihm, an Jesus festzuhalten bis zum Ende.
Weiter öffneten sich ihnen neue Horizonte. Es wurden ihnen Zusammenhänge gezeigt, zum Beispiel, dass das Kreuz und die Herrlichkeit von Jesus nicht Gegensätze sind, sondern zusammengehören. Diese Lehre kapierten sie allerdings erst viel später. Es mag auch bei unsern Gipfelerlebnissen sein, dass wir nicht gleich mitkommen. Umso besser, dann haben wir einige grosse Aha-Erlebnisse auf Vorrat!
Die Jünger wussten ob so viel Eindrücken nichts mehr zu sagen. Sie fürchteten sich. Wenn sich der Himmel auftut, werden wir klein. Da vergeht aller Stolz.

Bitte landen!
Petrus konnte keine Hütte aufstellen. Höhenflüge sind die Ausnahme. Wolken verdecken die jenseitige Welt wieder. Es ist ein Prüfstein für unser geistliches Leben, ob wir bereit sind zum Abstieg in den Alltag. Wer nur Höhepunkte will, pflegt geistlichen Egoismus.
Jesus bleibt ja bei uns, wenn uns der Alltag wieder einholt. Er steigt mit den Jüngern ins Tal hinunter, steht ihnen bei und hilft, wo sie angefochten sind oder anstehen.

Nicht an die grosse Glocke!
Jesus gibt den Jüngern Redeverbot über ihr Erlebnis. Das ist ein weiser Rat, der auch uns gilt. Es empfiehlt sich, Gipfelerlebnisse nicht breitzuschlagen oder gar damit aufzuspielen. Wir sollen sie im Herzen bewegen, nachsinnen und beten. Markus berichtet, dass die Jünger während dem Abstieg darüber redeten. Blicke auf die Herrlichkeit Gottes gehören nicht in die Öffentlichkeit, sondern in den Jüngerkreis, in die Gemeinschaft der Christen. In dem geschützten Rahmen können wir einander helfen und dienen, um die Bedeutsamkeit der Botschaft herauszuhören und zu verstehen.
In jedem Fall geht es nicht darum, was wir erlebt haben, sondern dass Jesus in uns und durch uns geehrt wird. Die Erscheinungen gehen; er bleibt!

Wie komme ich zu Gipfelerlebnissen?
Sie sind Geschenk. Jesus wählt aus, wann und wem er sie zuteilwerden lässt. Du bist kein schlechterer Christ, wenn sie dir bis jetzt noch nicht gewährt worden sind.
Aber, das muss ich doch bemerken: Jesus wählt nicht nur willkürlich aus. Die drei Jünger standen Jesus von allen besonders nahe. Auf ihnen ruhte (neben Paulus) später die ganze Last der Leitung der ersten Christengemeinden. Wem besondere Offenbarungen gegeben werden, wird damit oft für besondere Aufgaben vorbereitet. Gipfelerlebnisse verpflichten!
Weiter ist die Treue und die Konsequenz unserer Nachfolge ein Faktor. Bei ihm bleiben, auch wenn er uns bergauf führt und es mühsam ist! Jesus redet davon im Gleichnis von den Knechten mit den anvertrauten Pfunden.
Zuletzt möchte ich Mut machen, Auszeiten zu nehmen. Gehen Sie doch einmal weg aus dem Alltag an Orte, wo Gott besonders nahe ist. Eine ganze Auswahl von Retraitenhäusern und Ferienzentren, oder auch besondere Konferenzen bis hin zu Angeboten in unserer Gemeinde bieten sich an. Davon können wir profitieren.

---

[1] Johannes 1, 14

Nur nicht auf halbem Weg stehenbleiben! Und oben keine Hütten bauen! Es geht wieder hinab, der Segen soll der Kirchgemeinde, unseren Mitmenschen, und der ganzen Welt zugute kommen!

Meh als drei Wünsch (Annette Bachmann)

Was i Der wünsche?
- Nid, dass Du Dis Läbe unberüehrt vo Mönsche
irgendwo i de Stilli vo nem Bärg verbringe söllsch,
wie wenn all Tag Ferie wäre.
- Aber i wünsche Der, dass Du immer wieder Momänte erläbsch,
wo Du useghobe wirsch usem Alltagstrott,
wo Du Wunder und Zeiche gsehsch und erläbsch mit Gott.
- Dass Du drufabe chasch juble und danke Dim Herr
und vo sinere Grössi allne wotsch verzeue.
- Dass Dies Vertroue uf IHN dermasse gstärcht wird,
dass Du magsch wieder loufe, ou wenns steil duruf goht.
- Das wünsch i Der vo Härze.

Mehr als drei Wünsche (Übertragung von Walter Lüscher)

Was ich dir wünsche?)
- Nicht, dass du dein Leben unberührt von Menschen
irgendwo in der Stille einer Berggegend verbringen sollst,
als ob alle Tage Urlaub wäre.
- Aber ich wünsche dir, dass du immer wieder Momente erlebst,
in denen du herausgehoben wirst aus dem Alltagstrott;
in denen du Wunder und Zeichen siehst und mit Gott erlebst.
- Dass du darüber jubeln und deinem Gott danken kannst
und von seiner Grösse allen erzählen möchtest.
- Dass dein Vertrauen auf IHN dermassen gestärkt wird,
dass du wieder laufen magst,
auch wenn der Weg steil aufwärts führt.
- Das wünsche ich dir von Herzen.

Printed by Books on Demand GmbH, Norderstedt / Germany